Der heilige Schein

W0041531

Das Buch

Bis zu seinem Outing Anfang 2010 hatte David Berger eng mit dem einflussreichen erzkatholischen Lager zu tun, das den Anspruch der Kirche als höchste moralische Instanz verteidigt, tatsächlich aber von Doppelmoral geprägt ist. In seinem sehr persönlichen Buch deckt Berger das perfide Unterdrückungssystem scheinheiliger Kirchenoberer auf. Er erzählt, warum so viele Schwule sich von einer Institution angezogen fühlen, die nach außen Homosexualität verteufelt, und warum Gewalt und Missbrauch in der Kirche so viel Platz einnehmen konnten. Ein Insiderbericht, der aufrüttelt.

Der Autor

David Berger, 1968 geboren, ist katholischer Theologe. 2003 wurde er zum korrespondierenden Professor der Päpstlichen Akademie (Vatikan) ernannt und war Herausgeber von *Theologisches*, der führenden Zeitschrift konservativer Katholiken. Die Erzdiözese Köln reagierte auf seine Enthüllungen 2011 mit dem Entzug seiner Lehrerlaubnis als Religionslehrer.

David Berger

Der heilige Schein

Als schwuler Theologe in der katholischen Kirche

List Taschenbuch

Besuchen Sie uns im Internet:
www.list-taschenbuch.de

Ungekürzte Ausgabe im List Taschenbuch
List ist ein Verlag der Ullstein Buchverlage GmbH, Berlin.
1. Auflage April 2012
© Ullstein Buchverlage GmbH, Berlin 2010/Ullstein Verlag
Umschlaggestaltung: bürosüd Werbeagentur, München
Titelabbildung: © Hans Scherhaufer
Satz: Pinkuin Satz und Datentechnik
Gesetzt aus der Sabon
Papier: Munken Print von Arctic Paper Munkedals AB, Schweden
Druck und Bindearbeiten: CPI – Clausen & Bosse, Leck
Printed in Germany
ISBN 978-3-548-61098-6

Inhalt

Vorwort

Es gibt Augenblicke im Leben, da wird einem schlagartig bewusst, dass etwas ganz entschieden falsch läuft. Augenblicke, in denen zur Gewissheit wird, dass man einen Schlussstrich ziehen muss. Einen solchen Moment erlebte ich in den ersten Frühlingstagen des Jahres 2010. Auf einmal war mir klar: Ich darf nicht länger schweigen. Die heuchlerische, bigotte Haltung der katholischen Kirche zur Homosexualität brachte mich dazu, mich öffentlich zu outen und gleichzeitig als Herausgeber und Chefredakteur der konservativen Zeitschrift *Theologisches* zurückzutreten.

Bewusst wählte ich für meinen Schritt an die Öffentlichkeit die *Frankfurter Rundschau*, da diese das Thema Homosexualität und katholische Kirche in den Vormonaten immer wieder in seriöser Weise aufgegriffen hatte. Am 23. April 2010 erschien dort ein Gastbeitrag von mir, in dem ich mein Outing mit einer weitergehenden Kritik an einigen zentralen Denk- und Handlungsmustern der katholischen Kirche verband. Wie es zu diesem folgenschweren Schritt kam und welche Reaktionen er innerhalb der Kirche auslöste, möchte ich in diesem Buch näher erläutern.

Der letzte Anstoß, der mich veranlasste, meine sexuelle Veranlagung öffentlich zu machen, war ein Auftritt des katholischen Bischofs Franz-Josef Overbeck aus Essen in der ARD-Sendung *Anne Will* am 11. April 2010.

Am Nachmittag dieses Sonntags hatte ich noch lange mit einem befreundeten homosexuellen Priester telefoniert. Der Seelsorger aus dem Rheinland ist aufgrund seiner Veranlagung, besser gesagt, aufgrund des scheinheiligen Umgangs damit innerhalb der Priesterschaft seiner Diözese, schwer depressiv geworden. Ich tröstete ihn unter anderem mit dem seit 1992 gültigen »Katechismus der Katholischen Kirche«, der gegenüber homosexuellen Menschen Respekt und Taktgefühl fordert und jede ungerechte Zurücksetzung verurteilt. Immerhin finden sich diese doch sehr tolerant klingenden Vorgaben in dem unter Vorsitz des damaligen Kardinals Joseph Ratzinger ausgearbeiteten Werk, das als das aktuellste, alle Katholiken bindende Handbuch der katholischen Glaubens- und Sittenlehre zu gelten hat.

Wenige Stunden später dann das einem Millionenpublikum vorgetragene Verdikt des Essener Bischofs, dass homosexuell zu sein eine Sünde, weil wider die Natur sei. Von Respekt und Taktgefühl sowie Verzicht auf ungerechte Diskriminierung war hier nichts mehr zu spüren.

Nicht nur das Studiopublikum reagierte mit Fassungslosigkeit. Für mich und für viele Menschen, mit denen ich seither über Overbecks Fernsehauftritt gesprochen habe, geht es dabei um mehr als den einmaligen Auftritt eines ehrgeizigen Bischofs aus einer weltkirchlich verhältnismäßig bedeutungslosen Diözese.

Zum Zeitpunkt seiner Aussage, die selbst bei CSU-Politikern für Unverständnis sorgte, stand die katholische Kirche bereits seit Monaten wegen zahlreicher Missbrauchsfälle in der Kritik. Was die betroffenen Ortskirchen in Österreich, den Vereinigten Staaten und Irland an den Rand des moralischen und finanziellen Ruins getrieben hatte, trat nun auch in Deutschland ans helle Licht der Öffentlichkeit. Schnell wurde klar, dass die im Januar 2010 durch einen mutigen Brief von Pater Klaus Mertes, Rektor des Berliner Canisius-Kollegs der Jesuiten, bekannt gemachten Vorfälle systematischen sexuellen Missbrauchs von Schülern seiner Schule nur die Spitze des Eisbergs waren. Die von der *Bild*-Zeitung regelmäßig aktualisierte »Karte der Schande«, eine Deutschlandkarte, auf der von katholischen Priestern verübte Missbrauchsfälle eingetragen wurden, bekam im Eiltempo immer mehr rote Punkte. Ermutigt durch das öffentliche Klima, das von Mitleid mit den Missbrauchten geprägt war, meldeten sich auch erste Opfer eines deutschen Diözesanbischofs, des Augsburger Oberhirten Walter Mixa, zu Wort. Der Fall dieses Bischofs, dem man Misshandlung von Schutzbefohlenen und Veruntreuung von Geldern vorwarf und der erst hartnäckig leugnete, um dann scheibchenweise seine Verfehlungen einzugestehen, ist geradezu exemplarisch für eine Kirchenkrise, die viele bereits als die »schwerste Krise der katholischen Kirche seit der Reformation«[1] bezeichnen.

Bei genauerem Hinsehen geht es aber nicht nur um die Verbrechen, deren sich Geistliche schuldig gemacht haben. Denn die »tiefe Erschütterung und Scham«, von der Pater Mertes in seinem Brief an ehemalige Schülerinnen und Schüler des Canisius-Kollegs sprach, und die Offenheit und Ehrlichkeit, mit der er sich an die Aufklärung der Fälle in seinem Orden wagte, sind keineswegs typisch für den Umgang der Kirche mit diesem Problem. Im Gegenteil, traditionell ist das Hauptanliegen der zuständigen kirchlichen Stellen in solchen Fällen eher Vertuschung und Geheimniskrämerei.

Die Glaubenskongregation, der der heutige Papst seit 1981 vorstand, ist hier mit schlechtem Beispiel vorangegangen. In diesem Zusammenhang sei nur auf den im

---

[1] Hans-Ulrich Jörges: »Die zweite Reformation«, in: *Stern* vom 27. 5. 2010

März 2010 bekannt gewordenen Fall des amerikanischen Priesters Lawrence C. Murphy hingewiesen, der über Jahrzehnte an die zweihundert gehörlose Jungen sexuell missbrauchte. Obgleich der zuständige Ortsbischof den Fall wie vorgeschrieben der Glaubenskongregation meldete und um Konsequenzen bat, blieb eine Antwort lange Zeit aus – bis der unter Ratzinger arbeitende Kardinal Bertone den Fall, ohne dass irgendetwas im Sinne einer Entschädigung der Opfer passiert wäre, kurz vor der Jahrtausendwende kurzerhand für abgeschlossen erklärte.[2] Dieses Beispiel zeigt sehr anschaulich, dass die katholische Kirche dazu neigt, unangenehme Dinge möglichst unter den Teppich zu kehren.

Das Motiv dafür ist allerdings in den seltensten Fällen Scham über das Vorgefallene oder falsche Barmherzigkeit gegenüber den Tätern, wie manch einer glauben mag. Im Mittelpunkt stehen vielmehr die Aufrechterhaltung von Macht und, damit eng verbunden, die Wahrung des heiligen Scheins, der frommen Fassade der Kirche. Im Licht dieses heiligen Scheins bringen Kirchenfürsten katholische Positionen und sich selbst als das moralische Gewissen der Menschheit ins politische Gespräch ein. Den Hintergrund dafür liefert das Dogma von der Heiligkeit der Kirche, das jeder Katholik im Glaubensbekenntnis betend immer wieder zu bekennen verpflichtet ist. Jenen, die es wagten, an diesem Dogma von der unvergänglichen Heiligkeit der katholischen Kirche zu zweifeln, unterstellte der heutige Papst in seiner *Einführung in das Christentum* schon 1968 »versteckten Stolz« und »gallige Bitterkeit«.[3]

[2] Vgl. Wolfgang Jaschensky: »Papst Benedikt und der Missbrauch«, in: *Süddeutsche Zeitung* vom 25. 3. 2010

[3] Joseph Ratzinger: *Einführung in das Christentum*, München 1968, S. 322

Die alten Verhaltensmuster wirken bis zur Stunde fort: Nachdem das Leid der Opfer und die zahllosen Verbrechen nicht mehr zu leugnen sind, verlegt man sich auf Schuldzuweisungen an Sündenböcke, die der Kirche ohnehin schon lange suspekt sind. In diesem Zusammenhang greift man auch auf sehr unheilige Mittel zurück, um den schönen Schein einer katholischen Märchenwelt wider alle Vernunft irgendwie am Leben zu erhalten.

So stellte der zweithöchste Mann der Kirche neben dem Papst, Kardinalstaatssekretär Tarcisio Bertone, im April 2010 bei einer Pressekonferenz in Chile einen ursächlichen Zusammenhang zwischen Homosexualität und den Missbrauchsfällen in der katholischen Kirche her. Demnach sind nicht die eigentlichen Täter, nicht die Priester, nicht die rigide Sexualmoral der katholischen Kirche mit ihrem krampfhaften Festhalten am Zölibat schuld an den zahlreichen Missbrauchsfällen, nein, schuld sind angeblich die Homosexuellen. Bertone behauptete, es sei wissenschaftlich erwiesen, dass Zölibat und Pädophilie nichts miteinander zu tun hätten. Sehr wohl aber hätten Wissenschaftler einen Zusammenhang zwischen Homosexualität und Pädophilie festgestellt, was ihm kürzlich erst bestätigt worden sei. Die Information, um welche Wissenschaftler es sich dabei handelt und auf welchen Studien ihre Theorien basieren, blieb der hohe Kirchenfürst seinen lateinamerikanischen Zuhörern jedoch schuldig.[4]

Nach Bertones chilenischem Gastspiel dauerte es nicht lange, bis der in seiner brasilianischen Heimat sehr populäre Erzbischof Dadeus Grings für die Missbrauchsfälle junge Schwule verantwortlich machte, die die ansonsten

---

[4] »Vatikan gibt Homosexualität die Schuld«, in: *Spiegel Online* vom 13. 4. 2010, nachzulesen auf: www.spiegel.de/panorama/gesellschaft/0,1518,688824,00.html

integren Priester schlichtweg verführt hätten, und forderte daher, Homosexualität generell wieder unter Strafe zu stellen. Und Simone Scatizzi, der Bischof der italienischen Diözese Pistoia in der Toskana, erklärte seinen Landsleuten angesichts des Missbrauchsskandals, wo die Wurzel aller schwerwiegenden Probleme unserer Tage liege: Die schändliche Legalisierung der himmelschreienden Todsünde der Homosexualität sei der ursächliche Vorläufer für »die Zulassung von Pädophilie, Mafia-Organisationen, Terrorismus und Präventivkrieg«.[5] Um der Diskriminierung von Homosexuellen noch die von Frauen hinzuzufügen, mutmaßte er weiter, Homosexualität sei verantwortlich für die fortschreitende katastrophale »Verweiblichung der Gesellschaft«. Über sexuellen Missbrauch dürfe man sich da wahrlich nicht wundern.

So werden auf perfide Weise Täter zu Opfern und Opfer zu Tätern umgedeutet. Ähnliche Äußerungen kommen auch von anderen hochrangigen Kirchenvertretern, die bezeichnenderweise alle dem konservativen bis reaktionären Katholizismus zuzurechnen sind. Zunächst rufen solche Aussagen vielerorts Fassungslosigkeit hervor, doch bei näherer Betrachtung sind sie innerhalb des Systems der konservativ-katholischen Kirche weitaus folgerichtiger und konsequenter, als man gemeinhin annimmt.

Was all die hochrangigen Kleriker allerdings übersehen bzw. übersehen wollen, ist die andere Seite der Medaille: Die Zahl homosexuell veranlagter Priester in der katholischen Kirche wird von Experten auf zwanzig bis vierzig Prozent geschätzt, ist damit also etwa viermal so hoch wie der Anteil Homosexueller an der Gesamtbevölkerung. Der bekannte Psychotherapeut Wunibald Müller, der sich seit vielen Jahren intensiv mit dem Thema beschäftigt, schätzt

---

[5] *La Repubblica* vom 5. 2. 2010

den Anteil homosexuell veranlagter Priester gar auf fünfzig Prozent. Und der Jesuit Hermann Kügler bezeichnete die katholische Kirche in einem Interview mit dem *Spiegel* vom 25. November 2005 als die weltweit »größte transnationale Schwulenorganisation«. Man fragt sich natürlich, wieso eine Institution, der eine so große Zahl homosexuell Veranlagter angehört, eine derart krasse Homophobie an den Tag legt. Ebenso verwunderlich erscheint es auf den ersten Blick, dass diese homosexuellenfeindliche Organisation so viele Homosexuelle geradezu magisch anzieht. Darauf gehe ich später noch ausführlich ein.

Vor dem Hintergrund der zunehmenden Homosexuellenfeindlichkeit in der katholischen Kirche war für mich mit dem Ausspruch Overbecks der Zeitpunkt gekommen, an dem mir endgültig klar wurde, dass im ungeschriebenen Katastrophenplan der katholischen Kirche etwas entschieden falsch lief. So unangenehm die Konsequenzen für mich sein würden, zu solchen vor Bigotterie strotzenden Äußerungen durfte ich nicht länger schweigen. Die schmerzliche Einsicht, dass ich mich durch meine langjährige Arbeit in verschiedenen herausgehobenen Positionen innerhalb dieser fundamentalistischen Bewegung in gewisser Weise mitschuldig gemacht hatte, verstärkte noch meine Motivation, endlich einen Schlussstrich zu ziehen. Die Scheinheiligkeit, mit der hier agiert wurde, war mir schon längere Zeit zuwider, doch erst jetzt fand ich den Mut, die notwendigen Konsequenzen zu ziehen.

Religiöse Tugend oder
sexuelle Erfüllung?

Ich bin 1968 geboren, und eine Karriere im traditionalistischen Lager wurde mir alles andere als in die Wiege gelegt. Mein protestantisch erzogener, aber atheistischer Vater, der mit meiner katholischen Mutter lediglich eine Zivilehe eingegangen war, studierte damals Medizin und war in der Studentenbewegung aktiv. Meine ersten Gehversuche machte ich zwischen langhaarigen und bärtigen Kriegsdienstverweigerern, die in unserem Wohnzimmer rauchend auf dem Boden saßen und konspirative Aktionen planten. An eine Kindertaufe war unter diesen Umständen nicht zu denken, sehr zum Missfallen meiner frommen katholischen Großmutter, die nach dem Ersten Weltkrieg noch in einer sogenannten heilen katholischen Welt in der Rhön aufgewachsen war. Nach Ansicht meiner Eltern sollte ich später einmal selber entscheiden, welche Religion mir zusagte.

Eine gewisse Entscheidungshilfe stellte eben jene Großmutter dar. Bei ihr gab es nicht nur den besten Streuselkuchen, sondern auch viel mütterliche Aufmerksamkeit und eine gehörige Portion Erziehung im Traditionskatholizismus.

Zu ihrer Ehrenrettung muss ich sagen: Von der Hölle, gehässigen Vorurteilen und Verboten war in diesem Katholizismus nicht die Rede. Aber wir wanderten von einer

Würzburger Barockkirche zur nächsten, und sie erklärte mir die prächtigen Altarbilder, Statuen, Kreuzwegstationen und Krippen. Unterwegs begegneten wir immer wieder Nonnen und Priestern, die mich besonders wegen ihrer Kleidung beeindruckten. In dem Tagebuch, das meine Mutter damals für mich führte, lese ich: »Heute warst du mit deiner Omi in der Stadt spazieren, da kamen drei Mönche in ihren Kutten vorbeigelaufen, du sahst sie und riefst ganz aufgeregt: ›Die drei Könige‹.« Vom Küchenfenster der Wohnung meiner Großmutter aus blickte man direkt in den Kreuzgang des benachbarten Franziskanerklosters, wo die Patres mit ihren Kutten auf und ab liefen und ihr Brevier oder den Rosenkranz beteten. Standen im Sommer die Fenster offen, konnte man die Orgel der Kirche und die Gesänge der Gläubigen bis in die Wohnung hören.

Mein Großvater war im Krieg gefallen, und der einzige Mann, der regelmäßig ins Haus meiner Großmutter kam, war ein aus den Niederlanden stammender, aber seit seiner Jugend in diesem Kloster stationierter Pater mit einem unerschütterlichen klerikalen Humor. Über viele Jahrzehnte kam er regelmäßig über die Straße zum Nachmittagstee bei meiner Großmutter und versorgte uns mit Neuigkeiten aus dem kirchlichen Leben der Stadt.

So konnte es nicht ausbleiben, dass ich sehr schnell auf die Frage, was ich denn einmal werden wolle, »Pfarrer« antwortete. Als ich mit vierzehn Jahren religionsmündig geworden war, ließ ich mich taufen, und auch der Traumberuf Priester blieb über die Pubertät hinaus erhalten. Mein Vater hielt mir immer wieder warnend den Zölibat vor Augen, was mich aber kaum schrecken konnte, da ich ohnehin bis dahin nie irgendein wirkliches sexuelles Interesse an Mädchen verspürt hatte. Unter diesen Umständen kam mir das natürlich wie eine glückliche Fügung des Himmels vor. Die langsam aufkeimenden Gefühle für andere Jungen waren in diesem Zusammenhang nie ein Thema, und mir schienen sie auch im Hinblick auf meinen Berufswunsch unproblematisch.

Im Alter von sechzehn Jahren trat ich in das Gymnasium und Internat der nordbayerischen Benediktinerabtei Münsterschwarzach über. Dort vertiefte sich mein Interesse am Priesterberuf, an Theologie und Liturgie. In der Abteikirche konnte ich an feierlichen Gottesdiensten in lateinischer Sprache teilnehmen. Ich erinnere mich noch gut an meine erste lateinische Vesper am Christkönigsfest, bei der ich zu Tränen gerührt war, als die Mönche, eingehüllt in Weihrauch, das »Magnifikat« sangen, während alle Glocken der mächtigen Basilika läuteten. Auch eine riesige philosophische und theologische Bibliothek stand mir dort zur Verfügung, in der ich viele Stunden mit der Lektüre theologischer Bücher und Zeitschriften verbrachte. Die später zur Profession gewordene Begeisterung für das Denken des mittelalterlichen Theologen Thomas von Aquin nahm hier, zwischen alten Folianten und dem meditativen gregorianischen Psalmengesang der Mönche, ihren Anfang.

Zum anderen war hier aber auch eine große Schar gleichaltriger Jungen, mit denen man nicht nur Fußball spielte, sondern auch die abenteuerliche Zeit des Erwachsenwerdens gemeinsam erlebte. Es war eine Atmosphäre, in der man sich gegenseitig geistig herausforderte, abende- und manchmal auch nächtelang über den Sinn des Lebens, über philosophische und politische Fragen diskutierte.

Die Präfekten, die ausschließlich Geistliche der Benediktinerabtei waren, führten ein strenges, aber nie ungerechtes Regiment. Ihre große Stärke war die Offenheit und Ehrlichkeit, mit der sie uns begegneten und die sich auf das Zusammenleben der Schüler im Internat auswirkte.

Obgleich die Gesellschaft damals, zumal in der eher ländlichen Umgebung der Abtei, in diesem Punkt noch weitaus restriktiver war als heute, gab es Präfekten, die offen über ihre homosexuelle oder eben auch heterosexuelle Veranlagung sprachen. Das half mir, mir meiner Gefühle immer klarer zu werden und mich spätestens in der Oberstufe mit Mitschülern in einer vorurteilsfreien Atmosphäre darüber auszutauschen.

An diesem offenen und ehrlichen Umgang liegt es meines Erachtens, dass es in diesen Jahren nicht einmal andeutungsweise zu irgendeiner Art von unangemessener Annäherung seitens der Präfekten, geschweige denn zu so etwas wie sexuellem Missbrauch kam. Gerade die Priester, die aus ihrer homosexuellen Veranlagung kein Geheimnis machten, waren besonders bemüht, eine pädagogisch sinnvolle Distanz zu uns konsequent aufrechtzuerhalten.

Trotz der guten Erfahrungen, die ich in der Abtei machte, entschied ich mich nach dem Abitur, doch nicht Priester zu werden. Das war ein längerer, schmerzhafter Prozess. Ein Präfekt, mit dem ich über den Kampf zwischen sexuellem Begehren und religiöser Tugend lange Gespräche geführt hatte, wies mich auf Julien Greens Roman *Jeder Mensch in seiner Nacht* hin. Die Lektüre wurde für mich zum Schlüsselerlebnis. Nach nur wenigen Seiten schlüpfte ich fast vollständig in die Rolle des Protagonisten Wilfred, eines jungen Mannes, dessen nächtliche Seite ganz von der sündigen Begierde beherrscht wird. Diese Begierde entlädt sich in wilden sexuellen Exzessen, in denen er alles um sich herum vergisst. Daneben existiert eine ganz andere Seite, die geprägt ist von einem ebenso hingebungsvoll ausgelebten Katholizismus feierlicher Gottesdienste und tief zerknirschter Beichten. Über all dem steht jedoch Wilfreds innere Zerrissenheit zwischen sexueller Erfüllung und religiöser Tugend, die ihn in die Verzweiflung treibt. Als ich auf der letzten Seite des Romans angelangt war, war mir klar, dass es für mich keinen Kompromiss und keine Zerrissenheit geben konnte und dass ich mich konsequent für einen der beiden Wege entscheiden musste. Ich war mir absolut sicher, dass ich den Zölibat – unabhängig von meiner sexuellen Veranlagung – nicht würde einhalten können. Dies brachte mich schließlich dazu, auf meinen Traumberuf zu verzichten.

Karriere im konservativen Katholizismus

Ganz so radikal fiel meine Entscheidung dann aber doch nicht aus, denn zu einem vollkommen anderen Weg konnte ich mich nicht entschließen. Im Herbst 1989 begann ich in meiner Geburtsstadt neben Germanistik und Philosophie auch katholische Theologie zu studieren, um später Lehrer an einem Gymnasium zu werden. Das Studium der Theologie fiel mir leicht, da ich mich bereits intensiv mit theologischen Themen beschäftigt hatte.

Der Herbst 1989 sollte für mein weiteres Leben aber noch aus einem anderen Grund schicksalsträchtig werden. Wenige Wochen nach Studienbeginn lernte ich einen gleichaltrigen Mann kennen und lieben. Wir waren beide in Unterfranken geboren und aufgewachsen, so dass der Katholizismus in seinem Leben ebenfalls eine feste Größe darstellte, freilich ohne das Konfliktpotential, das er für mich bereithielt.

Ein Jahr nachdem wir uns kennengelernt hatten, gaben wir uns vor dem Gnadenbild der Muttergottes im Würzburger »Käppele«, dem marianischen Heiligtum des Frankenlandes, unser Treueversprechen für ein zukünftiges gemeinsames Leben. Dieses Versprechen hält schon länger als alle Ehen und Beziehungen meiner Geschwister, Eltern oder Cousinen, ob mit oder ohne kirchlichen Segen. Die vielen Höhen und wenigen Tiefen der gemeinsamen Jahre haben mir den tieferen Sinn des Verzichts auf den Priester-beruf immer klarer vor Augen treten lassen.

Mein ausgeprägtes Interesse an der klassischen Theo-logie, die, wie mir damals schien, ganz unabhängig von menschlichen Projektionen nur das Übernatürliche in den Mittelpunkt stellt, führte dazu, dass ich meinen Profes-soren recht bald auffiel und man mir eine akademische Laufbahn nahelegte. Ohne größere Anstrengungen gelang es mir nach meinem ersten Staatsexamen, im Jahr 1998 an der Universität Dortmund zu promovieren. Meine Doktor-arbeit befasste sich mit der Verhältnisbestimmung von Na-tur und Gnade – eine Thematik, die richtungweisend ist für die davon abhängige Frage nach dem Verhältnis von Staat und Kirche, Profanwissenschaft und Religion. Ich war der erste Doktorand von Professor Thomas Ruster. Der eher dem progressiven Flügel der katholischen Theologie an-gehörende Professor ließ mir größtmögliche Freiheit, ich konnte also gedanklich durchaus auf den von mir einge-schlagenen Wegen einer konservativen Theologie wandeln. Und er sorgte dafür, dass mir der mit einem recht hohen Preisgeld ausgestattete Dissertationspreis der Universität verliehen wurde.

Ein knappes Jahr bevor ich meine Prüfungen zum Dok-torat abschloss, hatte ich mit dem Referendariat für den Schuldienst begonnen. Seit dem Jahr 2000 unterrichte ich an einem Gymnasium in der Nähe von Köln.

Während mein Privatleben in verhältnismäßig ruhigen Bahnen verlief, geriet ich in den Jahren meiner Dissertation tief in eine Parallelwelt, die Welt der ultrakonservativen Katholiken. Es gibt kaum eine Gruppe oder Institution, die ich nicht persönlich kennengelernt hätte. Zumeist im Rah-men von Vorträgen oder Vorlesungsreihen besuchte ich Ausbildungszentrum, Schulen und Priorate der Priester-bruderschaft St. Pius X. Ich machte nähere Bekanntschaft mit deren Studentenseelsorge sowie den führenden Laien der Piusbewegung. In der Diözese St. Pölten war ich während der Regentschaft von Bischof Kurt Krenn in einem ultrakonservativen Priesterseminar Dozent für Dogmatik. Verhältnismäßig schnell erhielt ich auch Zugang zu nicht öffentlich agierenden, aber äußerst einflussreichen, weil elitär ausgerichteten, ultrakonservativen Netzwerken. Publizistisch arbeitete ich in jenen Jahren für die meisten erzkonservativen katholischen Medien in Deutschland. Aber auch für nahezu alle bekannteren Zeitschriften der päpstlichen Universitäten in Rom und Lateinamerika verfasste ich zahlreiche, stärker wissenschaftlich gefärbte Beiträge.

2003 wurde ich dann zum korrespondierenden Professor der zum Vatikan gehörenden Päpstlichen Thomas-Akademie ernannt. Einige Monate zuvor hatte man mich zum Herausgeber und Chefredakteur von *Theologisches*, der wichtigsten konservativen theologischen Zeitschrift Deutschlands, gewählt.

In diesen Eigenschaften lernte ich nicht nur alles kennen, was in der ultrakatholischen Szene Deutschlands Rang und Namen hat, sondern kam auch mit traditionalistischen Institutionen in anderen europäischen Ländern in Kontakt. So reiste ich zum Beispiel zu Gastvorträgen an der Opus-Dei-Universität ins spanische Pamplona. Eine theologische Habilitation an der Katholischen Universität Lublin im Jahr 2005 wurde mir vor diesem Hintergrund ebenfalls ermöglicht. Selbstverständlich ergaben sich durch all diese Aktivitäten wichtige Kontakte auch zu hohen Geistlichen der katholischen Kirche.

Der Einfluss der konservativen Kreise innerhalb der katholischen Kirche wuchs in jenen Jahren in nicht vorhersehbarem Ausmaß, und damit ging eine deutliche Radikalisierung einher, die sich besonders in der Rückkehr zur alten Liturgie und in verschärfter Homophobie und

Frauenfeindlichkeit manifestierte. Die Konsequenzen dieses Klimawandels, von denen ich ausführlich berichten werde, hinterließen bei mir erste Spuren. Auf einmal wurde sehr konkret sichtbar, wofür ich mit meinem Einsatz für die konservative Theologie auf theoretischer Ebene gekämpft hatte. Ich erschrak darüber und konnte mich immer weniger mit meiner bisherigen Arbeit identifizieren, was ich gelegentlich auch nach außen hin deutlich machte.

So war ich innerlich schon ein gutes Stück vom konservativ-katholischen Milieu abgerückt, als im Frühjahr 2010 mein für viele Freunde und Weggefährten schockierender Outing-Artikel in der *Frankfurter Rundschau* erschien.

Mein öffentliches Outing markiert das Ende einer sich über zehn Jahre hinziehenden Entwicklung, einer Reise, die mir tiefe Einblicke in das konservativ-katholische Milieu gewährte – und das zu einer Zeit, als durch das Pontifikat Papst Benedikts XVI. der Einfluss dieser Kreise auf den Vatikan und die allgemeine Stimmung in der Kirche seit 2005 rapide zunahm.

Die folgenden Kapitel stellen wichtige Stationen dieser mehr als ein Jahrzehnt währenden Exkursion dar. Meine Absicht ist es, dem Leser Einblicke in eine ihm sonst weitgehend verschlossene Welt zu ermöglichen, eine Welt, die sich nach außen um einen heiligen Schein bemüht, hinter den Kulissen jedoch ein gänzlich anderes Bild bietet. Dabei soll es nicht nur um meine persönlichen Erfahrungen gehen, sondern ich werde zeigen, inwiefern das von mir Erlebte – ganz unabhängig von sexuellen Orientierungen – exemplarisch ist für die gegenwärtige Situation der katholischen Kirche.

Die alte Messe als Lockmittel

Angefangen hatte im Grunde genommen alles mit meiner Faszination für die lateinische, tridentinische Liturgie. Diese Form des Gottesdienstes, die das Konzil von Trient im 16. Jahrhundert verpflichtend für die ganze katholische Kirche eingeführt hatte, war bis in die 1950er Jahre weltweit vorgeschrieben und prägte so das geistliche Leben der Katholiken. Kennenlernen konnte ich die tridentinische Messe schon im Alter von siebzehn Jahren. Obgleich sie gesamtkirchlich inzwischen längst verboten war, feierte einer der Präfekten des kirchlichen Internats, das ich besuchte, mit zwei anderen Mitschülern und mir häufiger privat eine Form der Messe, die der tridentinischen sehr nahe kam. Der junge Benediktinerpater, der zugleich ein begnadeter Kirchenmusiker und einfühlsamer Erzieher war, wendete sich dazu mit dem Gesicht zum Kreuz des Altars und mit dem Rücken zu den Gläubigen. Er trug ein kostbares Messgewand aus Goldbrokat und benutzte einen wertvollen überdimensionierten Kelch im neugotischen Stil. Alle Gebete waren in lateinischer Sprache und wurden in einer Art gregorianischem Sprechgesang teils laut vorgetragen, teils leise geflüstert. Das Wissen darum, dass hier etwas kirchenrechtlich nicht ganz Legitimes geschah, faszinierte mich als Jugendlichen ebenso wie das Gefühl, Teil einer esoterisch-exklusiven Veranstaltung zu sein.

Die heimlichen tridentinischen Zusammenkünfte flogen schnell auf und mussten aufgrund der Beschwerde eines anderen Präfekten beim Abt eingestellt werden. Da wir mit unserem Präfekten auch öfters die Oper und danach noch Restaurants besucht hatten, unterstellte der beim Abt vorstellige Mitbruder, bei den heimlichen Zusammenkünften sei auch ein homosexueller Hintergrund vorhanden.

Trotz des Verbots und der damit verbundenen haltlosen Unterstellungen war mein Interesse an der alten Liturgie geweckt. Das führte dazu, dass ich mich einige Monate später in einem echten tridentinischen Hochamt der damals der deutschen Öffentlichkeit noch kaum bekannten Piusbruderschaft in deren Zentrum in dem kleinen niederbayerischen Dorf Zaitzkofen wiederfand. Ich war durch ein Werbeblättchen, das vermutlich ein überzeugter Anhänger der Bruderschaft in einer der Bänke der Abteikirche von Münsterschwarzach ausgelegt hatte, auf den Ort aufmerksam geworden.

Was ich dort erlebte, stellte alles bereits Gesehene in den Schatten. Etwa vierzig junge Priesteramtskandidaten in strahlend weißen, mit langer Brüsseler Klöppelspitze besetzten Rochetts, die sie über tailliert geschnittenen schwarzen Talaren trugen, zogen in einer feierlichen Prozession singend in die festlich erleuchtete Kapelle. Der Kirchenraum war zwar erst zwei Jahrzehnte alt, aber ausgestattet in einem Barockstil, der sich sichtlich bemühte, seine barocken Vorbilder mit noch mehr Blattgold und noch reicherer Draperie aus seidenen und samtenen Tüchern zu übertreffen. Den sauber gescheitelten Alumnen, die mit hohen, weichen Stimmen und in einem wehmütigen Tremolo gregorianische Gesänge sangen, folgte die höhere Geistlichkeit, flankiert von Kerzen tragenden Alumnen. Eingehüllt in Wolken von Weihrauch und bekleidet mit einer Vielzahl farbenfroher, mit ungeheurer Freude am Ornamentalen bestickter Messgewänder, zogen sie getragenen Schrittes zum Hochaltar. Dort fielen sie auf ein Signal des Zeremonienmeisters hin theatralisch auf die Knie und begannen – während die Schola noch sang – einander unverständliche lateinische Gebete, die wie Beschwörungsformeln klangen, zuzumurmeln. Es war eine grandiose Inszenierung, die mit den Klampfen schlagenden, meist eher puristisch gehaltenen, stark das Rationale betonenden Gottesdiensten, mit denen ich aufgewachsen war, nichts mehr zu tun hatte.

Die reale Welt und ihre Probleme, in der neuen Liturgie drängend präsent in Fürbitten, Wünschen zu Beginn sowie am Ende der Messe und in den Predigten, waren in der religiösen Märchenwelt, in die ich eintauchte, völlig vergessen. Inhalte waren hier für den Gläubigen, der das Mantra eines mit romanischem Akzent gemurmelten oder gesungenen Lateins ohnehin nicht verstehen konnte, völlig gleichgültig geworden.

An die Stelle von Inhalten und rationaler Auseinandersetzung trat die vieldeutige Sprache der Bilder und Symbole, die uns auf einer tiefen seelischen Ebene überzeugt. Mir eröffnete sich eine Welt, die das Heilige in einer Überbetonung des Ästhetischen zu finden sucht. Eine Welt, in der Inhalte zweitrangig sind und in der man sich vorbehaltlos den Äußerlichkeiten des heiligen Scheins überlässt. Doch diese kritische Einsicht kam mir natürlich erst viel später.

Zunächst war alles nur diffuses Gefühl, Wellness für das jugendliche Gemüt. Das Priesterseminar mit seinen großen und kleinen Kapellen, seinem »verkleideten« Personal und seinem verwunschenen Park, in dem in Tuffsteingrotten große Gipsmadonnen in einer Mischung aus Andacht und Benommenheit die Augen himmelwärts richteten, erlebte ich wie einen großen katholischen Freizeitpark.

Was war es nun, das diese Faszination bei mir ausgelöst hatte?

Von verhältnismäßig modernen Eltern in einer unkonventionellen Familie antiautoritär erzogen, übte das völlig konträre Prinzip der Ordnung und Disziplin eine eigentümliche Anziehungskraft auf mich aus. Das galt nicht nur für die alte Liturgie, sondern auch für andere Bereiche: Waren meine Eltern überzeugte Pazifisten, die keinen Ostermarsch und keine Demonstration gegen den Vietnamkrieg ausgelassen hatten, so faszinierten mich in dem Alter militärische Rituale, Uniformen und dergleichen. Das beschränkte sich allerdings auf Äußerlichkeiten; nach dem Abitur ging ich nicht zur Bundeswehr, sondern machte Zivildienst.

Während man sich in der Welt meiner Kindheit immer wieder neu erfinden, alles hinterfragen musste und Kreativität und Phantasie zu den höchsten Idealen zählten, war in der traditionellen Liturgie alles von der höheren Autorität der Tradition vorherbestimmt und geregelt: selbst kleinste Handbewegungen während des Gottesdienstes, wer wann in welche Richtung und wie tief eine Verbeugung oder Kniebeuge macht, wie oft und mit welchem Winkel zwischen Unterarm und Hand das Weihrauchfass gegen die erhobene Hostie zu schwingen ist, wann die Altarglöckchen von den Ministranten geläutet werden dürfen und wann sie zu schweigen haben – nichts war zufällig. Alles folgte einem seit Jahrhunderten unter Aufsicht des päpstlichen Hofstaates, der »Römischen Kurie«, nur leicht modifizierten Ritual. Kritisch, kreativ und phantasievoll war genau das, was man unter Strafandrohung durch das Kirchenrecht in der tridentinischen Liturgie nicht sein durfte.

Auch das demokratische Grundprinzip, mit dem die menschlichen Beziehungen meines bisherigen Lebens mehr oder weniger erfolgreich gestaltet worden waren, hatte hier keinerlei Geltung. Hatten wir bei meiner ersten heiligen Kommunion zusammen mit den konzelebrierenden Priestern auf einer Stufe rund um den Altartisch gestanden und mit ihnen die Messe als Gemeinschaft der Glaubenden gefeiert, die von Gott alle gleich geliebt werden, so gab es hier eine klare Trennung zwischen Klerikern und Laien. Es waren eben nicht alle gleich, weil nicht gleichermaßen von Gott geliebt und auserwählt. Dieser Fatalismus und zugleich das Gefühl, zu den Erwählten zu gehören, faszinierten mich.

Viele Jahre beschäftigte mich das Zitat des bedeutenden Kirchenlehrers Thomas von Aquin, das man mir während Exerzitien kurz vor meinem Abitur als metaphysisch zwingendes Faktum mitgegeben hatte: »Niemand wäre besser als der andere, würde er nicht von Gott mehr geliebt.«[6] Nicht an uns Menschen lag es also, dass es diesen Unterschied und damit eine klare Hierarchie gab, sondern an Gott selbst, der seine Liebe ganz unterschiedlich austeilte und damit die einen benachteiligte, die anderen bevorzugte.

Damit war die Hierarchie nicht mehr unserer Wahl anheimgegeben, sondern zu einem nicht hinterfragbaren Faktum geworden. Es war eben jene Hierarchie, die wiederum festlegte, wer genau von Gott zu was auserwählt war und wie sich folglich das katholische Kastensystem gliederte.

Den Laien ist in der tridentinischen Liturgie der Kirchenraum vor der Kommunionbank zugewiesen: Sie sind stumme Zuschauer eines Schauspiels, das sich in seiner ganzen Pracht vor ihren Augen entfaltet. Die Kleriker sind im Chorraum aktiv und werden durch eine Chorschranke deutlich von den Laien abgetrennt. Das Schauspiel, das sie im Chorraum aufführen, ist das exakte Spiegelbild einer

---

[6] Thomas von Aquin: *Summa theologica*, Bd. 2, Salzburg 1934, S. 191

hierarchisch strukturierten, absolutistisch regierten Kirche. Am deutlichsten wird dies im sogenannten levitierten Hochamt, der feierlichsten Form der tridentinischen Liturgie: Im Mittelpunkt steht hier der ranghöchste Priester oder Bischof. Ihm hat der ranghöchste Diakon zu dienen, indem er sich vor ihm verbeugt, ihm den Chormantel hält usw. Dem ranghöchsten Diakon dient der Subdiakon, der wiederum von Trägern der niederen Weihen, wie Akoluthen oder Exorzisten, bedient wird.

Dabei werden die Rangunterschiede nicht nur durch genauestens in den »Rubriken« festgelegte Handlungskonstellationen sichtbar, sondern auch durch eine ganz bestimmte, aus dem frühen Mittelalter stammende Kleiderordnung: Der Subdiakon trägt über der Albe eine Tunicella mit Manipel, der Diakon eine Dalmatik mit quer angelegter Stola und Manipel, der Priester eine Casel mit gekreuzter Stola und Manipel, der Bischof alle diese Gewänder übereinander, als Kopfbedeckung dazu noch die Mitra und in der Hand den Bischofsstab. Sollten mehrere Bischöfe aufeinandertreffen, ist ebenfalls genau geregelt, welcher von ihnen seine Kopfbedeckung aufbehalten und wer sie ablegen muss. Diese bis in die kleinsten Kleinigkeiten festgelegte Ordnung der Kleider und der zugehörigen Accessoires hat nicht nur die Funktion, eine Hierarchie widerzuspiegeln. Die nur im Gottesdienst getragenen Kleider lassen das Individuum zugunsten des Amtes unsichtbar werden, der Einzelne kann sich sozusagen hinter seiner Verkleidung »verstecken«. Innerhalb dieses Systems verschwindet die Persönlichkeitsautorität zugunsten der Amtsautorität: Nicht mehr was der Geistliche sagt, ist von Bedeutung, sondern die Tatsache, dass er es in seiner Rolle als Geistlicher sagt und befiehlt, bindet mich und verlangt von mir heiligen Gehorsam. Die vieldiskutierte päpstliche Unfehlbarkeit, die jeden Katholiken zu absolutem Gehorsam verpflichtet, ist die Krönung der amtsautoritären Struktur der katholischen Kirche.

Eine demokratisch ausgerichtete Konzelebration mehrerer Priester an einem gemeinsamen Altar unter Einbezug von Laien ist – so nahe sie dem eigentlichen Abendmahlgeschehen kommt, wie es uns die Bibel berichtet – diesem monarchistisch strukturierten System diametral entgegengesetzt und wird von traditionalistischen Gläubigen deshalb auch als Teufelswerk abgelehnt.

Dass die alte Liturgie, die mich so faszinierte, von der gültigen Autorität der katholischen Kirche gerade abgeschafft worden war, ihr Vollzug also nur scheinbar einen Akt der Disziplin und kirchlichen Ordnung darstellte, wollte ich nicht sehen. Kaschiert wurde diese paradoxe Situation von traditionalistischen Geistlichen mit dem Argument, man sei ja der authentischen Tradition, der wirklich katholischen Kirche, den »Päpsten aller Zeiten« gehorsam. Hier handele es sich nur um scheinbaren Ungehorsam gegenüber einem Papst, der nicht wisse, was er tue, einen heiligen Ungehorsam zur Rettung des wahren Gehorsams und der wahren Autorität. Diese habe der antiautoritäre Geist des Liberalismus untergraben, denn der »Rauch Satans« sei nach Aussage Papst Pauls VI. in die Kirche eingedrungen.

Außerdem bete man ja auch im Kanon für den derzeitigen Papst. Ein Priester der Piusbruderschaft führte mich in die Sakristei und zeigte auf eine Fotografie von Johannes Paul II., die dort gerahmt an der Wand hing. Halblaut fügte er dann aber hinzu, man müsse schon beten, dass er endlich wieder zum vollständigen wahren Glauben und zur »Messe aller Zeiten« zurückfinde. Und zuversichtlich: Wir müssten nur den langen Atem haben, dann werde der nächste Papst zur wahren Kirche der Tradition zurückfinden.

Erst viele Jahre später erkannte ich, dass die kindliche Faszination für die disneyhaften Kulissen tridentinischer Subkultur den meisten Menschen den Blick dafür versperrt, dass es hier um eine weit über liturgische Fragen hinausgehende Revolte geht, die nun tatsächlich mit dem nächsten Papst ihre Erfolge in Rom feiert.

Ebenso wurde mir allmählich deutlich, dass der Selbstanspruch der Traditionalisten, sie alleine erhielten noch die unverkürzte Wahrheit des Katholischen aufrecht, kaum zutreffend war. Nicht nur in der Frage des Gehorsams, auch in ihrem ganzen Zugang zur Tradition, in konkreten Fragen der Gottesdienstgestaltung und der Frömmigkeitsübungen wählten sie höchst eigenwillig das aus, was ihnen in das selbstentworfene Konzept passte.

Die vielen einzelnen Gruppen, die sich innerhalb des traditionellen Katholizismus gebildet haben, sind die Produkte unterschiedlicher Bastelanleitungen, mit denen man sich je seine eigene Art von Katholizismus zusammenbaut. Dabei lassen sich im konservativen katholischen Milieu derzeit grob folgende Gruppierungen unterscheiden.

Aufgrund jüngster Entwicklungen im Zusammenhang mit der Aufhebung der Exkommunikation des Piusbischofs und Holocaustleugners Williamson dürfte die 1970 von dem französischen Integralisten-Erzbischof Marcel Lefebvre gegründete Priesterbruderschaft St. Pius X. am bekanntesten sein. Sie hat weltweit etwa 150 000 Anhänger.

Die Sedisvakantisten bilden die äußerste Rechte der konservativen Katholiken. Ihnen ist selbst der Papst seit vielen Jahren nicht päpstlich genug. Sie sind der Überzeugung, dass seit der Modernisierung der katholischen Kirche und ihres Gottesdienstes durch das Zweite Vatikanische Konzil (1962–1965) der Stuhl Petri in Rom leer (vakant) ist, und behaupten, der Papst sei nicht wirklich Papst. Daher die Bezeichnung »Sedisvakantismus«, was übersetzt etwa heißt:

»Der Thron des Papstes ist leer.« Weltweit der bekannteste Anhänger der Sedisvakantisten dürfte der amerikanische Schauspieler Mel Gibson sein. Dass sein Film *Die Passion Christi* aus dem Jahr 2004 gerade bei konservativen Katholiken so viele Fans fand, ist von daher erklärbar. Erst unter dem gegenwärtigen Pontifikat von Benedikt XVI. haben die Sedisvakantisten neue Sympathien für den real existierenden Papst entwickelt und können sich nun eher vorstellen, ihn als rechtmäßigen Nachfolger des Heiligen Petrus anzuerkennen.

Als Lefebvre im Jahr 1988 illegal mehrere Bischöfe (darunter Richard Williamson) weihte, die daraufhin aus der Kirche ausgeschlossen wurden, spaltete sich von der Piusbruderschaft die Priesterbruderschaft St. Petrus ab. Sie ordnete sich der Form nach Rom unter und wurde dafür mit dem Status einer »Gemeinschaft päpstlichen Rechts« belohnt, behielt aber ihre ursprünglichen radikalen Vorstellungen zum Beispiel zur Gottesdienstgestaltung, zu den Geschlechterrollen oder zur Homosexualität weitgehend bei.

Ähnlich verfuhren in den nächsten Jahren zahlreiche andere kleinere Ordensgemeinschaften und Vereinigungen von Laien. Diese Rückführung der Erzkonservativen in den Schoß der katholischen Kirche führte dazu, dass sich auch neue Ordensgemeinschaften bildeten, die genauso dachten wie die Lefebvre-Brüder, aber die Anerkennung Roms beanspruchten und damit das Recht, in den Diözesen zu wirken. Dazu gehören die Servi Jesu et Mariae, das Institut vom Guten Hirten, die Franziskaner der Immakulata und die Benediktiner von Le Barroux. Auch sie wurden sehr schnell mit dem Status päpstlicher Gemeinschaften belohnt. Dieser Status räumt ihnen kirchenrechtlich große Freiheiten ein, beschneidet jedoch die Autorität der Diözesanbischöfe, indem er diese Gruppen ihrer diözesanen Direktive entzieht.

Daneben gibt es Institutionen, die älter als die Piusbruderschaft sind und ordnungsgemäß von Rom oder den jeweiligen Bischöfen genehmigt wurden, aber einen äußerst konservativen Kurs fahren und nicht selten auch einflussreiche Verbindungen zu politisch extrem rechten Regierungen oder Parteien pflegen. Meist haben sie ihre Ursprünge in Spanien oder Lateinamerika. Die bekanntesten unter ihnen sind das Opus Dei und die Legionäre Christi.

Auch in der Gesamtkirche haben sich einige Diözesen herauskristallisiert, in denen ein besonders konservativer Geist herrscht. Dazu zählte unter Bischof Krenn die Diözese St. Pölten; aktuell gehören das Erzbistum Liechtenstein, die Diözese Karaganda in Kasachstan und die Diözese Campos in Brasilien dazu. In den jeweiligen Diözesen existieren dann noch eigene Laien- und Priestervereinigungen, die einen traditionalistischen Katholizismus propagieren, zum Beispiel das Netzwerk katholischer Priester oder die Initiativkreise katholischer Laien und Priester.

Sein Forum findet dieses Denken in konservativen Zeitungen und Zeitschriften sowie in den neuen Medien. Dabei sind die Zeitschriften einzelner konservativer Gruppierungen *(Una Voce-Korrespondenz, Kirchliche Umschau)* von über den Parteiungen stehenden großen Organen zu unterscheiden. Zu Letzteren zählen etwa die in Würzburg erscheinende Tageszeitung *Die Tagespost* oder die katholische Monatsschrift *Theologisches.*

Man sieht den Priester nur von hinten

Eine ähnliche Doppelbödigkeit wie die im Hinblick auf die Disziplin und Ordnung der alten Liturgie erschließt sich mir heute bezüglich deren ganz eigener Ästhetik, die nicht nur mich in ihren Bann zog, sondern auch viele Künstler, wie etwa die Romanciers Julien Green, Agatha Christie oder Martin Mosebach. Es ist eine Ästhetik, die wie keine andere im Bereich der Religion homosexuell veranlagte Männer magisch anzieht. Eine Ästhetik, die aber zugleich von einer Gruppe vertreten wird, die wie keine andere im Katholizismus Homosexualität verurteilt, ähnlich den fundamentalistischen protestantischen Sekten in den USA.

Dass gerade in traditionellen Gottesdiensten ein großer Teil der männlichen Besucher Schwule sind, fiel mir zum ersten Mal in den 90er Jahren in Köln auf, in einem in der Innenstadt gelegenen Marienheiligtum. Dieses Gotteshaus war damals die einzige bekanntere Innenstadtkirche, in der noch Messen mit dem Rücken zu den Gläubigen, in lateinischer Sprache, mit ausschließlich männlichen Ministranten und gregorianischem Choral gefeiert wurden. Als regelmäßiger Gottesdienstbesucher war ich immer sehr verwundert, dass neben den alten Damen aus dem nahe gelegenen Seniorenheim auffallend viele junge Männerpaare, aber auch männliche Singles dort zugegen waren. Erst durch einen befreundeten Theologiestudenten und Priesteramtsanwärter, der sowohl regelmäßig in den zahlreichen Kölner Schwulenkneipen verkehrte als auch die feierlichen lateinischen Gottesdienste in »St. Maria in der Kupfergasse« besuchte, wurde meine Vermutung bestätigt.

An der Faszination Homosexueller für die tridentinische Liturgie hat sich bis heute offensichtlich nichts geändert: Ein guter Bekannter aus dem Bistum Paderborn, der zusammen mit seinem Partner vor einigen Jahren zum Katholizismus konvertierte, berichtet von dort, dass die in der Bischofsstadt zweimal im Monat stattfindende tridentinische Messe wegen ihrer Besucher und Mitwirkenden in Insiderkreisen nur »schwule Messe« genannt wird. Entsprechend verwundert es nicht, dass sich auf der Internetseite *Gayromeo*, Europas größtem sozialem Netzwerk für homosexuelle Männer, sehr schnell ein eigener Club mit dem Namen »Pro Missa Tridentina« gründete. Als Vorschaubild diente eine Gebrauchsgrafik aus dem 19. Jahrhundert, die den bewusst mit kitschigen Stereotypen arbeitenden französischen Künstlern Pierre et Gilles alle Ehre gemacht hätte. Auf dem Bild feiert ein junger, attraktiver Priester zum Altar gewendet die Messe und trinkt aus dem Kelch, in den vom blutüberströmten Leib Jesu, der sich vom Kreuz her zu ihm niederbeugt, Blutstropfen fallen. Im Forum des Clubs tauschte man sich eifrig über außergewöhnliche Pontifikalämter im alten Ritus aus, bildete Fahrgemeinschaften zu traditionellen Wallfahrtsorten, informierte sich gegenseitig über Reliquienversteigerungen bei eBay, Geistliche aus dem traditionalistischen Spektrum und so weiter.

Nach Streitigkeiten löste sich die illustre Gruppe wieder auf, aber bis heute gibt es bei *Gayromeo* einen Club mit dem Namen »Römisch-katholisch«, dem nur schwule römisch-katholische Christen beitreten dürfen, die auf jede Kritik an Papst und Bischöfen sowie der katholischen Kirche insgesamt verzichten und die traditionelle Liturgie bevorzugen. Der Club wird von Köln aus verwaltet und ist unter den religiösen Clubs bei *Gayromeo* einer der mitgliederstärksten.

Nun stellt sich natürlich die Frage, welche Aspekte der traditionellen Liturgie eine derartige Anziehungskraft auf schwule Männer ausüben.

Zuallererst handelt es sich hier um eine ganz eigene Ästhetik des Männlichen, wie wir sie in analoger Form auch beim Militär und bei manchen Sportarten antreffen. Durch das absolute Verbot von Ministrantinnen, Pastoralassistentinnen, Messnerinnen, Kommunionausteilerinnen und Lektorinnen »entstellt« kein weibliches Wesen das schöne Bild der reinen Männerwelt. Gelegentlich leuchtet ein Bild

Marias auf, sie hat aber als Mutter und keusche Jungfrau zugleich keinerlei Berührung durch einen Mann gekannt und kann so als asexuelles Konstrukt der verschworenen Männergemeinschaft nicht gefährlich werden. Dazu passt meine Beobachtung, dass gerade bei homophilen Klerikern ein fast abergläubischer Marienkult besonders verbreitet ist. Als wolle man posthum der Psychoanalyse ein Exempel für ihre Entstehungstheorie der Homosexualität schenken, steht dabei Maria als königliche Mutter und mächtige Herrscherin des Himmels, der sich der Priester als ihr geliebter Sohn gehorsam unterwerfen möchte, im Mittelpunkt. Sieht doch die auf den Spuren Sigmund Freuds wandelnde Psychoanalyse eine starke Fixierung des jungen Mannes auf seine dominante Mutter als wichtigen Faktor, der die homosexuelle Veranlagung entscheidend verstärke.

In der tridentinischen Liturgie gibt es, wie bereits erwähnt, einerseits eine klare Hierarchie mit Über- und Unterordnungen. Aber es gibt auch Zeichen tiefer, fast schon zärtlicher Verbundenheit der Männer untereinander wie den Hand-, Pax- und Fußkuss, die Fußwaschung, die der Bischof am Gründonnerstag an ausgewählten Priestern seiner Diözese vornimmt, das Gehorsamsversprechen des Priesters seinem Bischof gegenüber, das begleitet wird von einem Ritus, der dem der Eheschließung sehr ähnlich ist: Der Neugeweihte legt seine gesalbten Hände in die Hände des Weihbischofs.

Zu den Aspekten des traditionellen Katholizismus, die homosexuelle Gläubige besonders faszinieren, gehört auch die vom traditionalistischen Klerus eifrig betriebene Reliquienverehrung. Exemplarisch sei hier der Fall des Berliner Prälaten Gerald Gösche geschildert, der 2001 einen besonderen Coup landete. Damals arbeitete er noch für die Piusbruderschaft, zwei Jahre später gründete er in Berlin jedoch seinen eigenen traditionalistischen Orden, das »Institut St. Philipp Neri«. Dies geschah mit ausdrücklicher Unterstützung des damaligen Kardinals Ratzinger und unter der Regie des an der Kurie tätigen Kardinals Castrillón Hoyos, der zu jener Zeit als »papabile«, als erfolgversprechender Nachfolger Johannes Pauls II., galt. Die Neugründung wurde deshalb durch den Berliner Kardinal Sterzinsky freundlich aufgenommen und mit Spendengeldern aus dem staatlich anerkannten Hilfswerk »Kirche in Not« finanziell gefördert.

Doch zurück zu den Reliquien: Auf etwas mysteriösem Wege war Prälat Gösche in den Niederlanden an die Reliquien des heiliggesprochenen Koreamissionars Simeon Franziskus Berneux gekommen. Die Überführung der sterblichen Überreste in die Bundeshauptstadt veranstaltete er als medienwirksame Aktion, die sich des reichen Zulaufs von Sympathisanten religiöser Delikatessen traditionalistischer Provenienz sicher sein konnte. Um das erste vollständige Reliquiar eines Heiligen in Berlin würdig zu begrüßen, wurden Traditionalisten aus Süd- und Westdeutschland in die Hauptstadt gekarrt. Sie bildeten den würdigen Rahmen für die Überführung des goldgerahmten Glassargs, der schnell zur Hauptattraktion der Piuskapelle wurde.

Wie sehr im traditionalistischen Katholizismus homophile Tendenzen zum Tragen kommen, lässt sich an einem delikaten Beispiel deutlich machen: Während die Katholiken der erneuerten Liturgie am 1. Januar das Hochfest der Gottesmutter Maria begehen, halten die Traditionalisten kompromisslos am mittelalterlichen Brauch des Festes der Beschneidung Christi fest. Im Mittelpunkt steht hier die Verehrung einer der denkwürdigsten Reliquien des christlichen Abendlandes, des Präputiums, der Vorhaut Jesu. Da Christus der Bibel zufolge mit seinem irdischen Leib in den Himmel aufgefahren ist, besitzen wir von seinem Körper lediglich als Reliquie, was er zurückgelassen hat. Und weil er – als Jude – mit Sicherheit beschnitten wurde, konzentrierte sich der frühmittelalterliche Reliquienkult sehr schnell auf diese Reliquie. Mehr als zehn Kirchen des Abendlandes beanspruchten bis in die Neuzeit, die »wahre Vorhaut« Jesu zu besitzen und den Gläubigen »zum Kuss der Verehrung darzureichen«. In Rom gab es bereits unter Papst Pius XII. Bestrebungen, die blühende Verehrung dieser Reliquie einzuschränken. Ihren feurigsten Verteidiger fand sie bezeichnenderweise in dem französischen Romancier Peyrefitte, Freund der traditionellen Liturgie sowie Frankreichs bekanntester Pionier der Homosexuellenliteratur. Es sei noch erwähnt, dass die illustre Reliquie im Jahr 1983 aus ihrem eigentlichen Aufbewahrungsort im nahe Rom gelegenen Calcata auf rätselhafte Weise verschwand.

Die Gründe, die hier für die Anziehungskraft der traditionellen Liturgie auf Homosexuelle genannt wurden, mögen auf den ersten Blick ein wenig weit hergeholt erscheinen. Bei genauerem Hinsehen zeigt sich aber, dass die beiden Welten durchaus etwas verbindet. So begegnen uns in der tridentinischen Messe Zeichen und Rituale, die den Menschen heute als Elemente einer religiösen Ästhetik kaum mehr präsent sind, zum Beispiel das Küssen von Wäsche- oder Körperteilen eines Heiligen, dafür aber in der homosexuellen Erotik, besonders in der Fetischszene, nach wie vor eine große Rolle spielen. Hier ist es dann eben nicht der Fuß des Heiligen Vaters, der geküsst wird, sondern der Lederstiefel des »Meisters«, wobei beide Rituale als Zeichen freiwilliger Unterwerfung zu deuten sind.

Homosexuell veranlagten Priestern, die ihre Sexualität nicht ausleben können, gelingt über die Ästhetik der traditionellen Männerliturgie mehr oder weniger bewusst eine Sublimierung ihrer erotischen Gefühle. Hier handelt es sich geradezu um ein Musterbeispiel der Sublimierung, werden doch gesellschaftlich (hier kirchlich) unerwünschte Triebwünsche in eine kultisch anerkannte, ja, ausdrücklich vorgeschriebene Verhaltensweise umgelenkt. Homosexuelle Sublimierung erscheint in diesem Zusammenhang dann nicht nur als Wurzel und dauerhafte Nahrung des traditionellen katholischen Kultes, sondern auch als Abwehrmechanismus, der die unter den Freunden des klassischen Ritus und Gegnern der Liturgiereform verbreitete Homophobie gut erklären würde.

Meine zahlreichen Kontakte zu traditionell orientierten Priestern jeden Ranges haben mir dies immer wieder bestätigt. Auch der bereits erwähnte, aktuell gültige »Katechismus der Katholischen Kirche« fordert fast schon zu einer solchen Sublimierung auf, wenn er die homosexuelle Neigung wohl toleriert, deren Ausübung aber als Sünde verurteilt, der es durch Gebet und Sakramente vorzubeugen gelte.

Chorröcke aus bernsteinfarbener und blauer Seide

Ein weiterer, zunächst ebenfalls mehr äußerlich erscheinender Aspekt erschließt sich bei der Lektüre von Oscar Wildes *Bildnis des Dorian Gray*. An einer Stelle des Romans kommt der homosexuelle Wilde auf ein Hobby seiner autobiographische Züge tragenden Hauptperson zu sprechen: Dorian hat eine besondere Leidenschaft für alle Gegenstände, die mit dem katholischen Kult zusammenhängen, besonders für die kirchlichen Gewänder, die er in großer Zahl sammelt und immer wieder betrachtet, wenn die Leidenschaften ihn bedrängen. Darunter etwa ein Priestergewand aus grünem Samt, eine italienische Arbeit aus dem 16. Jahrhundert: »Die Borten waren aus roter und goldener Seide in fortlaufendem Muster gewebt und besetzt mit Medaillons von vielen Heiligen und Märtyrern, unter ihnen der heilige Sebastian. Er besaß auch Chorröcke aus bernsteinfarbener und blauer Seide, aus Goldbrokat und aus gelbseidenem Damast und Goldtuch, Dalmatiken aus weißer Seide und rosa Seidendamast und viele Messdecken, Kelchschleier und Schweißtücher.«

Wilde erklärt diese Vorliebe folgendermaßen: »In den mystischen Handlungen, denen diese Dinge dienten, lag etwas, das seine Phantasie aufstachelte.« Die Beschäftigung mit den kirchlichen Gewändern ist für Dorian paradoxerweise zugleich ein »Mittel«, seine Leidenschaften »zu vergessen«.

Wer in der neuen, eher schlichten katholischen Liturgie groß geworden ist, dem wird auffallen, dass das »Verkleiden« mit prachtvollen Gewändern und kostbaren Stoffen in der traditionellen Liturgie eine bedeutende Rolle spielt. Die Leidenschaft traditionsorientierter Kleriker für dieses »Verkleiden« und ihre Bereitschaft, dafür auch große Geldsummen aufzuwenden, ist kein Geheimnis. Im traditionellen Pontifikalamt ist das Ankleiden des Bischofs von seinem Thron aus sogar Teil der Liturgie, der vor den Augen der Gläubigen, begleitet von Gesängen, nach festem Ritual vonstattengeht.

Auch mich beeindruckten diese Gewänder schon als Kind und weckten in mir den Wunsch, Priester zu werden. Ein mit der Familie gut befreundeter Geistlicher schenkte mir daraufhin zu jedem Weihnachtsfest und jedem Geburtstag ein mit reicher Ornamentik in vornehmen Farben besticktes Messgewand, eine schöne Beichtstola mit reichverziertem Manipel, einen prachtvollen Chormantel, auf dem mit Goldfaden in Frakturbuchstaben groß »IHS« (Jesus Hominum Salvator = Jesus Retter der Menschen) eingestickt war. Alles Dinge, die man in diesen wilden Jahren des Freikämpfens von miefigen, mit Unterdrückung verbundenen Traditionen ohnehin häufig entsorgt hätte und die so erhalten geblieben sind.

Als die Gewänder nach meinem Verzicht auf den Priesterberuf und meinem Entschluss, homosexuell zu leben, ihre Funktion der Sublimierung bei mir längst eingebüßt hatten, versuchte ich sie vor etwa fünfzehn Jahren in »gute Hände« abzugeben. Dabei machte ich eine überraschende Entdeckung: Fast alle, die nun zur Besichtigung bei mir zu Hause vorbeikamen und ihr nachhaltiges Interesse anmeldeten, waren schwule Männer oder sedisvakantistische »Geistliche«.

Einen der Homosexuellen lernte ich bei der Verkaufsaktion näher kennen. Er war einige Zeit im Priesterseminar der Petrusbruderschaft gewesen, wo ausschließlich die alte Liturgie zelebriert wird, hatte das Seminar aber aufgrund seiner Veranlagung, mit der er verhältnismäßig offen umgegangen war, verlassen müssen. Daraufhin baute er gemeinsam mit anderen Klerikern in Bonn eine Art Gemeinde auf, in der ausschließlich die alte Liturgie gefeiert wurde, und zwar mit Billigung der ordentlichen kirchlichen Autorität, in diesem Fall des Erzbischofs von Köln. Seine persönliche Leidenschaft war das Sammeln seltener liturgischer Bücher und Gewänder. Vor allem über Internetauktionshäuser ersteigerte er einen ganzen religiösen Kostümfundus, der einer Domkirche gut angestanden hätte.

Unter demselben Namen ersteigerte er bei eBay aber auch Gegenstände, die seiner zweiten großen Leidenschaft neben der Liturgie dienten: erotischen Abenteuern. Fast jeder im traditionalistischen Lager wusste das, aber da es offiziell nicht bekannt wurde, ließ man ihn gewähren. Man konnte ihn gebrauchen: Unter dem Schutz des heiligen Scheins der katholischen Kirche erstellte er die wichtige Edition eines liturgischen Buches, des Nocturnale Romanum, und betreute die Internetseite der deutschen Una

Voce, einer Organisation, die sich den Kampf für alte Liturgie und Rechtgläubigkeit auf die Fahnen geschrieben hat und für deren Zeitschrift er ebenso Beiträge verfasste wie für das Organ des »Päpstlichen Liturgischen Instituts«. Im Jahr 2005 starb er im Alter von dreiunddreißig Jahren an einer heimtückischen Krankheit.

Es gehört mit zur Verlogenheit der ganzen Geschichte, dass der Eintrag des offen schwul lebenden Bundestagsabgeordneten Volker Beck sehr schnell aus dem virtuellen Kondolenzbuch, das Freunde der klassischen Liturgie daraufhin eingerichtet hatten, gelöscht wurde.

Dieser junge Theologe war kein Einzelfall, sondern steht exemplarisch für eine große Zahl von Laien und Priestern, die mit all ihrer Kraft und unter großem Einsatz von Zeit und materiellen Mitteln für die klassische Liturgie gekämpft haben und deren Veranlagung man akzeptierte, solange sie diese versteckten.

Bis zur Stunde ist der florierende gewerbsmäßige Handel mit kirchlichen Gewändern für die traditionelle Liturgie in Deutschland weitgehend in homosexueller Hand. Alles, was das 18. und 19. Jahrhundert an kirchlicher Bekleidung von rosa bis violett und stets mit viel Goldfaden ornamental dekoriert hervorgebracht haben, gibt es inzwischen bei schwulen Händlern im Internet wieder zu kaufen. Zuweilen bemüht man sich aufgrund der ganz speziellen Nachfrage sogar, den Glanz der vergangenen Jahrhunderte durch noch längere und filigranere Spitzen, durch noch mehr Goldstickerei und Farbigkeit zu überbieten, so dass das Ganze fast wie eine Karikatur des ohnehin bereits zum Kitschigen neigenden klerikalen Bekleidungsgewerbes der vergangenen Jahrhunderte wirkt.

Ähnliches ließe sich über den Bereich der Kirchenmusik sagen, die ebenfalls in ihrer klassischen Form Homosexuelle besonders anzieht. Bezeichnend ist hier der Fall eines bekannten Bad Reichenhaller Weinhändlers, der über viele Jahre in der Salzburger Barockkirche St. Sebastian, in der ausschließlich die traditionelle Liturgie gepflegt wird, die Orgel spielte. Obgleich Markus Enders als exzellenter Organist überall eine Stelle bekommen hätte, entschied er sich für diese verhältnismäßig weit von seinem Heimatort entfernte Gemeinde. Grund war, dass hier unter der Ägide des Salzburger Erzbischofs – neben der traditionalistischen Liturgie – die alte Kirchenmusik und der gregorianische Choral intensiv gepflegt werden, so dass viele Menschen den dortigen Gottesdienst vor allem wegen der exzellenten liturgischen Musik besuchen.

Über fünf Jahre ging die Sache gut, bis zum September 2009. Die Stelle des Kirchenrektors war etwa ein Jahr zuvor neu besetzt worden, und man hatte offensichtlich einen neuen Orgelspieler in der Hinterhand. Am 22. September des Jahres erhielt Enders einen Telefonanruf des Priesters aus der Petrusbruderschaft, der die dortige Gemeinde betreute: Da er inzwischen offen zu seiner sündhaften Veranlagung stehe, diese skandalöserweise vielleicht sogar praktiziere, sei Enders für die Gemeinde als Organist nicht mehr tragbar. Es sei den Geistlichen äußerst peinlich, wenn er im Rektorat ein und aus gehe. Stattdessen solle er auf den Weg des wahren heterosexuellen Glaubens zurückkehren und seine Missetaten beichten!

Da mich die Sache interessierte, nahm ich Kontakt zu dem Kirchenmusiker auf, der mir sehr anschaulich die Vorgänge schilderte. Das Interessante an dem Fall ist freilich wieder, dass die »Kündigung« zu einem Zeitpunkt erfolgte, als man den Orgelspieler loswerden wollte; dabei wusste man anscheinend bereits seit vielen Jahren über den Lebensstil des Mitarbeiters Bescheid. »Die Geistlichen sind bei mir zu Hause über Jahre hinweg ein und aus gegangen, mussten also wissen, was mit mir los ist. Mein Coming-out liegt zwanzig Jahre zurück, und ich habe nie einen Grund gesehen, mich zu verstecken oder mir ein Warnschild umzuhängen ... Die haben rund 12 000 Euro Honorar an mir eingespart und sich darüber hinaus von mir mit drei wertvollen Messkelchen beschenken lassen, die im Übrigen von einem schwulen alten Priester stammten«, so Markus Enders im persönlichen Gespräch.

Herz Jesu und l'art pour l'art

Einen meiner ersten größeren Vorträge im Rahmen der Traditionalistenbewegung hielt ich 2001 in Münster. Besonders aufgrund meiner Arbeit als freier Journalist für die *Deutsche Tagespost* wurde ich im konservativen Lager damals bereits als wichtiger Nachwuchstheologe betrachtet. Die Vereinigung »Pro Missa Tridentina«, der damals so bekannte Männer wie der Schriftsteller Martin Mosebach oder der Philosoph Robert Spaemann angehörten, hielt in Dom und Universität der Westfalenmetropole ihre Jahreshauptversammlung ab. Aus Rom war eigens der südamerikanische Kurienkardinal Darío Castrillón Hoyos, enger Mitarbeiter des Papstes und einflussreicher Sympathisant der Piusbruderschaft, angereist.

Hoyos sollte einige Jahre später, im Januar 2009, traurige Berühmtheit erlangen, hatte er doch auf Wunsch Papst Benedikts XVI. die Wiederaufnahme der Piusbruderschaftsbischöfe ohne Rücksicht auf diplomatische Regeln eifrig vorangetrieben. Unter diesen Bischöfen war auch der Holocaustleugner Williamson. Und obwohl Hoyos bereits im November 2008 von dem schwedischen Bischof Aborelius über Bischof Williamsons Holocaustleugnung unterrichtet worden war, wurde die Exkommunikation im Januar 2009 aufgehoben. Nachdem es zu weltweiten

Protesten gegen diese Entscheidung kam, erklärte Hoyos, er habe vom Antisemitismus Williamsons nichts gewusst.

Auch alles, was sonst im integralistischen deutschen Katholizismus Rang und Namen hatte, ja selbst der nicht im Ruf des Konservativismus stehende damalige Bischof von Münster, Reinhard Lettmann, waren auf der Tagung in Münster zugegen.

Nach meinem Vortrag kamen zwei ältere Herren zu mir und fragten mich, ob ich die Herz-Jesu-Medaille trüge. Wahrheitsgemäß antwortete ich, dass ich von dieser Medaille noch nie etwas gehört hätte. Das Entsetzen war groß, denn, so sagten sie, nur als Träger dieser Medaille komme man garantiert in den Himmel und sei vor dem Teufel sicher. Nicht, dass ich die beiden etwas schräg auftretenden und argumentativ wenig überzeugenden Herren ernst genommen oder ihnen eine solche Medaille abgekauft hätte, aber von da an war mein Interesse an der Herz-Jesu-Frömmigkeit geweckt. Ich begann mich mit der Geschichte und gegenwärtigen Praxis dieser Art von Volksfrömmigkeit näher zu beschäftigen.

Ihre eigentliche gesamtkirchliche Hochkonjunktur erlebte die Herz-Jesu-Frömmigkeit im 19. Jahrhundert, wo sie das spirituell-künstlerische Gegenprogramm zu Protestantismus, Aufklärung und antimodernem Kulturkampf bildete. Gegen demokratische, liberale Tendenzen veranstaltete man monarchistisch ausgerichtete »Herz-Jesu-Thronerhebungen«. Der letzte Papst, der die Herz-Jesu-Verehrung in diesem Sinne propagierte, war der 1958 verstorbene Pius XII. Mit dem Ende der pianischen Epoche verschwand allmählich auch der über Jahrzehnte amtskirchlich geförderte Herz-Jesu-Kult, ohne dass ihn jemand vermisst hätte.

Heute scheinen die Herz-Jesu-Verehrung und die dazugehörige Bilderwelt im Schnittfeld von traditionalistischer katholischer Volksfrömmigkeit und homosexuellem Kitsch eine ähnliche Funktion einzunehmen wie der Reliquienkult. Bei modernen Katholiken längst abgeschafft, spielen die Herz-Jesu-Bilder und -Statuen in traditionalistischen Kreisen eine wichtige Rolle: Keine Kapelle, in der die alte Messe gefeiert wird, möchte ohne ein solches Herz-Jesu-Interieur auskommen. Die deutschsprachige Sektion der Piusbruderschaft hat gar ihr Ausbildungszentrum in Niederbayern nach dem Herzen Jesu benannt, ebenso wie das traditionalistische »Institut Christus König und Hoherpriester« seinen wichtigsten Konvent in Bayerisch Gmain. Aber auch in den Häusern anderer traditionalistisch ausgerichteter Gemeinschaften finden sich Herz-Jesu-Bilder im Stil des 19. Jahrhunderts in großer Fülle. Jeder erste Freitag im Monat ist in den Gottesdienstzentren der Traditionalisten dem Herzen Jesu geweiht, und es finden spezielle Andachten statt, bei denen sich die Priester und die, die es noch werden wollen, meditativ in die Liebe des Herzens Jesu versenken. Auch gibt es eine eigene Litanei, in der das Herz Jesu als »Feuerherd der Liebe«, »Sehnsucht aller Priester« und »König aller Herzen« angebetet wird.

Der Herz-Jesu-Kult ist aber nicht nur in konservativen katholischen Kreisen verbreitet, sondern in gewissem Sinne auch unter Homosexuellen: Kaum hatte die Schwulenikone Madonna zu Beginn des neuen Jahrtausends ihr Modelabel »Immaculate Collection« auf den Markt gebracht, konnte man keinen schwulen Club mehr betreten, ohne auf eine ganze Schar junger Männer zu treffen, auf deren T-Shirts eben jener Jesus aus den Traditionalistenkapellen prangte. Mit gepflegter Föhnfrisur, gezupften Augenbrauen, leicht zur Seite geneigtem Kopf und sehnsüchtigem Blick zeigte er auf sein weit aufgerissenes Obergewand, aus welchem dem Betrachter sein durchstochenes Herz blutrot und flammend ins Auge sprang.

Selbstverständlich waren diese jungen Männer keine Traditionalisten, die sich nur verlaufen hatten. Hier begegneten sich vielmehr typisch traditionalistische, aus dem 19. Jahrhundert ererbte Volksfrömmigkeit und schwule Subkultur an einem entscheidenden Punkt, nämlich dem der Fixierung auf den vermeintlich schönen Schein, auf die stilisierte, oberflächliche Körperlichkeit. Eine Liebe zum äußeren, materiellen Schein, die das Phänomen des Kitschigen ebenso prägt wie weite Teile der homosexuellen Party-Szene in ganz Europa und den USA.

Durch das Studium der Texte von Martin Mosebach zur Liturgiereform eröffnete sich mir ein weiterer Aspekt, der traditionalistisches Liturgie- und schwules Selbstverständnis miteinander verbindet.

Der schwerste Vorwurf, der gegen die modernisierte Liturgie der katholischen Kirche ins Feld geführt wird, ist der, es handele sich dabei um eine Pädagogisierung und Moralisierung des Ästhetischen. Der Soziologe Alfred Lorenzer hat diesen Vorwurf zu Beginn der 80er Jahre zuerst ins Gespräch gebracht, und Mosebach hat ihn sehr viel später auf mehr literarisch-umschreibende Weise wieder aufgegriffen. In der Zuwendung des Priesters zu den Gläubigen und der Feier des Gottesdienstes in der jeweiligen Landessprache sehen die Kritiker die Verwandlung dessen, was zunächst einfach schön sein wollte, in eine Unterrichtsstunde, bei der die Gläubigen durch das »pausenlose Reden« des Priesters und seiner Mitarbeiter indoktriniert werden sollten. So sei, wie der Titel eines Buches von Martin Mosebach nahelegt, eine »Häresie der Formlosigkeit« entstanden.

In der alten Liturgie sei dies genau umgekehrt gewesen, statt der Belehrung habe hier die pure Ästhetik triumphiert. Das Prinzip aus dem Bereich der Ästhetik, das dem der vorkonziliaren Liturgie entspricht und diese prägt, ist demnach jenes der Kunst um der Kunst willen (»l'art pour l'art«). Kunst, Kultur und Kult haben gerade keine zweckbestimmte Zielrichtung, schon gar keine, die der Ethik oder Nützlichkeit verpflichtet wäre. Sie sind, im positiven Sinne, außermoralisch und »nutzlos«. Sie sind so vollkommen, dass sie sich selbst genug sind. Die schöne Form nimmt so eine Vorrangstellung vor aller lehrreichen Inhaltlichkeit ein. Der gläubige Messebesucher soll sich nicht kritischen Gedanken hingeben oder über eine Verbesserung der Welt nachdenken, sondern ganz platonisch in der einfachen Schau des Schönen seine Erfüllung und sein Glück finden.

In der Tat habe auch ich diese grundsätzlich andere Ausrichtung der alten Liturgie früher oft als große Entlastung erlebt, besonders ab dem Zeitpunkt, an dem ich begann, als Lehrer zu arbeiten, und ein Großteil meiner Arbeit in einem kommunikativen Prozess bestand. Der Besuch der traditionellen Liturgie kann ein echter Ausflug vom Alltag sein. Hier muss man sich nicht auf das Gesagte konzentrieren, da in den »stillen Messen« ohnehin nur unhörbar gemurmelt wird. In feierlichen Hochämtern singt eine Schola, und man kann einfach das Geschehen beobachten.

In einem größeren Zusammenhang gedacht, scheint es mir kein Zufall zu sein, dass das Prinzip der Kunst um der Kunst willen von den französischen Dichtern Flaubert und Baudelaire entworfen und vor allem von Oscar Wilde und Stefan George in England und Deutschland propagiert wurde. Standen doch alle vier Künstler der gleichgeschlechtlichen Liebe – vorsichtig ausgedrückt – positiv gegenüber.

Bei dem Prinzip, das Mosebach und andere in der Liturgie verwirklicht sehen wollen, handelt es sich um genau jenes Grundprinzip, das nach Ansicht der katholischen Moraltheologie die Homosexualität prägt und so verdammenswert macht. In dieser Hinsicht war selbst der Protestant Thomas Mann gut katholisch, als er in den 20er Jahren des vorigen Jahrhunderts, seine eigenen Obsessionen kritisch betrachtend, über den »erotischen Ästhetizismus« der gleichgeschlechtlichen Liebe in seinem Essay *Über die Ehe* schrieb: »Es entsteht nichts aus ihr, sie legt den Grund zu nichts, ist l'art pour l'art, was ästhetisch recht stolz und frei sein mag …«

Für die katholische Kirche erhält die »normale« Sexualität Wesen und Wert erst durch ihre Zielgerichtetheit, d. h. sie ist ausgerichtet auf das unverzichtbare Ziel der »Vermehrung des Menschengeschlechts«. Jede Sexualität, die dieses Ziel nicht im Auge hat, die wie die traditionelle Liturgie l'art pour l'art sein will, ist grundsätzlich als sündig zu betrachten – daher das immer wieder in Erinnerung gerufene absolute Verbot künstlicher Verhütungsmittel und der Homosexualität.

Ein Tropfen Honig und ein Fass voll Essig

Auch wenn mir das damals noch nicht klar war, sondern erst im Laufe der Jahre immer deutlicher bewusst wurde, lässt sich zusammenfassend feststellen, dass wir mit den sichtbarsten äußeren Zeichen der traditionalistischen Bewegung innerhalb der katholischen Kirche zugleich auch ein besonders prägnantes Beispiel für eine Doppelmoral auf mehreren Ebenen haben: auf der einen Seite die traditionelle Liturgie, die von Kreisen propagiert wird, in denen die Homophobie zum guten Ton gehört, auf der anderen Seite die Tatsache, dass diese Liturgie ganz wesentlich als Produkt homosexueller Sublimierung gelten kann und dadurch auf homosexuelle Priester wie Laien eine starke Anziehungskraft ausübt.

Ein weiterer Aspekt, der diese Doppelgesichtigkeit gar zur Dreigesichtigkeit werden lässt, darf nicht unerwähnt bleiben. Immer wieder ist mir in Gesprächen mit Meinungsführern der traditionalistischen Katholiken sowohl in Deutschland als auch in Rom deutlich geworden, dass zwar die ästhetische Form der klassischen Liturgie in öffentlichen Diskussionen in den Vordergrund gerückt wird. Geheimnisvolles Mantra, Weihrauchwolken, gregorianische Gesänge – das tut keinem weh und kommt gut an in Zeiten postmoderner Freude an allem Esoterischen, zumal in intellektuellen Kreisen. Ein durch Ästheten wie Martin Mosebach vornehm parfümierter Traditionalismus ist inzwischen wieder salonfähig.

Sobald man aber, wie ich es getan habe, tiefer in das Milieu des traditionellen Katholizismus eintritt, erkennt man, dass dies zumeist auch aus taktischen Gründen geschieht, um möglichst viele neue Anhänger für die Bewegung zu gewinnen. Mehrmals habe ich in diesem Zusammenhang von traditionalistischen Priestern das Zitat von Don Bosco gehört: »Mit einem Tropfen Honig fängt man mehr Fliegen als mit einem Fass voll Essig!«

Der in Frankreich lebende Arzt Wolfgang Lindemann, einer der besonders umtriebigen Ideengeber der Bewegung, entwarf ein eigenes Missionierungsprogramm für katholische Traditionalisten, das nicht nur die Terminologie, sondern auch die Strategien von US- und südamerikanischen Sekten aus dem protestantisch-charismatischen Bereich übernimmt.

Lindemann ist Sympathisant der erzkatholischen »Gesellschaft zum Schutz von Tradition, Familie und Privateigentum« (TFP). Die weithin im Stil des Opus Dei agierende Organisation wurde 1932 von dem brasilianischen Rechtsaußen-Politiker Plinio Correa de Oliveira gegründet, mit Unterstützung der katholischen Kirche. Obwohl der Sektenbericht der französischen Regierung ausdrücklich vor der Gruppierung warnt und sich auch einige deutsche Diözesen von deren Tochterorganisationen klar distanziert haben, wird die TFP bis zur Stunde von hohen Kirchenfürsten explizit gefördert. So schrieb im Februar 2007 kein Geringerer als der im Vatikan äußerst einflussreiche Kardinal Medina Estévez, der nicht nur viele Jahre dem chilenischen Diktator Pinochet nahestand sowie die Demokratie als unchristlich ablehnt, sondern auch 2005 als Kardinalprotodiakon die Ehre hatte, die Wahl Joseph Ratzingers zum Papst öffentlich zu verkündigen und ihm das Pallium zu überreichen, an das Leitungsgremium der global agierenden Vereinigung der TFP: »So ermutige ich Sie von ganzem Herzen, Ihre Arbeit zur Verteidigung der Tradition, der Familie und des Privateigentums fortzusetzen sowie zum Schutz der übrigen christlichen und katholischen Grundsätze, die das Fundament jedes echten Humanismus bilden.«[7]

Aufgrund ihres stark missionarischen Charakters verbreitete sich die TFP schnell über mehr als sechsundzwanzig Länder auf allen fünf Kontinenten. Seit den 80er Jahren streckt die Organisation ihre Fühler intensiv nach Deutschland aus. Dies geschieht primär durch Vorfeldorganisationen, die nicht immer auf den ersten Blick als zur TFP gehörig erkennbar sind.

In Deutschland wird die TFP auch von Adeligen unterstützt, so etwa von Mathias von Gersdorff und Paul Herzog von Oldenburg. Dabei sei die Organisation als »rechtsextreme Sekte«[8] erkennbar, wie die Historikerin Karin Priester schreibt.

Die TFP arbeitete viele Jahre eng mit erzreaktionären kirchlichen Gruppen zusammen, besonders der Piusbruderschaft, bis diese kirchenrechtliche Probleme in Rom

[7] Zitiert nach: www.kreuz.net/article.4745.html
[8] Karin Priester: »Die Priesterbruderschaft, die Politik und der Papst«, in: *Frankfurter Hefte*, 3/2009

bekam. Da man sich die Sympathien beim Papst und seinen engsten Mitarbeitern nicht verscherzen wollte, ging man auf organisatorische Distanz, eine wirkliche inhaltliche Wende wurde aber nicht vollzogen. Die Gruppe ist bewusst elitär ausgerichtet. Vor allem die finanziellen und akademischen Eliten sollen Zutritt erhalten, da sie nach Überzeugung der TFP von Gott zur Gegenrevolution und zum Herrschen auserwählt sind. Angehörige der TFP und ihres Umfeldes engagieren sich, um erzkatholische Positionen möglichst effektiv in der Gesellschaft zu verbreiten und besonders die traditionalistische Morallehre im politischen Bereich durchzusetzen.

Dies geschieht, wie gesagt, durch Vorfeldorganisationen, in Deutschland etwa das »Herz-Jesu-Apostolat« oder die Aktion »Wundertätige Medaille«. Über diese Organisationen werden vor allem Spendengelder akquiriert. Weitaus kämpferischer gibt man sich in den Vorfeldorganisationen »Aktion SOS Leben« (gegen Abtreibung und Sittenverfall) sowie »Kinder in Gefahr« (Kampf gegen Sexualaufklärung in den Schulen, Homo-Ehe usw.). Auch zur ultrakonservativen Internetseite *kathnews.de*, die nach eigenen Angaben wiederum mit *Radio Vatikan* zusammenarbeitet, bestehen eindeutige personelle Verbindungen.

Mit zu den wichtigsten Vorfeldaktivitäten zählt bei der TFP auch die alte, traditionalistische Liturgie. In persönlichen Gesprächen räumen Mitglieder der Organisation ein, sie sei »für die Anfangsbegeisterung gerade der jüngeren Mitglieder« unverzichtbar. Inzwischen erfreut sich die TFP, vor der verschiedene Bischofskonferenzen und Ordinariate früher immer wieder warnten, höchster Unterstützung. So bot etwa im Mai 2010 Abt Josef Vollberg, Chef der Trappistenabtei Mariawald, den deutschen Mitgliedern der TFP ein von ihm in der Stiftskirche St. Paulin in Trier zelebriertes Hochamt im alten Ritus und schuf ihnen so eine Werbebühne. Sie durften dort mit ihren Kostümen und Fahnen auftreten, in feierlicher Prozession durch das Kirchenschiff ziehen und im Chorraum Platz nehmen. Zuvor hatte Papst Benedikt dem Abt höchstpersönlich die Erlaubnis erteilt, in seiner ganzen Abtei wieder die alte Liturgie einzuführen. In der Presseerklärung des Abtes heißt es dazu: »Das Reformprojekt in Mariawald und die diesbezügliche Bitte des Abtes kann als eine Frucht der Bemühungen Papst Benedikts XVI. um die Erneuerung der Kirche im Geist der Tradition angesehen werden.«[9]

Ganz im Sinne der beschriebenen Taktik wirbt man nicht nur bei der TFP, sondern auch sonst im traditionalistischen Katholizismus mit der schönen alten Messe. Und der Honig wirkt. Das Fass voll Essig, also die schweren Geschütze – Kampf gegen die Religionsfreiheit und für den Katholizismus als Staatsreligion, Plädoyer für die Todesstrafe – werden erst aufgefahren, wenn man die Gläubigen bereits an sich gebunden hat. Dann wird ihnen klargemacht, dass sie sich mit dem schönen Herz-Jesu-Paket und dem angenehmen Weihrauchduft zugleich ein sektiererisch-ideologisches, antidemokratisches und antimodernes Programm ins Haus geholt haben.

Für zahlreiche junge Leute, die ich in den letzten zwanzig Jahren kennengelernt habe, war die traditionelle Liturgie tatsächlich eine Art »Einstiegsdroge«. Die Welt, in die sie dabei gerieten, machte aus unverbildeten und aufgeschlossenen Menschen Religionsfanatiker, die einem katholischen Gottesstaat das Wort redeten, für dessen Entstehung man notfalls Gewalt anwenden müsse. Die sich auch nicht scheuten, mit rechtsradikalen Schlägertrupps Allianzen einzugehen. Die heirateten, nur um der »katholischen Tradition«

[9] Zitiert nach: www.summorum-pontificum.de/kontakt/ index.shtml

möglichst viel Nachwuchs zu schenken. Die es angemessen und gut katholisch fanden, ihre Kinder auf Schulen und Ferienfreizeiten zu schicken, wo man Texte von Kirchenliedern zur Melodie des Horst-Wessel-Liedes sang und Prügelstrafen als normale Disziplinarmaßnahme ansah.

Gerade die Anhänger der Piusbruderschaft und der aus ihr hervorgegangenen Gruppierungen sind in Gefahr, über ihre Liebe zur klassischen Liturgie zugleich in rechtsradikale Kreise abzudriften. Ein gutes Beispiel für die Vermengung von feierlichen Handlungen katholischer Liturgie und rechtem Gedankengut bot der französische Traditionalisten-Geistliche Philippe Laguérie. Laguérie begann seine Karriere als Piusbruder, der dem rechtsextremen französischen Politiker Le Pen nahestand. In der Öffentlichkeit wurde er dadurch bekannt, dass er sich immer wieder über den vermeintlich fatalen Einfluss des jüdischen Großkapitals echauffierte und die Thesen englischer Holocaustleugner als wissenschaftlich belegt verteidigte. 1996 zelebrierte er ein feierliches Requiem für den verurteilten Kriegsverbrecher und Nazi-Kollaborateur Paul Touvier, den die Piusbruderschaft zuvor lange Zeit in ihrem Priorat in Nizza versteckt und so vor der Vollstreckung des Urteils bewahrt hatte. Umso erstaunlicher ist es, dass die Öffentlichkeit kaum Notiz von der Tatsache nahm, dass Papst Benedikt XVI. Laguérie – ohne dass ein Widerruf seiner rechtsradikalen Thesen erfolgt wäre – schon 2006 voll rehabilitierte und zum Leiter der apostolischen Gesellschaft päpstlichen Rechts »Institut du Bon Pasteur« in Lyon machte.

Als Papst Benedikt XVI. im Januar 2009 ohne jede Gegenleistung die Exkommunikation der Piusbruderschaftsbischöfe aufhob, fragten sich viele Katholiken in aller Welt: Wie konnte das passieren? Wieso riskiert er, das Sympathiekapital, das sein Vorgänger für das Papsttum erarbeitet hat, wieder zu verspielen? Wieso nimmt er durch die Rehabilitation dieser Parallelgesellschaft, einer zudem zahlenmäßig verschwindend kleinen Gruppe, in Kauf, dass der Dialog mit dem Judentum und mit den Kirchen der Reformation nachhaltig gestört wird?

Als Erklärung werden einige Querverbindungen, die es zwischen dem Weltbild Joseph Ratzingers und dem der Piusbruderschaft gibt, nicht ausreichen. Ich möchte aber die Aufmerksamkeit auf eine Beobachtung lenken, die meines Erachtens den eigentlichen Schlüssel zum Verständnis der Rätsel dieses Pontifikats bietet.

Schon seit den 80er Jahren des 20. Jahrhunderts gilt Ratzinger als ausgemachter Gegner der Liturgiereform und Freund der alten Messe. So klagte er 1988 in einer Rede vor den Bischöfen Chiles über die Reform der Liturgie, man habe »die priesterlichen Gewänder beiseitegelegt; man befreite die Kirchen weitestgehend vom Glanz, der an das Heilige erinnert; und wo dies möglich war, reduzierte man die Liturgie durch Grüße, gemeinsame Zeichen der Freundschaft und ähnliche Dinge auf die Sprache und Gesten des normalen Lebens.«[10]

Und zehn Jahre später schreibt er in seinem Buch *Aus meinem Leben*: »Ich bin überzeugt, dass die Kirchenkrise, die wir heute erleben, weitgehend auf dem Zerfall der Liturgie beruht.«[11]

Konsequenterweise feierte er daraufhin – noch als Kardinal – bei der Zusammenkunft traditionalistischer Vereine die alte Messe. Für diese Gruppierungen war das ein wichtiges PR-Instrument, mit dem man gegenüber den an

[10] »Wir müssen die Dimension des Heiligen in der Liturgie zurückerobern«, Rede von Joseph Kardinal Ratzinger vom 13. Juli 1988 vor den Bischöfen Chiles, zitiert nach: www.kath-info.de/ratz_13j.html

[11] Joseph Ratzinger: *Aus meinem Leben*, München 1998, S. 174

der neuen Liturgie festhaltenden Ortsbischöfen auftrumpfen konnte: Schaut her, Rom ist auf unserer Seite! Ihr seid gegen den Papst, wenn ihr uns Steine in den Weg legt!

Die Aspekte der tridentinischen Liturgie, die sie für viele Gläubige so anziehend macht, sind auch Benedikt XVI. enorm wichtig: dass der Priester mit dem Rücken zu den Gläubigen steht, die lateinische Sprache, die klassische Kirchenmusik, die Mundkommunion. Und vor allem – wie man aus seiner Rede an die südamerikanischen Bischöfe ersehen kann – alles, was mit der kirchlichen Gewandung zu tun hat. War bereits unter Paul VI. eine neue Schlichtheit in die päpstliche Liturgie eingezogen, die besonders die Bekleidung des Papstes betraf und die Johannes Paul II. beibehalten hatte, so weht mit dem Pontifikat Benedikts XVI. ein neuer Haute-Couture-Wind. Ein neuer Zeremonienmeister wurde eingesetzt, der päpstliche Schneider gewechselt und zahlreiche alte Gewänder wieder ausgegraben, die nur noch nostalgisch angehauchten Freunden klerikaler Gewandung bekannt waren. Der Camauro, eine mit Hermelinfell besetzte rote Mütze, die zuletzt Papst Johannes XXIII. getragen hatte, und die aus feinster Moiréseide oder Damast gefertigte weiße und rote Mozzetta (im Winter ebenfalls mit Hermelinfell), die zuletzt 1924 in einer Liturgik ausführlich beschrieben wurde, kehrten auf einmal zurück. Auch kostbare antike Messgewänder und Mitren, bei deren Anblick Dorian Gray vor Neid erblasst wäre, bilden nun den optischen Mittelpunkt päpstlicher Liturgien. War es dabei rein zufällig, dass Benedikt 2008 auch ein Messgewand des Medici-Papstes Leo X. bevorzugte, also jenes Papstes, der den rebellischen Martin Luther exkommunizierte?

Die pontifikale Freude an kostbaren Gewändern greift allmählich auch auf ähnlich veranlagte Bischöfe über, die nun bei öffentlichen Auftritten wieder die von Papst Pius XII. gekürzte, seit Paul VI. ganz außer Gebrauch gekommene Cappa Magna tragen: eine neun Meter lange (!) rote Schleppe aus Moiréseide, für die mehrere Träger gebraucht werden.

Auch andere Accessoires aus längst vergangener Zeit erleben unter diesem Papst eine eigentümliche Renaissance: Der schlichte Sessel sowie das moderne Tragekreuz seiner Vorgänger wurden gegen die Ferula und den prachtvollen Pontifikalthron Papst Pius' IX. aus dem 19. Jahrhundert ausgetauscht – Accessoires des letzten Papstkönigs im Kirchenstaat, der sich selbst und alle seine Nachfolger gegen größte Widerstände in der Kirche für unfehlbar erklärte und mit vorher nicht gekannter Vehemenz gegen jede Modernisierung der Gesellschaft und den Liberalismus in der Kirche vorging.

Die Medien zeigten sich verwundert, die Traditionalisten begeistert: Der Papst restauriert vor aller Welt eine Ästhetik, die die Piusbrüder und ihr Umfeld seit Jahrzehnten praktizieren. Nur dass es hier in Perfektion geschieht, besitzt der Vatikan doch den größten liturgischen »Kostümfundus« und eine der kunstvollsten religiösen Bühnen der Welt.

Vor diesem Hintergrund scheinen viele im Zusammenhang mit dem Pontifikat Benedikts XVI. gestellte kritische Fragen fast zweitrangig. Wie etwa jene, ob der Papst vor der Rehabilitation Williamsons um dessen Antisemitismus wusste. Oder ob er sich bewusst ist, welch problematische Gruppen er sich durch die großzügige Förderung der alten Liturgie in seine Kirche holt.

Offensichtlich waren es ganz andere Momente, die den Papst motivierten, die Piusbrüder und ähnliche Organisationen in seine Kirche zurückzuholen. Nun hat er freilich das Problem, dass er eigentlich nur einen Tropfen Honig essen wollte und stattdessen ein ganzes Fass Essig auslöffeln muss.

Gefügige Kämpfer für
die katholische Tradition

Ein spätsommerlicher Herbsttag im Oktober 1999, sanfte Nebel steigen aus den abgeernteten Feldern der niederbayerischen Tiefebene auf, die Straße schlängelt sich an Fischweihern vorbei durch kleine Dörfer und Wälder. Man fühlt sich wie in einem Gedicht von Erich Kästner über das Landleben.

Ein Jahr nach dem Abschluss meiner Dissertation war ich wieder einmal auf dem Weg in das Priesterseminar der Piusbruderschaft in Zaitzkofen. Diesmal kam ich jedoch nicht mehr als Außenstehender, der nicht weiter als bis zu den liturgischen Kulissen der prachtvoll inszenierten Gottesdienste vordringen konnte.

Nach meiner scharfen Kritik an Karl Rahner und seiner Schule in verschiedenen wissenschaftlichen Aufsätzen sowie der überschwänglichen Besprechung meiner Doktorarbeit durch einen der Protagonisten der katholischen Traditionalistenbewegung in Deutschland, den Frankfurter Philosophen und Adorno-Schüler Walter Hoeres, in der *Deutschen Tagespost* hatte mich sehr schnell eine Vortragseinladung von Pater Matthias Gaudron erreicht, dem damaligen Regens der deutschen Kaderschmiede der Piusbrüder.

Um die Zusammenhänge besser zu verstehen: Der 1984 verstorbene Jesuit Karl Rahner gilt als der einflussreichste Theologe des 20. Jahrhunderts. Er ist der eigentliche Wegbereiter und Ideengeber für eine Öffnung der katholischen Theologie zum modernen Denken sowie der gesamten Kirche zu einer liberalen, den Werten der Aufklärung verpflichteten Gesellschaft. Daher verwundert es nicht, dass ihn seine Schüler und Anhänger zum »Kirchenvater der Moderne« erklärt haben und Bedenken bezüglich seiner Theologie als Kritik an einer Modernisierung der Kirche auffassen.

Über diesen bedeutenden Theologen sollte ich also sprechen und den »Mythos um seine Person und Theologie« gründlich, schonungslos, aber auch möglichst leicht verständlich kritisieren. Alle deutschsprachigen Priester der Bruderschaft, die sich regelmäßig im Herbst zu einem Einkehrtag in ihrem ehemaligen Priesterseminar treffen, sollten anwesend sein. Natürlich fühlte ich mich als junger Theologe geschmeichelt, zugleich war ich aber auch sehr gespannt auf den Aufenthalt im Seminar. War das Leben dort wirklich ein Vorgeschmack auf die himmlische Herrlichkeit, wie die schönen Bilder aus den Werbebroschüren der Piusbruderschaft nahelegten?

Hinter einem dicht mit Bäumen und Buschwerk bepflanzten Park tauchte kurz nach der Ortseinfahrt in das kleine Dorf das Schloss aus dem 18. Jahrhundert auf, in dem die Piusbruderschaft ihre Geistlichen ausbildet. Alles wirkte penibel sauber und aufgeräumt, eine tiefe Ruhe, friedliche Idylle verheißend, lag in der Luft. Dreißig Fahrminuten von der Autobahn entfernt, schien die Welt hier noch in Ordnung zu sein.

Vermutlich irritiert von meinem Autofahreroutfit, empfing mich eine Ordensschwester etwas unfreundlich an der Pforte. Erst als ich mich vorstellte, änderte sich die Lage schlagartig, und sie rief den »Hochwürdigen Pater Regens« über das Haustelefon. Im Wartebereich auf einem wackeligen Sessel sitzend, zwischen einer großen, sehr farbigen Herz-Jesu-Statue aus Gips, vor der ein ewiges Licht brannte, und Fotografien des damaligen Papstes sowie Erzbischof Lefebvres, des Gründers der Piusbruderschaft, fühlte ich mich auf einmal, als hätte man mich in die Kulissen des Films *Geschichte einer Nonne* aus den späten 50er Jahren gebeamt.

Nach einigen Minuten erschien Pater Gaudron. Obgleich schon in verantwortungsvoller Position, war er nur einige Jahre älter als ich. Optisch wirkte er ein wenig wie Michael Ballack, den man in den Talar eines Priesters gesteckt hat. Seine angenehme Stimme, der hessische Akzent, sein ruhiges Auftreten und sein Bubenlächeln machten ihn mir spontan sympathisch. Er führte mich in mein Gästezimmer, das im gleichen Trakt wie auch die Schlafräume der Seminaristen lag.

Beim Abendessen saß ich an dem Tisch, an dem die Lehrer des Seminars aßen, ein Gespräch war jedoch hier nicht möglich, da – nach langen Gebeten vor dem Essen – die ganze Zeit über in einer Art Sprechgesang aus Alphons von Liguoris Buch *Die Herrlichkeiten Mariens* vorgetragen wurde. Der 1787 verstorbene heilige Alphons Maria von Liguori gilt als der bedeutendste Moraltheologe der katholischen Kirche.

Auch mein Versuch, während des Essens einen kommunikativen Augenkontakt mit einem der Priester oder Alumnen aufzunehmen, misslang. Alle aßen sehr schnell und mit gesenktem Blick, um bis zum Läuten des Tischglöckchens, das die Mahlzeit abrupt beendete, satt zu werden. Überhaupt machten die meisten der Geistlichen einen gestressten, beim Auftragen der Speisen und Abräumen des Geschirrs auch aggressiven, unzufriedenen Eindruck. Diese insgesamt bedrückende Atmosphäre bildete einen deutlichen Kontrast zu der äußerlichen Idylle friedlich-harmonischer Katholizität und fiel mir dadurch umso drängender auf.

Erwünschter Tunnelblick

Mein Zimmer war äußerst spartanisch eingerichtet. Unter religiösen, sehr farbigen Gebrauchsgrafiken des 19. Jahrhunderts sowie einem Holzkruzifix, an dem ein barocker Corpus aus Biskuitporzellan hing, befand sich ein Bett, daneben, unter einem kleinen Fenster, ein Art-Déco-Schreibtisch und ein Stuhl. An Radio, Fernseher oder gar Internet war hier nicht zu denken. Die Welt, die mich sonst umgab, war auf einmal ganz weit weggerückt – ein Zustand, der mir freilich nicht, wie erwartet, tiefe Ruhe bescherte, sondern genau das Gegenteil in mir auslöste.

Um wieder Luft zu bekommen, machte ich mich auf den Weg zur Seminarbibliothek, um dort den Abend mit Lesen zu verbringen. Aber die Bibliothek war verschlossen, der Zutritt nur mit ausdrücklicher Genehmigung des Regens und nur zu bestimmten Zeiten möglich. Mein Unwohlsein verstärkte sich, und erst als ich draußen vor dem Schloss einen Weg eingeschlagen hatte, der in eine kleine, mit Apfelbäumen bewachsene Talsenke führte, fühlte ich mich etwas erleichtert.

Ich war eine gute Viertelstunde gewandert, als ich einem der Seminaristen begegnete, der mir eiligen Schrittes entgegenkam. Ich grüßte ihn, und mir fiel auf, wie gehetzt er wirkte. Wir tauschten ein paar unbedeutende Allgemeinplätze aus, und dann meinte er, er müsse sich beeilen, sonst bekomme er Schwierigkeiten. Er bitte mich auch, möglichst mit niemandem über unser Zusammentreffen zu sprechen und mir in den nächsten Tagen nicht anmerken zu lassen, dass wir uns kennen.

Mir fehlte jede Phantasie, um diese Bitte irgendwie einzuordnen, aber natürlich war meine Neugierde geweckt. Obwohl es ihn zurück ins Priesterseminar zog, gelang es mir, den Verwirrten in ein Gespräch zu verwickeln. Er erzählte mir, er dürfe jetzt (es war etwa 21 Uhr) überhaupt nicht mehr und schon gar nicht alleine das Seminargebäude verlassen, längst sei Zeit für das große Silentium, bei dem sich jeder Seminarist alleine in seinem Zimmer aufhalten und Gebet und innerer Betrachtung hingeben müsse. Für Spaziergänge gebe es die Rekreation, jeden Tag genau eine Stunde direkt nach dem Mittagessen, in der er nur zusammen mit seinen Mitstudenten die Zeit außerhalb des Hauses verbringen dürfe. Dies gelte unabhängig vom Wetter, und wenn es etwa sehr kalt, sehr heiß oder regnerisch sei, würden sie häufig an der Pforte warten, bis die Rekreation endlich zu Ende gehe und man sie wieder ins Haus lasse. Mein Vorschlag, sich während der Rekreation einfach in die Zaitzkofener Dorfkneipe zurückzuziehen, löste ein müdes Lächeln bei ihm aus: Während des Semesters gelte der Besuch in »fremden Häusern«, zum Beispiel auch Restaurants, gleichsam als schwere Sünde, die die Sammlung störe und die Seminaristen gefährlichen Versuchungen aussetze.

Überhaupt leide er, der zwar in einem streng katholischen, aber doch verständnisvollen Elternhaus aufgewachsen sei, darunter, dass es während der Ausbildung so gut wie keinen Kontakt zur Außenwelt gebe. Die Benutzung von Mobiltelefonen sei strikt untersagt, Anrufe dürfe man nur einmal am Tag in der Telefonzelle im Schloss erledigen, die Gesprächszeit sei begrenzt auf zehn Minuten. Fernsehen, Radio und Internet seien so sehr von den Linken, Freimaurern, der Pornographie und anderen Feinden des Glaubens unterwandert, dass er verstehen könne, dass diese Dinge im Haus streng verboten seien; aber dass – außer der *Deutschen Tagespost* und dem *Bayernkurier* – keine überregionale Zeitung zur Verfügung stehe, finde er im Hinblick auf die zukünftige Seelsorge bedenklich.

Die vielen Gebets- und Betrachtungsstunden sowie

weitere Aufgaben im Haus, wie Küchen- oder Putzdienst, führten dazu, dass für das ohnehin knapp bemessene Studium zu wenig Zeit bleibe. Die Bibliothek sei unzureichend ausgestattet, neuere wissenschaftliche Literatur sei kaum vorhanden oder sie werde im »Giftschrank« aufbewahrt, für Seminaristen, bisweilen auch Dozenten unzugänglich. Für eine Aufarbeitung der Vorlesungen sei zu wenig Zeit, der Gebrauch eines Computers – etwa zum Abfassen wissenschaftlicher Texte – verboten. Letzteres verwundert nicht, denn vom Gründer der Piusbruderschaft, Erzbischof Lefebvre, wird berichtet, er habe sich als Alumne des französischen Seminars in Rom noch in den 20er Jahren des vorigen Jahrhunderts geweigert, einen Füllfederhalter oder Tintenstift zu gebrauchen, und demonstrativ mit einem Federkiel geschrieben.

Obwohl mich die Schilderung des jungen Seminaristen erstaunte, denn ganz so hatte ich mir die Priesterausbildung nicht vorgestellt, brachte sie mich nicht dazu, die Piusbruderschaft in einem kritischen Licht zu sehen. Damals war ich der festen Überzeugung, dass strenge, autoritär durchgesetzte Askese, verbunden mit einer konsequenten Ablehnung alles Modernen, der sündhaften menschlichen Natur geschuldet und notwendig sei, um reife Priesterpersönlichkeiten heranzuziehen. Dieser Glaube, den ich wegen des Verzichts auf ein normales Leben mit seinen Annehmlichkeiten für extrem heroisch hielt, faszinierte mich enorm, weil er mich an die Heiligen- und Priesterlegenden des 19. Jahrhunderts erinnerte, die ich als Jugendlicher ausführlich studiert hatte. Sie hatten ja auch nicht im Internet recherchiert oder mit dem Kugelschreiber ihre Werke verfasst, sie hatten sich bei Versuchungen in Dornenbüschen gewälzt und zur Vorbeugung fleischlicher Sünden niemals einem ihrer Mitbrüder in die Augen gesehen. So unverständlich das heute klingen mag, aber die Erklärungen, die ich damals von den Verantwortlichen bekam, fand ich überzeugend. So etwa, wenn ein Pater, der Dozent am Seminar war, mich wissen ließ: »Wir brauchen keinen Fernseher oder Computer, unser Fernseher ist der Tabernakel und unser PC das Ewige Licht.«

Erst im Laufe der Jahre, als ich mehrere durch »Tabernakelschauen« gebildete Priester persönlich oder auch durch Publikationen kennengelernt hatte, wurde mir klar, dass die Überregulierung der Ausbildung des Nachwuchses alles andere als geeignet ist, Menschen für diesen anspruchsvollen Beruf auszubilden, der reife Persönlichkeiten verlangt. Zunächst führt die übertriebene, häufig schon in den »kleinen Seminaren« – wie die Internate genannt werden – begonnene Disziplinierung dazu, die Priesteramtsanwärter unmündig und unselbständig zu halten. Die jungen Männer werden ganz bewusst auf der Entwicklungsstufe von Vierzehnjährigen gehalten, damit sie sich später problemlos in ein vorgegebenes System einfügen, das aus Gehorsam und Befehl seine Schlagkraft bezieht. Diese psychische Unselbständigkeit und Abhängigkeit machen einen Ausbruch aus dem System bei eventuell auftretenden Glaubens- oder Lebenskrisen unmöglich. Und solche Krisen sind gerade bei fehlender persönlicher Reife so gut wie vorprogrammiert. Der Pastoralpsychologe Wunibald Müller sieht in dieser Disposition auch einen der wesentlichen Gründe für die zahlreichen Missbrauchsfälle in der katholischen Kirche. An die Stelle der Fähigkeit, stets neu zu verantwortende, sich im Laufe des Lebens verändernde Entscheidungen zu treffen, tritt ein angstgesteuertes Duckmäusertum.

Im Hintergrund dürfte, wie bei anderen pädagogischen Konzepten, die überautoritär angelegt sind, ein tiefes Misstrauen gegenüber den zukünftigen Priestern stehen, ein Misstrauen, das sich wiederum aus einem stark negativen Menschenbild speist. Der energische Kampf der konservativen Theologen für die traditionelle Lehre von der Erbsünde sowie deren Sympathien für den Pessimisten Blaise Pascal finden hier ihr praktisches Pendant. Oder, um es mit den Worten eines der in Zaitzkofen lehrenden Patres zu sagen: »Wenn wir die Erbsünde fallen lassen oder uminterpretieren, bricht alles zusammen!«

Mit der Zeit erkannte ich, dass meine Rahnerkritik diesen Kreisen gerade deshalb gelegen kam, weil der Jesuit einer der bedeutendsten neueren Theologen war, der es auf Basis der modernen Bibelinterpretation gewagt hatte, an der traditionalistischen Vorstellung von der Erbsünde zu rühren und ein positives, zukunftsoffenes Menschenbild im katholischen Geist zu entwerfen.

Die Abhängigkeit der Priesteranwärter von ihrer ausbildenden Institution wird in Zaitzkofen weiter gefördert durch ein mangelhaftes, daher staatlich nicht anerkanntes Studium sowie durch das verordnete Fehlen zentraler Schlüsselqualifikationen wie Medienkompetenz, die im heutigen Berufsalltag unverzichtbar sind.

Die andauernde Beschäftigung der Seminaristen, die den Müßiggang als aller Laster Anfang verhindern soll, bedeutet zugleich permanente soziale Kontrolle und gegenseitige Überwachung. Dass die Muße dem Menschen innere Freiheit schenkt, wie der katholische Philosoph Josef Pieper schrieb, war den Konstrukteuren dieser Ausbildung sicher nicht unbekannt. Anfangs zunächst noch als mehr oder weniger unangenehm empfunden, wird die andauernde Kontrolle durch vorgesetzte Priester schnell internalisiert, und zwar so sehr, dass die Seminaristen sich auch dann kontrolliert fühlen, wenn gar keiner da ist, der sie kontrolliert.

Soziale Kontrolle prägt im Übrigen auch den Alltag der zahlenmäßig sehr kleinen und daher gut überschaubaren Gemeinschaften traditionalistischer Gläubiger, wie ich immer wieder erleben musste: War der hochwürdige Pater gestern Abend gar nicht zu Hause? Wer war letzten Sonntag nicht in der Messe, wer nicht an der Kommunionbank? Warum hat das bereits vor fünf Jahren vermählte Ehepaar erst zwei Kinder? Warum ist der vierundzwanzigjährige Mann noch nicht verheiratet? Das sind die Fragen, die man vor und nach den traditionalistischen Gottesdiensten, inzwischen auch in eigenen, von traditionsorientierten Katholiken betriebenen Internetforen wie *kathnews.de* oder *kreuzgang.de* mit großer Hingabe unter Laien diskutiert.

Die Isolation, in der die gesamte Priesterausbildung bei den Piusbrüdern stattfindet, führt auch zu einer ausgeprägten Weltfremdheit. Wie wird ein solcher Priester, der mindestens sechs Jahre lang nur Nonnen und andere Kleriker um sich hatte, eine Ehefrau beraten, die ihm in der Beichte erzählt, dass sie von ihrem Mann regelmäßig vergewaltigt wird? Was wird er einem Jugendlichen sagen, der im Prozess seiner sexuellen Selbstfindung zu ihm kommt und ihm von einer eventuellen homosexuellen Veranlagung erzählt? Oder viel harmloser, aber für die Betroffenen keineswegs belanglos: Was wird er dem ihn um Hilfe ersuchenden Vater raten, dessen Sohn auf die Schule kommt und zur Erledigung der Hausaufgaben einen PC braucht?

Nach mindestens sechs Jahren rigoroser Abschottung von der Gesellschaft, von den meinungsführenden Medien und allen anderen Orten, an denen Kommunikation stattfindet, werden diese jungen Männer in einen Beruf entlassen, bei dem Kommunikationsfähigkeit und Einfühlungsvermögen *die* Schlüssel zum Erfolg sind.

Dass derart ausgebildete Priester keine großen Schwierigkeiten machen werden, wenn sie alle möglichen weltanschaulichen Abstrusitäten vertreten sollen, leuchtet ein. Dazu gehören etwa die Ablehnung der Menschenrechte, insbesondere der Religionsfreiheit und der Gleichberechtigung der Frau, die Forderung nach Wiedereinführung der Monarchie, der Antijudaismus oder die Verteidigung totalitärer Systeme und Parteien.

Eine solche Art von Ausbildung und späterer Seelsorge zieht natürlich auch eine bestimmte Art von Menschen an. Immer wieder habe ich in Gesprächen mit Priesteramtskandidaten oder durch einfache Beobachtung feststellen müssen, dass die Alumnen in traditionalistischen Seminaren häufig psychische Defizite aufweisen. Die meisten von ihnen kommen entweder aus überautoritären, dem fundamentalistischen Katholizismus verpflichteten oder aus extrem antiautoritären, nicht selten atheistischen Elternhäusern oder Internaten. Die Vertreter beider Gruppen erweisen sich oft als labil, und sie verbindet die Sehnsucht nach starker Führung durch eine religiös legitimierte Autorität.

Aus der Überregulierung entspringt häufig ein extrem kindisch-vorpubertäres Verhalten, was sich unter anderem daran zeigt, dass über die albernsten Witze gelacht wird. Alles, was mit Körperlichkeit und Sexualität zu tun hat, wird verkrampft angegangen, wobei besonders der Umgang mit dem Weiblichen und mit Homosexualität für überschießende Reaktionen sorgt. Frauen allgemein werden meistens »Weiber« genannt, diejenigen unter ihnen, die dem prüden Keuschheitsideal dieser Gruppen nicht entsprechen, indem sie etwa Hosen tragen oder künstliche Verhütungsmittel verwenden, »Kebsen«. Dieser Sprachgebrauch ist so weit normativ, dass die Gläubigen sogar verpflichtet werden, beim Rosenkranzgebet statt der seit vielen Jahrzehnten üblichen Ave-Maria-Formel »Gebenedeit bist du unter den Frauen« wieder wie vor hundert Jahren »unter den Weibern« zu beten. Die Worte »schwul« oder »homosexuell« bringt man kaum über die Lippen, und wenn, dann häufig nur mit rotem Kopf. Stattdessen ist von »Sodomisten«, den der »widernatürlichen Unzucht Verfallenen«, »Homo-Schweinen« oder »Schwuchteln« die Rede.

Wie wenig sich seit meinem Gespräch mit dem jungen Seminaristen verändert hat, zeigt ein offener Brief, den besorgte Eltern eines Priesteramtskandidaten im Frühjahr 2008 an den Regens des Zaitzkofener Seminars schickten. Darin schreiben sie: »Als Wichtigstes monieren wir (...) eine fast als drakonisch zu bezeichnende Überregulierung, Überverplanung und Überstrukturierung des Tagesablaufes. (...) Wenn hier keine Korrekturen erfolgen, kann das dazu führen, daß sich (...) eine selbstlaufende Spirale des Röhrenblicks, der Stallblindheit, der Wagenburgmentalität und am Ende des (dann bereits pathologischen) Tunnelblicks in Gang setzt.«[12]

All das sah ich zum Zeitpunkt meines ersten Vortrags vor den Piusbrüdern wie gesagt noch nicht in seiner ganzen Problematik. Meine scharfe Kritik an Karl Rahner kam bei den Priestern sehr gut an, und die Bestätigung, die meine jugendliche Eitelkeit dadurch erhielt, verstellte mir ebenso den Blick wie der Wunsch, den Jugendtraum einer heilen katholischen Welt um jeden Preis aufrechtzuerhalten.

»Schade, dass es die Hexenverbrennung nicht mehr gibt«

Nun fragt man sich, ob die beschriebene Überregulierung, die bereits vor Jahrhunderten die tridentinischen Seminare der katholischen Kirche prägte, auch die vom Vatikan legitimierte Priesterausbildung bestimmt. Die Erfahrungen, die ich wenige Monate später machen sollte, zeigten, dass das, was ich in Zaitzkofen beobachtet hatte, mit gewis-

---

[12] Zitiert nach: www.priesterseminar.info/BriefSeminar-2.pdf

sen Abstrichen auch auf andere, im konservativen Geist geführte Ausbildungsstätten übertragbar ist, die von Rom ausdrücklich anerkannt sind und gefördert werden. Des besonderen Wohlwollens Kardinal Ratzingers erfreuten sie sich schon während seiner Zeit als Präfekt der Glaubenskongregation und zweitmächtigster Mann des Vatikans. Wie das Berliner »Institut St. Philipp Neri« werden solche konservativen Kräfte und Institutionen großflächig in die Kirche zurückgeholt, um das Gesamtklima hin zu einem neuen Konservativismus zu verschieben und die progressistischen, papstkritischen Kräfte zunehmend ins Abseits zu drängen.

Zu Beginn des Jahres 2000 begann ich neben meiner Tätigkeit als Referendar im Schuldienst eine Lehrtätigkeit an der Ausbildungsstätte der »Diener Jesu und Mariens« (Servi Jesu et Mariae, abgekürzt SJM) in der österreichischen Diözese St. Pölten. Die SJM ist eine katholische Priestergemeinschaft, die von dem ehemaligen Jesuitenpater Andreas Hönisch 1988 als Alternative zu den ihm zu liberal gewordenen Jesuiten gegründet wurde. Der neue Orden darf sich seit 1994 mit dem vornehmen Titel »Kongregation päpstlichen Rechts« schmücken. Pater Hönisch führte damals mit ausdrücklicher Zustimmung des Bischofs von St. Pölten, Kurt Krenn, in dessen Diözese ein eigenes Studienhaus zur Ausbildung des Nachwuchses, und sein Orden betreibt dieses auch heute noch unter dessen Nachfolger, Bischof Klaus Küng aus dem Opus Dei.

Ich lehrte im Studienhaus der SJM Fundamentaltheologie und gab eine Einführung in die Lehre des Thomas von Aquin, so dass ich dort in regelmäßigen Abständen und immer für einen längeren Zeitraum mehr oder weniger mit den Alumnen zusammenlebte und noch weitaus mehr als bei meinem einmaligen Aufenthalt in Zaitzkofen mitbekam.

Die jungen Leute, die ich unterrichtete, waren immer sehr zuvorkommend und höflich und machten einen relativ »normalen« Eindruck auf mich. Aber auch sie hatten das Problem, dass ihnen für ein einigermaßen angemessenes Studium viel zu wenig Zeit blieb, weil sie mit allen möglichen studienfremden Aufgaben wie Putzen und Kochen oder mit Gottesdiensten betraut wurden. Diese Überlastung führte bei einigen Priesteramtsanwärtern zu psychosomatischen Problemen, über die sie regelmäßig in privaten Gesprächen klagten. Einer meiner Hörer war von den kurzen Nachtruhezeiten so übermüdet, dass er während meiner Vorlesungen permanent einschlief. Ich versuchte, die jungen Männer zu unterstützen, indem ich sie ab und zu von den Vorlesungen entband und den Begabteren unter ihnen riet, die Gemeinschaft zu verlassen, um an einer Universität ein Theologiestudium aufzunehmen, was einige auch taten.

Die Bibliothek war nur unzureichend mit wissenschaftlicher Literatur bestückt; die meisten Bücher, die dort standen, waren Pfadfinderliteratur aus der ersten Hälfte des 20. Jahrhunderts. Es gab aber auch Bücher aus der rechtsextremen Ecke, wie etwa Rolf Kosieks *Die Frankfurter Schule und ihre zersetzenden Wirkungen*. Der Gebrauch des Internets war nur nach vorheriger Absprache mit dem Pater General, Andreas Hönisch, erlaubt. Fernsehen war tabu, eine Tageszeitung habe ich dort nie gesehen. Kontakte zur Außenwelt gab es nur in gemeinschaftlicher Form, wenn die Seminaristen mit Pfadfindergruppen auf Tagungen traditionalistischer Gruppierungen fuhren, um dort das eine oder andere Lied in fescher Uniform vorzusingen. Wie in anderen traditionalistischen Institutionen, die ich bereits kennengelernt hatte, war man peinlich darum bemüht, unter sich zu bleiben.

Auch hier herrschte ein verkrampft-aggressiver Umgang mit den Reizthemen Frauen und Homosexuelle. So erwähnte ich etwa in einer meiner Vorlesungen, in den Schriften des heiligen Thomas gebe es auch Zeitbedingtes, das heute obsolet geworden sei, wie zum Beispiel die Verbrennung von Frauen, die man für Hexen hielt, und die Todesstrafe für Homosexuelle. Woraufhin einer der Hörer in den Raum rief: »Ja, leider!«, und seine Kommilitonen zustimmend lachten. Ich hätte an diesem Punkt gerne widersprochen, fürchtete aber, meine eigene Homosexualität könne dadurch bekannt werden, also schwieg ich.

An den langen Abenden in meinem Zimmer, ohne Fernseher, Zeitung und Internetzugang, aber ausgestattet mit einer Kommode voller Alkoholika, fragte ich mich des Öfteren, ob diese Studenten, die mir gegenüber eine große Höflichkeit an den Tag legten, wohl Probleme hätten, einen Scheiterhaufen für mich im Hof zu errichten, wenn ich offen über meine Homosexualität mit ihnen reden würde. Zur Sicherheit telefonierte ich von da an nur noch über das Mobiltelefon mit meinem Freund, und nur außerhalb des Schlosses, in dem das Kloster untergebracht war.

Wenn ich Pater Hönisch in seiner Eigenschaft als Ordensgeneral und Hausoberen auf die genannten Probleme in der Ausbildung der jungen Seminaristen ansprach, blieb er stets freundlich, zeigte aber keinerlei Verständnis für meine Bedenken. Er brauche keine »Warmduscher« in seiner Gemeinschaft, sagte er, sondern Priester, die nicht nur fromm, sondern im Kampf für die katholische Sache und die Ordensaufgabe »zäh wie Leder und hart wie Kruppstahl« seien. Außerdem habe man es eilig, die Kandidaten Bischof Krenn möglichst rasch zu den Weihen vorzustellen, da viele Ordinationen in einer Diözese oder Ordensgemeinschaft von Rom stets als ein Zeichen für das Blühen dieser Institutionen verstanden würden. Die Eile in der Ausbildung führte bei den »Dienern Jesu und Mariens«

dazu, dass – wie mir ein Professor erzählte, der einige Zeit in St. Pölten gelehrt hatte – Alumnen zu den höheren Weihen zugelassen wurden, die nicht mehr als zwei Semester Dogmatik gehört hatten. Auf das ohnehin nicht sehr hohe intellektuelle Niveau im traditionalistischen Milieu wirken solche Entscheidungen auf fatale Weise stabilisierend.

Aggressiver Kampf gegen den »Antichrist«

Genau in die Zeit meines ersten Vorlesungsaufenthaltes im Studienhaus der SJM fielen die Vorgänge um das in Heilbronn zur europäischen Erstaufführung vorgesehene Theaterstück *Corpus Christi* von Terrence McNally. Dass in dem bewusst provokativen Stück Jesus und die Apostel als trinkfreudige Homosexuelle dargestellt werden, reizte die konservativen Katholiken naturgemäß aufs Äußerste.

Nun liegt Heilbronn genau in der Gegend, in der die »Servi Jesu et Mariae« ihre historischen Wurzeln und nach wie vor sehr viele Anhänger haben. Entsprechend groß war jedes Mal die Aufregung, wenn abends bei Tisch wieder ein Anruf »für den hochwürdigen Pater General« aus Deutschland zum Thema »Schmierenstück« kam. Man war sich einig, eine solche Gotteslästerung müsse um jeden Preis verhindert werden. Wenn das Freiheit der Kunst sei, dürfe es eine solche Freiheit nicht geben. Man habe schon mit den Zuständigen der »Partei Bibeltreuer Christen« sowie der »Blauen Armee Mariens« intensiven Kontakt aufgenommen.

Als ich mit dem Zug nach Köln zurückfuhr, las ich in der Zeitung, dass vor dem Theater aufgebrachte Katholiken zusammen mit fundamentalistischen Muslimen zwischen Muballa- und Rosenkranzgebeten gegen Theaterbesucher handgreiflich geworden waren. Dabei war es aber nicht geblieben, vielmehr musste eine Vorstellung aufgrund einer anonymen Bombendrohung unterbrochen werden.

Nebenbei sei bemerkt, dass die Aufnahme der »Blauen Armee Mariens« in die Schlachtreihen des Vatikans eine der ersten Amtshandlungen des Päpstlichen Laienrates unter Papst Benedikt XVI. war. Die päpstliche Anerkennung aller möglichen Organisationen, die schon durch ihre martialische Namensgebung ihr Programm preisgeben, kann durchaus als Indiz dafür gewertet werden, dass das Aggressionspotential innerhalb der katholischen Kirche parallel zu deren immer konservativerer Ausrichtung steigt.

Eigentlich hätte man in Rom vorgewarnt sein müssen. Dass die Aggressivität gerade bei den Anhängern reaktionärer religiöser Gruppen wie etwa der Piusbruderschaft groß ist, ist seit vielen Jahren bekannt. Sie äußert sich dort nicht selten auch in direkter physischer Gewalt. Schon 1982 gab es im portugiesischen Wallfahrtsort Fatima, einem mystisch überhöhten Mekka für Traditionalisten, einen Attentatsversuch des von Erzbischof Lefebvre zum Priester geweihten Traditionalisten Joan Fernandez Krohn auf Papst Johannes Paul II., den Krohn für zu modern hielt. Die im Unterschied zu seinem Nachfolger verhältnismäßig große Aufgeschlossenheit des polnischen Papstes anderen Religionen gegenüber hatte damals die Traditionalisten bis aufs Blut gereizt. Die lefebvristischen Mitbrüder Krohns hatten zuvor festgestellt, dass der Papstthron vom Antichrist besetzt sei, und Krohn hatte nur die letzten Konsequenzen aus diesem erzkatholischen Fanatismus gezogen.

Ein weiterer sehr bekannter Fall, über den Mitglieder der Piusbruderschaft immer voller Stolz erzählten, ist die gewaltsame Besetzung der berühmten Pariser Kirche Saint-Nicholas-du-Chardonnet. 1977 vertrieben Anhänger der Piusbruderschaft unter Leitung einiger traditionalistischer Priester den dort amtierenden Diözesanpriester gewaltsam und besetzten, unterstützt durch die extreme Rechte Frankreichs, die Kirche. Bis heute hält die Piusbruderschaft die Kirche besetzt und nutzt sie, um dort öffentlichkeitswirksam Totenmessen für bekannte Kriegsverbrecher und Rechtsradikale zu zelebrieren. So fand hier etwa 1996 das bereits erwähnte Requiem für den Kriegsverbrecher Paul Touvier statt, zwei Jahre später besuchte der Chef des Front National, Jean-Marie Le Pen, anlässlich eines Gottesdienstes die Kirche. Die tridentinische Messe, zu der Le Pen seine fundamentalistischen Freunde aufsuchte, wurde zum Gedenken an Maurice Bardèche zelebriert. Am 16. April 1952 berichtete der *Spiegel* über Bardèche, er sei von einem Gericht in Paris zu einem Jahr Gefängnis und 50 000 Francs Geldstrafe verurteilt worden, »weil er in seinem Buch ›Nuremberg ou la terre promise‹ (Nürnberg oder das Land der Verheißung) die Opfer der Konzentrationslager beschimpfte, Kriegsverbrecher, wie den inzwischen in Landsberg wegen Massenmordes hingerichteten ehemaligen SS-General Ohlendorff, verherrlichte und sich zu den nationalsozialistischen Ideen bekannte. Das Buch muß auf Anordnung des Gerichts eingestampft werden.«

Aber auch in amtskirchlichen Kreisen ist eine Tendenz zu wachsender Aggressivität spürbar, wenn auch in etwas verschleierter Form. So drohte der Salzburger Weihbischof Andreas Laun seinen Kritikern und den Medien in einer Kolumne für das Internetportal *www.kath.net* am 7. August 2010: »Aber seid vorsichtig, Euer Spott könnte auch die Muslime treffen, die zwar anders als die Christen, aber auch überzeugt sind, dass Gott straft – und auf Euren Angriff vielleicht anders reagieren als ich es tue!?«

Am auffälligsten zeigt sich diese gesteigerte Aggressivität dort, wo man sich unter dem Schutz der Anonymität äußern kann: in erzkatholischen Internetforen, insbesondere bei *kreuz.net*. Dort wird zum Beispiel direkt zu gewalttätigen Aktionen gegen Ärzte, die Abtreibungen vornehmen, oder Apotheken, die für Safer Sex Werbung machen, aufgerufen. Internetadressen von unliebsamen modernen Priestern werden veröffentlicht mit der Aufforderung, sie »zuzuspammen« oder bei ihrem Bischof zu denunzieren. Für Befürworterinnen des Frauenpriestertums oder der Legalisierung der Abtreibung, Gegner des Zölibats und Homosexuelle fordert man ganz offen die Hinrichtung – wenn der Staat versage, müsse man solche Dinge eben selbst in die Hand nehmen. Zu diesem Zweck werden dann Adressen von Treffpunkten der Homosexuellenszene oder modernen Pfarrern in den Foren gepostet. Dass im Hinblick auf diese Art von Selbstjustiz der Schulterschluss mit rechtsextremen Gruppen und gewaltbereiten Islamisten gesucht wird, sollte den Verantwortlichen zu denken geben.

Erziehung mit dem Knackfrosch

Natürlich war Pater General Hönisch vom Studienhaus der SJM auch daran interessiert, die Neugeweihten möglichst rasch als Geistliche im Haupteinsatzgebiet des Ordens, der Jugendseelsorge, zu verwenden. Dort sollen die jungen Menschen zu eifrigen und unnachgiebigen Kämpfern für die katholische Sache im Sinne der Traditionalisten ausgebildet werden. Bei den »Servi Jesu et Mariae« besteht die Jugendseelsorge vor allem in der Betreuung der Pfadfinder (Katholische Pfadfinderschaft Europas, KPE) und eines Internates.

Die Piusbruderschaft betreibt mehrere Schulen und Internate. Einige dieser Ausbildungsstätten habe ich persönlich kennengelernt. Mehrere Male besuchte ich zwischen 2000 und 2003 das streng katholische Mädchengymnasium im Bergischen Bröltal bei Schönenberg. Besonders tiefe Einblicke in die Erziehungspraktiken der traditionalistischen Katholiken erhielt ich im Mai 1999 bei einem knapp einwöchigen Besuch des Internats und des Don-Bosco-Jungengymnasiums der Piusbruderschaft im Wasserschloss des westfälischen Örtchens Wadersloh bei Diestedde.

Ich war mit der Absicht gekommen, ein didaktisches Praktikum zu absolvieren und so eine jener Schulen näher kennenzulernen, auf die die konservativen Katholiken ihre ganze Hoffnung richteten und für deren Erhalt man hohe Summen an Spendengeldern aufbrachte, obwohl sie großenteils staatlich finanziert wurden. Ich wohnte direkt im Internat und hospitierte ausgiebig im Unterricht des privaten Gymnasiums.

Die Schüler hatten einen vollständig durchstrukturierten Tagesablauf: Nach dem Wecken um sechs Uhr morgens vor dem Frühstück eine halbe Stunde heilige Messe, dann eine Viertelstunde Morgengebet. Danach bis zum Schulbeginn Hausputz. Nach Schule und Mittagessen eine Stunde verordnete Rekreation, anschließend Studienzeiten bis 18 Uhr. Dann Gebete bis zum Zubettgehen um spätestens 21.30 Uhr, nur unterbrochen durch ein kurzes Abendessen.

Zu einem Vortrag, den ich im Internat der Don-Bosco-Schule hielt, wurden alle Schüler abgeordnet. Die Jüngeren unter ihnen, für die das gewählte Thema viel zu anspruchsvoll war, langweilten sich offenbar entsetzlich, doch sobald kleinste Störungen aufkamen, genügte ein strenger Blick oder ein Zeichen von Pater Weigl, dem damaligen Leiter der Institution, um für Ruhe zu sorgen.

Die Zeitschrift, die die Piusbruderschaft monatlich kostenlos an Kinder und Jugendliche verteilt, heißt bezeichnenderweise *Der Kreuzfahrer* und ruft zu einem »eucharistischen Kinderkreuzzug« auf. Mit der martialischen Wortwahl wird an einen Kinderkreuzzug im 13. Jahrhundert erinnert, bei dem Scharen von Kindern und Jugendlichen aus Deutschland und Frankreich – angeführt von einigen Klerikern – zu einem wahnwitzigen Kriegszug aufbrachen, um das Grab Jesu von den »Ungläubigen« zu befreien. Die Mission scheiterte schnell, und viele der jugendlichen Teilnehmer wurden in Kleinasien in die Sklaverei verkauft.

Disziplin und Gehorsam zählten sicher zu den erreichten Bildungszielen an diesem Gymnasium der Piusbruderschaft im Sauerland. Unterstützt wurden die diesbezüglichen Bemühungen durch das unerbittliche Postulat einer religiösen Drohbotschaft: Im Flur vor meinem Zimmer hing ein großes, auch mich beeindruckendes Bild, das das letzte Weltgericht darstellt, bei dem die bösen Menschen in die Hölle geworfen und dort sadistisch gequält werden.

Ob so allerdings das von Schwester M., Leiterin des Mädchengymnasiums der Piusbruderschaft, mir gegenüber entworfene Schulideal erreicht wird, nämlich die Kinder zu frohen, selbständigen Menschen zu erziehen, die gelernt haben, ihr Leben auf der Grundlage christlicher Überzeugung und Selbstbeherrschung zu gestalten, daran hatte ich schon damals meine Zweifel. Einen sehr frohen eigenständigen Eindruck machten die Schüler und Schülerinnen, die ich dort kennenlernte, jedenfalls nicht.

In der Seelsorge der Katholischen Pfadfinderschaft Europas, KPE, begegneten mir ähnliche Merkmale eines falsch verstandenen Gehorsams, der im Namen des »wahren katholischen Glaubens« bis zur völligen psychischen Abhängigkeit junger Menschen getrieben werden kann. Während meiner Lehrtätigkeit in St. Pölten schrieb mir ein besorgter Vater, der seine drei Töchter an diese Gruppierung »verloren« hatte, im September 2001 einen Brief. Der Mann sprach darin von einer »Gefährdung der Jugendlichen in Ihrem Wirkungskreis«. Er hatte in der *Deutschen Tages-*

post, für die ich damals regelmäßig als freier Journalist zu theologischen und kirchenpolitischen Themen arbeitete, von der KPE erfahren: »Da die KPE unter Vorgabe eines echt katholischen Charakters präsentiert wurde, schickten wir unsere drei Mädchen nacheinander in die Katholische Pfadfinderschaft von Pater Hönisch.« Dort seien sie in ein Netzwerk verschiedenster ultrakatholischer Gruppen, wie etwa das Engelwerk, geraten: »Die Zweitälteste wurde 21-jährig (...) überraschend von einer älteren Führerin der KPE zu einer gänzlich abgeschotteten Sekte um einen (...) Pfarrer im Ruhestand gefahren, brach von heute auf morgen das Studium ab und ist für Familie, Verwandte und Freunde seitdem unerreichbar.«

Erst als der Freiburger Fundamentaltheologe Professor Josef Schumacher, sonst dem traditionellen Katholizismus gegenüber sehr aufgeschlossen, im Zusammenhang mit der KPE von einem alarmierenden erzieherischen Klima der geistigen Unfreiheit und des absoluten, sektiererischen Gehorsams im Namen der Religion sprach, begann ich, den Briefschreiber wirklich ernst zu nehmen.

Das Engelwerk ist eine esoterische Vereinigung innerhalb der katholischen Kirche, die aufgrund von Visionen der 1978 verstorbenen Tirolerin Gabriele Bitterlich entstanden ist. Im Engelwerk herrscht die Überzeugung vor, dass sich die gegenwärtige Zeit durch einen großen Kampf zwischen Engeln und Dämonen auszeichnet, der mit dem baldigen Ende der Welt seinen Abschluss finden wird. Die Engelwerker sehen ihre Aufgabe darin, möglichst viele Menschen vom Teufel wegzuholen und in die Armee der Engel einzureihen. Zu diesem Zweck werden auch exorzistische Handlungen vorgenommen. Die Laien des Werkes betreut eine von Rom anerkannte eigene »Priestergemeinschaft vom hl. Kreuz«. Das Engelwerk arbeitet eng mit den »Dienern Jesu und Mariens« zusammen und hatte in Bischof Krenn seinen wichtigsten bischöflichen Fürsprecher. Benedikt XVI. ist der erste Papst, der 2006 einen dieser Priester – Pater Athanasius Schneider – zum Bischof ernannte, womit eine deutliche päpstliche Würdigung des Engelwerkes verbunden war – und das, obwohl die Priestergemeinschaft bereits 1993 durch einen schweren (mit Mord verbundenen) Fall sexuellen Missbrauchs auf der portugiesischen Insel Madeira[13] sowie die Warnung vieler Bischöfe, dass es sich dabei um eine fundamentalistisch-geheimbündlerische Sekte handele, in einem zweifelhaften Licht stand.

Ähnliche Zustände wie in den Knabenseminaren der Piusbruderschaft herrschen auch bei der im erzkatholischen Geist zu erziehenden weiblichen Jugend. Ich habe das Mädchengymnasium der Piusbruderschaft vor allem während der vielen Gottesdienste in deren Kirche im bergischen Schönenberg kennengelernt, das Haus selber nur anlässlich eines Vortrags im Jahr 2002.

Ob die Schülerinnen im Gottesdienst stehen, sitzen oder knien müssen, wurde damals von der Rektorin, deren strengen Augen nichts entging und die sich bei den Klerikern durch ihre selbstgebrannten Schnäpse beliebt gemacht hatte, mit einem Knackfrosch geregelt. Auf sein Knacken hin nahmen Mädchen wie perfekt getrimmte Soldaten oder Häftlinge synchron genau jene Körperhaltung ein, die die Ehrwürdige Mutter Rektorin mit ihrem Frosch anordnete. So verwunderte es nicht, dass ein Bewohner des kleinen Dorfes, dem ich auf einer Wanderung mit meinem Freund nach der Messe dort begegnete, sagte: »Ach, Sie meinen den katholischen Mädchenknast.«

---

[13] Siehe den Bericht von Walter Axtmann in: *Kirche Intern*, Mai 1995

Auch eine Wagenburgmentalität, also die bewusste Abschottung von der Mehrheitsgesellschaft, fiel mir im Schönenberger Internat auf: Dass die Mädchen keine Hosen, sondern knöchellange Röcke tragen müssen, versteht sich für die Verantwortlichen von selbst. »Hosen sind doch nichts für Frauen«, erklärte die Ehrwürdige Mutter Rektorin auf meine Frage, während sie mir ein Gläschen ihres Himbeerlikörs kredenzte.

Ähnlich verfuhr man damals mit dem männlichen Nachwuchs, bei dem Turnschuhe als US-amerikanische Unart galten. Auch dass es an diesen Schulen keinen Sexualkundeunterricht gibt, ist Teil des schulischen Beitrags zur Errichtung einer Parallelgesellschaft. Dass dahinter jedenfalls bei manchen Verantwortlichen eine Moralvorstellung steht, die Sexualität per se mit Sünde gleichsetzt, wurde mir klar, als mir vor einigen Jahren eine ältere Ärztin, die dem kämpferischen Maria-Goretti-Verein nahesteht, erklärte: »Reden über die Sexualität gehört in den Beichtstuhl, nicht in den Schulunterricht!« Und: »Sexualkunde ist eine Form des sexuellen Missbrauchs.«

Fernsehen, Mobiltelefone, Rock- und Popmusik sind ebenfalls absolute Tabus. Dies gilt sowohl für die Schulen als auch für die zahlreichen, von traditionalistischen Gruppen organisierten Jugendfreizeiten.

Bei Nichteinhaltung der Reglements zur Abschottung »von der Welt« drohen den Schülerinnen und Schülern teils harte Strafen: Schläge, Essensentzug oder Stehen während des Frühstücks. Im Jahr 2006 ging die Saarbrücker Schule der Piusbruderschaft durch die Medien, als bekannt wurde, dass dort Schüler von Lehrern und Schulleitung körperlich gezüchtigt worden waren. Dennoch wurden noch im Jahr 2007 allein die deutschen Schulen der Piusbruderschaft vom Staat mit 1,2 Millionen Euro aus Steuergeldern bezuschusst. In Frankreich steht derzeit eine vom »Institut du

Bon Pasteur« – das aus der Piusbruderschaft hervorgegangen ist und sich päpstlicher Anerkennung erfreut – geleitete Schule kurz vor der Zwangsschließung durch den Staat. Journalisten des Senders *France 2* hatten dort mit versteckter Kamera Schüler und Lehrkräfte gefilmt, die sich offen rechtsradikal, antisemitisch und rassistisch äußerten. Kontrollen, die das zuständige Ministerium daraufhin durchführte, ergaben, dass dieses Gedankengut auf den höchst mangelhaften, demagogischen Geschichtsunterricht an der Schule zurückzuführen sei.

Die Jugenderziehung der »Servi Jesu et Mariae« und der ihnen nahestehenden Katholischen Pfadfinderschaft Europas hat, obgleich die überwiegende Mehrheit der deutschen Bischöfe und selbst sehr konservative Universitätsprofessoren der Theologie ihr ablehnend gegenüberstehen, einen prominenten Befürworter. Zu der Zeit, als ich bei der SJM tätig war, lobte der damalige Kardinal Joseph Ratzinger die KPE ausdrücklich: »Die Jugendarbeit in der KPE ist im Ganzen durchaus positiv einzuschätzen und gibt vielen jungen Menschen eine solide Grundlage für ihren Weg im Leben.«[14] Und als die SJM ihr umstrittenes Internat auf Schloss Assen eröffnete, vermerkte Ratzinger in einem Brief vom 28. Februar 2003 beschwichtigend, »dass diese Ordensgemeinschaft ganz auf dem Boden der Lehre und Praxis der katholischen Kirche steht und diese auch in ihrem Internat und in der geplanten Schule weitergeben will, wie es jede katholische Schule tun soll.«[15]

---

[14] »Katholischer Fundamentalismus: Pfadfinder auf Abwegen«, *Monitor* vom 22. 7. 2004, nachzulesen auf: www.wdr.de/tv/monitor/extra/rueckblick/pdf/040722e_kpe.pdf

[15] Zitiert nach der Homepage des »Kollegs Kardinal von Galen« (Haus Assen): www.haus-assen.de/vatikan.php

Trotzreaktion und Opferrolle

Ich sah die geschilderten Missstände mit den Jahren immer deutlicher, doch besonders anfangs wehrte ich mich noch gegen die unbequemen Erkenntnisse und wischte meine Bedenken beiseite. Besonders leicht fiel mir das immer dann, wenn ich meinen Blick zurück auf die Kulissen lenkte, die für die Öffentlichkeit bestimmt waren. Der Weihrauch vernebelte gewissermaßen meinen Blick. Es waren eben sehr erhebende Momente, wenn sämtliche Internatsschüler abends in der Kapelle kniend das »Salve Regina« sangen oder wenn die Schönenberger Mädchen in ihren blauen Schuluniformen und mit ihren langen blonden Zöpfen durch die Aufführung vielstimmiger Motetten ein feierliches Hochamt in lateinischer Sprache begleiteten. Im Nachhinein tröstet es mich etwas, dass auch höhere Prälaten der Amtskirche, die sich wiederholt im Mädchengymnasium aufhielten, dem Charme dieser Kulissen erlagen.

Ein weiterer Grund für mein Schweigen und fortgesetztes Wirken in dem beschriebenen System soll hier nicht unterschlagen werden. Es hängt eng mit dem Lagerdenken zusammen, das die gesamte katholische Kirche und Theologie seit mehr als hundert Jahren prägt: auf der einen Seite das Spektrum der konservativen bis fundamentalistischen Kirchenmänner, auf der anderen das der modernen bis progressistischen Theologen. Beide stehen sich, besonders in Deutschland, in einem erbitterten, häufig mit verbaler Aggression ausgetragenen Konflikt gegenüber, der für die entscheidenden Weichenstellungen sowohl in der Kirchenpolitik als auch in der Wissenschaft verantwortlich ist.

Meine ersten Publikationen waren mit Vertretern einer offenen, modernen Theologie hart ins Gericht gegangen. Im Grunde genommen sagte ich nur das, was ich schon in meiner Doktorarbeit herausgearbeitet hatte, doch nun formulierte ich es zugespitzt und in einem teilweise polemischen Ton, der einem jungen Theologen in einer hierarchisch strukturierten Wissenschaft nicht gut ansteht. So kritisierte ich Rahners Gnadenlehre als Einfallstor für eine Banalisierung des katholischen Glaubens durch dessen Modernisierung. Damit war ich eindeutig in die Schublade der konservativen bis fundamentalistischen Theologie geraten.

Der Erste, der warnend seine Stimme erhob, war mein Doktorvater. Ich solle zukünftig nicht mehr solch kritische Arbeiten publizieren und auf keinen Fall den Lehrauftrag in der von Bischof Krenn geleiteten Diözese St. Pölten annehmen. Dadurch würde ich nicht nur ihn gegenüber seinen Kollegen in Erklärungsnot bringen, sondern auch mir jede Chance auf eine Habilitation oder den Ruf auf einen Lehrstuhl in Deutschland nehmen.

Weitaus heftiger als diese »brüderliche Zurechtweisung« fielen andere Reaktionen aus. Eine Einladung des katholischen Instituts für Lehrerfortbildung in Mülheim an der Ruhr zu einem Vortrag im Juni 2000 wurde kurzfristig zurückgezogen. Der Verantwortliche schrieb mir, ihm seien neuere Publikationen von mir in die Hände gekommen, die »ob ihrer unseriösen Schwarz-weiß-Malerei und ideologischen Besserwisserei« bei ihm »blankes Entsetzen« hervorgerufen hätten.

Ein umfangreicher, sehr sachlicher Artikel, den ich für einen Sammelband über die Geschichte der Fundamentaltheologie verfasst hatte, provozierte den Protest anderer Beitragender, die ihren Namen nicht neben meinem gedruckt sehen wollten, und konnte nur durch das energische Plädoyer des Herausgebers, des Leibniz-Preisträgers und Kirchenhistorikers Professor Hubert Wolf aus Münster, erscheinen.

Auch meine Anfrage bei dem Priester und Dogmatikprofessor Anton Ziegenaus bezüglich einer Habilitation an der Universität Augsburg, zu der mich mein Doktorvater energisch ermutigt hatte, wurde negativ beschieden: So etwas sei – bei meinem konservativen Ruf – nicht einmal dort durchzusetzen. Hinzu kam, dass ich nicht Priester, sondern Laie war und dadurch bei den Konservativen nicht den Stallgeruch besaß, den man sich für einen Dogmatikprofessor wünschte. Immer wieder kam, besonders von wohlmeinenden Geistlichen, der Satz: »Lassen Sie sich doch zum Priester weihen, dann wird das alles viel einfacher. Sie sind doch nicht verheiratet, da dürfte das doch kein Problem sein!« Begleitet war dieser Hinweis auf meinen Familienstand meist von einem süffisanten Lächeln. Bei Besuchen in der Kölner Diözesanbibliothek sprach mich ein höherer Geistlicher, der noch bei Professor Ratzinger in Bonn studiert hatte, immer wieder auf die Sache an und zwickte mir dabei jedes Mal sanft in den Oberarm.

Dass es im katholischen Klerus so überdurchschnittlich viele homosexuelle Priester gibt, hängt mit dieser traditionell katholischen Umgangsweise mit Homosexualität zusammen: Wer so veranlagt ist, darf seine Sexualität, die ja völlig zweckfrei und daher sündhaft wäre, ohnehin nicht ausleben. Was liegt also näher, als mit dem Zölibat diesen Verzicht zu erklären? Und dann alle Privilegien zu genießen, die die katholische Kirche und teilweise auch der Staat Klerikern einräumt.

Die beschriebenen Reaktionen auf meine Publikationen bewirkten genau das Gegenteil von dem, was meine Kritiker eigentlich erreichen wollten. Ich fühlte mich ungerecht behandelt und dachte, jetzt erst recht. Verstärkt wurde diese Trotzhaltung von den konservativen Kräften, die mich immer mehr auf ihre Seite zogen. So berichteten die mit Unterstützung der Piusbruderschaft herausgegebene *Kirchliche Umschau* und viele andere konservativ-katholische Zeitschriften ausgiebig und polemisch über meine Ausladung durch das Institut für Lehrerfortbildung in Mülheim an der Ruhr. Von da an wurde ich mit Vortragsanfragen aus diesem Milieu geradezu überschüttet. Es gibt kaum eine Gruppierung aus dem Spektrum des konservativen Katholizismus, bei der ich in diesen Jahren nicht gesprochen hätte. Freilich waren die Themen sehr begrenzt, und es musste immer möglichst populär, leicht verständlich und »mit Biss« zugehen, sprich polemisch gegen eine Modernisierung der Religion. Die zumeist recht einfachen Gläubigen, die zu den Vorträgen kamen, waren leicht zu beeinflussen, so dass ich meine ablehnende Haltung gegenüber einer aufgeschlossenen Theologie und Kirchenpolitik nun so weitergab, dass auch bei meinen Zuhörern Aggressionen ausgelöst oder die vorhandenen noch verstärkt wurden.

Ein gutes Beispiel dafür scheint mir eine etwa sechzigjährige Frau in Würzburg zu sein, die im Anschluss an meinen Vortrag über das Verhältnis der deutschen Kirche zum Papst mit sehr lauter Stimme sagte: »Wenn das alles so schlimm ist, wie Sie sagen – und es ist noch viel schlimmer –, dann ist es Zeit, dass wir uns von den Modernisten trennen: Lassen Sie uns endlich ein Schisma, eine Kirchenspaltung machen!«

Obwohl mich solche Reaktionen in gewisser Weise befriedigten, empfand ich die aufgeheizte und sektiererische Atmosphäre bei meinen Vorträgen oft auch als belastend, und sehr bald verspürte ich das Bedürfnis, punktuell immer wieder aus dieser Welt auszubrechen.

Typisch ist vielleicht folgendes Ereignis, das sich in ähnlicher Form des Öfteren wiederholte. Im Frühsommer 2001 hatte ich, wie bereits erwähnt, nachmittags auf der Tagung der Vereinigung »Pro Missa Tridentina« einen Vortrag gehalten. Der Vorstand des Vereins, die Ehrengäste und ich waren in einem noblen Hotel in Münster untergebracht und saßen abends noch zusammen. Es wurde stundenlang über die problematische Lage der Kirche geredet und immer wieder hervorgehoben, wie wunderbar es bei den Traditionalisten zugehe, dass es dort noch kinderreiche Familien gebe, von »Emanzen« und »Homos« werde man hier nicht belästigt ... Ab einem gewissen Zeitpunkt hielt ich es in der stickigen Atmosphäre dort nicht mehr aus, das Bedürfnis nach einem Ausgleich wurde übermächtig. Ich nahm das stattliche Honorar, das ich für meinen Vortrag erhalten hatte, und telefonierte ein paar schwule Freunde zusammen, die bis auf einen Priesteramtskandidaten keinerlei Verbindung zur katholischen Kirche hatten. Wir trafen uns in einer Diskothek, wo wir die ganze Nacht ziemlich ausgelassen feierten.

Die katholischen Kreise, in denen ich verkehrte, verstanden es damals, meine Trotzreaktion immer weiter zu verstärken. Ich weiß nicht, wie oft ich beim Zusammentreffen mit konservativen Katholiken, besonders Akademikern, zu hören bekam: »Sie müssten doch längst einen Lehrstuhl haben. Den verweigert man Ihnen nur, weil Sie treu katholisch sind.« Gelegentlich ergänzt um den Hinweis: »Wären Sie ein durchgedrehter Progressist, hätten Sie schon längst Karriere gemacht!«

Das war natürlich Unsinn, denn zu dem Zeitpunkt war ich noch sehr jung und noch nicht einmal habilitiert. Im Nachhinein ist mir klar geworden, dass man bemüht war, mir das Gefühl zu geben, ich sei als Konservativer ein Opfer von Diskriminierung. Diese Methode der Viktimisierung spielt bei Fundamentalisten aller Couleur eine wichtige Rolle und wird auch bei katholischen Fundamentalisten mehr oder weniger bewusst eingesetzt. Und das nicht erst seit einigen Jahren: Bereits seit der Aufklärung nutzt der päpstlich verordnete kämpferische Antimodernismus die vermeintliche Opferrolle der katholischen Kirche als rhetorisches Mittel zur Polarisierung. Auch die gegenwärtigen antimodernen Katholiken nehmen die Opferrolle extensiv für sich in Anspruch, wodurch einerseits der Zusammenhalt innerhalb dieser Gruppierungen gefördert wird, andererseits aber auch das Aggressionspotential gegenüber Andersdenkenden deutlich steigt.

Ebenso beliebt wie unpassend ist in diesem Zusammenhang der Vergleich mit den Juden im Dritten Reich: So wie diese damals verfolgt worden seien, so mache man das nun mit den Katholiken in Europa. Selbst der prominente, sonst eher überlegt handelnde Jesuitenpater Eberhard von Gemmingen, der viele Jahre Leiter der deutschsprachigen Abteilung von *Radio Vatikan* war, schreckte jüngst vor einem derartigen Vergleich nicht zurück. Im Hinblick auf die Kritik an der katholischen Kirche angesichts der Missbrauchsfälle sagte er: »Ich muss einen Vergleich ziehen: Mit den Juden ist es so losgegangen, dass vielleicht der ein oder andere Jude Unrecht getan hat. Dann aber hat man schlimmerweise alle angeklagt und ausrotten wollen. Man darf nicht von einzelnen Missetaten ausgehen und eine ganze Gruppe verurteilen.«[16]

Auch Papst Benedikt XVI. nimmt gelegentlich die Opferrolle für sich in Anspruch. Angesichts der stets um Sachlichkeit und Respekt vor dem Papstamt bemühten Kritik deutscher Professoren und Bischöfe an der Rehabilitierung des Holocaustleugners Williamson schrieb er: »Betrübt hat mich, dass auch Katholiken, die es eigentlich besser wissen konnten, mit sprungbereiter Feindseligkeit auf mich einschlagen zu müssen glaubten.«[17] Mit weni-

---

[16] »Großer Ärger wegen Judenvergleich eines Jesuiten«, in: *Die Welt* vom 5. 2. 2010

[17] »Papst bedauert Pannen und rügt Kritiker«, in: *Frankfurter Rundschau* vom 12. 3. 2009

gen Worten entwirft Benedikt XVI. hier ein höchst anschauliches Bild von sich als gebrechliches, unschuldiges Lamm, das auf den Pfaden dieser Welt wandert, die Augen allein zum Ewigen gerichtet, während progressistische Katholiken ihm voller Feindseligkeit auflauern, bereit zum Sprung, wenn er schutzlos erscheint, um dann brutal auf ihn einzuschlagen.

Bestärkt wird der Papst in dieser Opferrolle offensichtlich von seinem engsten Umfeld. Beispielhaft hierfür ist die außerplanmäßige Ansprache des ehemaligen Kardinalstaatssekretärs Kardinal Sodano beim Ostersegen »Urbi et Orbi« 2010. Während alle Welt auf ein Wort des Papstes oder seiner Kurie zu den Missbrauchsfällen wartete, vielleicht gar auf eine stellvertretende Entschuldigung, ließ der Kardinal verlauten, man leide mit dem Papst mit, lasse sich aber nicht »von dem unbedeutenden Geschwätz dieser Tage beeinflussen«.[18] Auf eine Weise, die die Missbrauchsopfer als Verhöhnung auffassen mussten, wurden hier die Täter zu leidenden Opfern stilisiert, und die Opfer zu Tätern, die mit ihrem »unbedeutenden Geschwätz« dem Heiligen Vater das Leben schwermachten.

Ende August 2010 erschien in Italien ein Buch mit dem Titel *Attacco a Ratzinger*. Darin versuchen die Autoren Andrea Tornielli und Paolo Rodari, zwei dem neokonservativ-katholischen Spektrum zuzuordnende Journalisten, nachzuweisen, dass die internationalen Medien einen Kampf gegen den gegenwärtigen Papst führen, und schrecken dabei auch vor abstrusen Verschwörungstheorien nicht zurück. So schreiben sie zum Beispiel, der Pädophilieskandal sei nach der Zuerkennung des heroischen Tugendgrades für Papst Pius XII. – der Vorstufe zu dessen

---

[18] »Kardinal tut bei Ostermesse Kritik als Geschwätz ab«, in: *Die Welt* vom 4. 4. 2010

Seligsprechung – losgetreten worden. Die Hauptgegner der Seligsprechung dieses Papstes finden sich freilich in jüdischen Kreisen sowie unter denen, die eine Öffnung der Kirche hin zur Moderne favorisieren. Das unterstellt, wie ich es verstehe, die geplante Seligsprechung habe besagte Kreise so sehr provoziert, dass man die Pädophilieskandale daraufhin künstlich hochgekocht habe. Der Autor Tornielli ist nicht irgendwer! Er ist vor allem durch seine traditionalistischen Beiträge in der konservativen Zeitschrift *30 Giorni* bekannt geworden, und er dürfte derjenige Journalist sein, der weltweit die besten Verbindungen in den Vatikan hat.

Doch zurück zu mir. Während manche mich in die Opferrolle zu drängen suchten, wurde mir von anderen gleichzeitig tröstend versichert, dass ich durch das Ertragen dieser Zurücksetzungen einen höheren, heiligen Plan erfülle.

Folgendes schrieb mir ein in Rom wirkender Kardinal: »Die Dummheit rast durch die Kirche. Wir sind heute so weit, dass man nur das für wahr und gültig hält, was man glauben will. Deswegen ist jede gültige Aufklärung über die katholische Wahrheit ein hl. Kreuzzug für die Wahrheit, für den niemand später um Verzeihung bitten muss.« Dass der Kardinal in seinem Schreiben an mich das kriegerische Wort »Kreuzzug« gebrauchte, bestätigt wiederum den Zusammenhang zwischen Viktimisierung und Aggression.

Zudem wird hier noch ein weiterer Aspekt deutlich: Der Viktimisierung folgt die Heiligsprechung. Die Überhöhung der Opferrolle zu einem gottgefälligen Heldentum gilt im Übrigen nicht nur für von außen auferlegte Schmerzen, sondern auch für den autoaggressiven Kampf gegen die eigene Natur im Zusammenhang mit der Sexualität. Dadurch wird, so Wunibald Müller, der »Raubbau an sich

selbst«[19], der zu schweren psychischen Erkrankungen führen kann, heiliggesprochen.

Nach und nach war auch ich immer mehr zu einem
»Ritter« in diesem Kreuzzug geworden. Mit jedem Tag,
den ich daran teilnahm, wurde eine Rückkehr schwieriger.
Dass irgendwann die Stunde der Reue und der Erkenntnis
kommen musste, wenn mein gesamtes kirchenpolitisches
Handeln noch etwas mit dem Geist des Christentums zu
tun haben sollte, schob ich lange Zeit beiseite.

[19] Wunibald Müller: »Sexueller Missbrauch und Kirche«, in: *Stimmen der Zeit*, 4/2010, S. 235

Eingebunden in die Netze
extremistischer Katholiken

Auch wenn es manchmal so scheinen mag: Die katholische Kirche besteht nicht nur aus Papst, Bischöfen und Priestern. Unter den Laien haben sich seit Beginn des 20. Jahrhunderts, natürlich in enger Zusammenarbeit mit den Klerikern, eigene Strukturen herausgebildet, deren Einfluss in der öffentlichen Wahrnehmung meist unterschätzt wird. Erwähnt sei in diesem Zusammenhang nur das 1928 gegründete Opus Dei, die in den letzten fünfzig Jahren einflussreichste Laienorganisation innerhalb der katholischen Kirche, die diesen Status nach wie vor innehat.

Dabei bildet das Opus Dei nur die Speerspitze einer seit zwei Jahrzehnten vorangetriebenen neokonservativen Rückorientierung der katholischen Kirche. Mit auf diesem Feld arbeiten eine Fülle weiterer, meist sehr straff strukturierter Laienorganisationen: Die »Gesellschaft zum Schutz von Tradition, Familie und Privateigentum« (TFP) wurde bereits erwähnt, daneben gibt es aber noch viele sehr konservative katholische Studentenverbindungen, päpstliche Ritterorden, politisch tätige Organisationen usw. Obwohl unter den Laien in der katholischen Kirche grundsätzlich von einer Gleichberechtigung der Geschlechter die Rede ist, bleibt die volle Mitgliedschaft in diesen einflussreichen Institutionen, in denen es vor allem auch um die Bildung von Seilschaften geht, zumeist Männern vorbehalten. Nicht nur die inhaltlichen Positionen, die diese Gruppen vertreten, sind konservativ, oft hält man auch mit großem Aufwand an traditionellen gesellschaftlichen Konventionen und Veranstaltungen fest. Die in Deutschland bekannteste dieser Veranstaltungen dürfte die jährlich stattfindende Wallfahrt des »Katholischen Männervereins Tuntenhausen« sein, der vom rechten Flügel der CSU dominiert wird.

Eine ähnliche, wenn auch weniger bekannte Institution ist der »Herrenabend«. Ursprünglich aus dem Bereich der Studentenverbindungen und des Militärs stammend, hat sich diese Institution seit den 50er Jahren in konservativen Kreisen fest etabliert. Ein zahlungskräftiger Gastgeber lädt einflussreiche Persönlichkeiten des konservativ-katholischen Milieus ein, die sich hinter verschlossenen Türen über neueste Entwicklungen im »Milieu« austauschen, gemeinsame Aktionen planen und deren Finanzierung sicherstellen.

Im Frühjahr 1998 erhielt ich erstmals eine Einladung zu einem solchen Herrenabend. Der Brief kam von einem mir bis dahin unbekannten Düsseldorfer Geschäftsmann. Er habe, schrieb er mir, einen meiner Aufsätze gelesen und würde mich gerne kennenlernen, wozu sich ein Herrenabend im Juni anböte: »Sie werden auf einen illustren Kreis konservativer Katholiken treffen, der sich in unregelmäßigen Abständen in wechselnder Zusammensetzung in unserem Hause trifft.« Meine Neugierde war geweckt, und ich sagte zu.

Ein Netzwerk gegen die »Judaisierung« der Welt

Schon bei der Einfahrt in die Tiefgarage des postmodernen Bürokomplexes in einem Vorort von Düsseldorf war mir klar, dass sich hier nicht irgendwelche konservativen Katholiken trafen. In der Garage stiegen ältere Herren in feinen Anzügen aus Luxuslimousinen. Mit meinem alten Fiat-Uno und dem Anzug von H&M kam ich mir unter all den Männern, die meine Großväter hätten sein können, etwas deplatziert vor. Zugleich aber war ich stolz, trotz meines jugendlichen Alters und weithin noch fehlender Reputation zu diesem offensichtlich exklusiven Kreis Zugang zu erhalten.

Stargast des Abends, der zugleich den einleitenden Vortrag hielt, war der österreichische Publizist und Privatgelehrte Erik Maria Ritter von Kuehnelt-Leddhin. Er hatte durch seine Lehrtätigkeit an den bekanntesten katholischen Universitäten der USA viele Jahrzehnte lang einen richtungweisenden Einfluss auf den dortigen konservativen Katholizismus ausgeübt. Eigentlich sollte der mit dem kurz zuvor verstorbenen Schriftsteller Ernst Jünger befreundete Ritter zum Thema »Was Europa für die Welt bedeutet« sprechen, er gab aber ein Potpourri seiner wichtigsten Theorien zum Besten. Mit einem silberknaufigen Gehstock bewaffnet, in den der Habsburger Doppeladler eingraviert war, erklärte er, die Demokratie sei schon in der Antike erbärmlich gescheitert. Seit sie im Zuge der Französischen Revolution von 1789 wie eine gefährliche Seuche aus ihrem modrigen Grab wieder hervorgekrochen sei, habe sie ein Land nach dem anderen mit ihren verrückten Ideen verseucht: der Egalität, der liberalistisch verstandenen Freiheit und der peinlichen Verbrüderung in der Herrschaft der Mehrheit.

Der lange Exkurs über seine Reisen nach Spanien während des Bürgerkriegs verwandelte sich in eine Laudatio auf den Diktator Franco – freilich mit Abstrichen. Er verstehe sich zwar als »katholischer Rechtsradikaler«, aber nicht im nationalistischen Sinne. Vielmehr sehe er in der Wiedereinführung der Monarchie nach dem Vorbild des Hauses Habsburg die Lösung aller Probleme Europas. Im europäischen Adel seien die zum Regieren geeigneten

Männer zu finden. Der große Vorteil der Monarchie bestehe in ihrem patriarchalen und damit auch religiösen und »familistischen« Charakter, im Bild vom Monarchen als Vater seiner Volksfamilie sowie als Abbild von Gottvater und dem Heiligen Vater in Rom, außerdem in dem ihr zugrunde liegenden Prinzip der Erbfolge als Kontrast zur Tristesse der Wahlurnen und computergestützten Hochrechnungen.

Im Grunde genommen vertrat der Ritter etwas, was in traditionell katholischen Kreisen für viele zum politischen Allgemeingut gehört. Die politische Charta dieser monarchistischen und antidemokratischen Bewegung ist ein Buch des TFP-Gründers Correa de Oliveira, das 1993 unter dem Titel *Der Adel und die vergleichbaren traditionellen Eliten* erschien und, in viele Sprachen übersetzt, weltweite Verbreitung fand. Befördert wurde der Erfolg durch die überschwängliche Empfehlung höchst einflussreicher Kardinäle: Silvio Oddi, Mario Luigi Ciappi, Raimondo Spiazzi und vor allem Kardinal Alfons Maria Stickler, der nicht nur ein Bewunderer de Oliveiras, sondern auch gut mit Kardinal Ratzinger befreundet war und von diesem wegen seines Einsatzes für die traditionelle Liturgie hoch geachtet wurde.

In späteren Jahren musste ich häufiger an die Aussagen des Ritters denken, und zwar immer dann, wenn mir wieder einmal ein schwuler Kleriker oder Laie begegnete, der für die Monarchie schwärmte. Und das, obwohl gerade diese Männer ganz besonders von der Freiheit in der modernen Demokratie profitieren. So seltsam es klingen mag, aber es ist ein ganzes Sammelsurium vor allem emotionaler Motive, die diese Staatsform für manche Schwule so anziehend macht: die mit der Monarchie verbundene Ästhetik, die samtene Märchen- und Operettenwelt der Prinzen und Königinnen. Es sind die *Sissi*-Filme ebenso wie der unter anderem von Franz Grillparzer geschaffene habsburgische Mythos, die unter Schwulen kultivierten Gerüchte über homosexuelle Seilschaften im europäischen Adel und die Bilder berühmter homophiler Herrscher, wie Friedrich der Große von Preußen, Ludwig II. von Bayern oder Heinrich III. von Frankreich. Hier gibt es offensichtlich etwas, was schwule Männer ebenso fasziniert wie katholische Traditionalisten. Was den einen »Kings and Queens«-Partys, *Sissi*-Filme und die dazugehörigen Kostüme oder auch der »Koninginnetag«, zu dem alljährlich Schwule aus ganz Europa nach Amsterdam pilgern, das sind den anderen die »Monarchie-Liga«, die in Deutschland die Wiedereinrichtung der Monarchie plant, mit dem Katholizismus als Staatsreligion, oder die Seligsprechung des letzten Habsburgerkaisers Karl und seiner Gattin Zita.

Ähnliche Vorträge von »katholischen Rechtsradikalen« hörte ich im Laufe der nächsten Jahre bei den Herrenabenden immer wieder, so etwa von dem Wiener Soziologen Friedrich Romig. Durch seine verschiedenen Ämter war er geradezu prädestiniert für die Herrenabende, die Finanzkraft, politisch rechtes Gedankengut und katholischen Integralismus vernetzten. Romig war Professor für Politische Ökonomie, daneben zwei Jahrzehnte lang Planungschef des größten österreichischen Öl- und Chemiekonzerns OMV und spielte in seiner Funktion als Europabeauftragter des St. Pöltener Bischofs Kurt Krenn sowie Mitglied der Europakommission der Österreichischen Bischofskonferenz im österreichischen Katholizismus eine wichtige Rolle.

In seinem von Antisemitismus geprägten Vortrag beklagte Romig u.a., dass die katholische Kirche ihren Widerstand gegen eine – von ihm im Einzelnen beschriebene – Judaisierung der Welt aufgegeben habe, so dass der »Triumphzug des Antichristen« nicht mehr aufzuhalten sei.

Mit ähnlich antisemitischen Thesen wartete im Herbst

2000 der österreichische Theologieprofessor Robert Prantner bei einem der Herrenabende auf. Der 1931 geborene Theologe war über viele Jahre wissenschaftlicher Berater konservativer österreichischer Politiker, etwa von Bundeskanzler Julius Raab. Er ist Gesandter und bevollmächtigter Minister des Souveränen Ritterordens von Malta, hat also einen der vornehmsten Titel inne, die ein Laie in der katholischen Kirche erlangen kann. Seit 1982 ist er Professor an der kirchlichen Hochschule Stift Heiligenkreuz vor den Toren Wiens, die nicht nur den Namen Papst Benedikts XVI. trägt, sondern von diesem in besonderer Weise unterstützt wird. Heiligenkreuz gehört mit zu den wenigen Hochschulen in aller Welt, die der Papst während seiner Auslandsreisen durch einen Besuch beehrt hat. Ob Benedikt bewusst war, dass dort Leute wie Robert Prantner lehren? Vermutlich nicht, aber vielleicht wäre das ja auch gerade ein Grund für ihn gewesen, der Hochschule einen Besuch abzustatten.

Robert Prantner ist in der katholischen Kirche Österreichs aber auch als Hauptvertreter des antisemitischen und seit 1994 kirchlicherseits verbotenen Anderl-von-Rinn-Kultes bekannt. Verehrt wird in diesem obskuren Kult der 1462 im Alter von drei Jahren umgekommene Bub Anderl Oxner von Rinn. Im 17. Jahrhundert entstand im Zuge der damaligen antijudaistischen Strömungen in Tirol die Legende, er sei von durchziehenden, ortsfremden Juden im Rahmen eines Ritualmordes hingerichtet worden.

Heutzutage bemüht sich auch das von Ku-Klux-Klan-Mitgliedern gegründete »Stormfront«-Netzwerk mit ausdrücklicher Berufung auf Prantner um die weltweite Verbreitung der wissenschaftlich inzwischen als unhaltbar geltenden Legende. Die immer mehr um sich greifende Vernetzung erzkonservativer Katholiken mit sonst eher religionsfernen rechtsradikalen Vereinigungen wird hier sehr anschaulich. Bei seinen Bemühungen um den Anderl-Kult konnte sich Prantner stets auch der ausdrücklichen Unterstützung Bischof Krenns erfreuen.

In seinem Vortrag stellte der Professor neben die Juden auch noch die Freimaurer als eigentliche Feinde der katholischen Wahrheit. Sie unterwandern angeblich die katholische Kirche, um sie dann von innen zu zersetzen.

Die Freimaurer wurden mit ihrem Einsatz für Freiheit, Gleichheit, Toleranz und Humanität nicht nur von den Nationalsozialisten als Staatsfeinde verfolgt, sondern waren über Jahrhunderte auch in der katholischen Kirche geächtet. Während sich nach dem Zweiten Vatikanischen Konzil viele fortschrittliche Kirchenfürsten um einen friedlichen Dialog mit den Freimaurern bemühten, die Verurteilung der Freimaurerei aus dem neuen Kirchenrecht gestrichen wurde und wichtige Schritte hin zu einer Aufarbeitung der dunklen Vergangenheit erste Erfolge zeigten, stellte Kardinal Ratzinger unter dem Jubel der vergangenheitsorientierten Katholiken in einer Erklärung der Glaubenskongregation vom 26. November 1983 fest: »Das negative Urteil der Kirche über die freimaurerischen Vereinigungen bleibt also unverändert, weil ihre Prinzipien immer als unvereinbar mit der Lehre der Kirche betrachtet wurden«.[20]

Den Vorstellungen Prantners verwandte Ideen vertrat auf einem der Herrenabende auch sein Kollege Walter Marinovic, ein österreichischer Gymnasialprofessor, der in Deutschland durch seine Auftritte bei NPD-Veranstaltungen bekannt ist und unter erzkonservativen Katholiken als »wichtigster Kulturkämpfer Österreichs« (so auf dem

---

[20] Kongregation für die Glaubenslehre: *Urteil der Kirche unverändert, 26. 11. 1983*, nachzulesen auf:
www.vatican.va/roman_curia/congregations/cfaith/documents/
rc_con_cfaith_doc_19831126_declaration-masonic_ge.html

Einladungsschreiben zu besagtem Herrenabend) gefeiert wird. Er reiste mit Romig an und wartete – wie ebenfalls in der Einladung stand – mit Thesen zur »zeitgeistigen Afterkultur« und »entarteten Kunst« auf. Beim anschließenden Empfang trug er in Wiener Mundart eigene Gedichte vor, die vor allem von seiner Vorliebe für ein Gabelfrühstück im Wiener Kaffeehaus und Lausbubenstreichen handelten. Überhaupt wurde auf den Herrenabenden stets auch der (»nicht entarteten«) Kunst reichlich Raum gegeben. So hatte der Gastgeber in seinem Besprechungszimmer ein Klavier aufgestellt, auf dem ein Konzertpianist eine für die verhältnismäßig kleinen Räume allzu stimmkräftige Sängerin begleitete, die vor dem Abendessen – statt eines Tischgebets – das »Ave Maria« von Bach/Gounod sang.

Marinovics Haltung zur Kunst ist durchaus repräsentativ für eine sich in den letzten Jahren immer deutlicher abzeichnende rückwärtsgewandte Entwicklung innerhalb der katholischen Kirche. So kommt es immer häufiger vor, dass Bischöfe in ihren Diözesanmuseen moderne Kunstwerke auf den massiven Druck extrem konservativer Kreise hin entfernen lassen. In diesem Zusammenhang ist ein Ereignis aus dem Jahr 2008 erwähnenswert: Der Wiener Kardinal Schönborn, sonst für seine Offenheit gegenüber der modernen Kunst bekannt, ließ am Gründonnerstag 2008 die vielbeachtete Radierung *Leonardos Abendmahl, restauriert von Pier Paolo Pasolini* von Alfred Hrdlicka aus dem Dommuseum entfernen. Und das, obwohl er zu Beginn der Ausstellung noch fest entschlossen gewesen war, dem Druck rechter Kreise nicht nachzugeben. Was war in der Zwischenzeit passiert? Die »Gesellschaft zum Schutz von Tradition, Familie und Privateigentum«, TFP, hatte zusammen mit ihrer österreichischen Filiale von den USA aus zu Protesten beim Bischof aufgerufen und eine englische und deutsche Protestmailvorlage ins Internet gestellt, die von ihren Mitgliedern eifrig ausgefüllt und nach Wien geschickt wurde. Die internationale Kampagne war so erfolgreich, dass sogar nicht-deutschsprachige große Tageszeitungen wie *El País* oder *Il Giornale* darüber berichteten.

Zurück zu Walter Marinovic: Einer größeren Öffentlichkeit wurde er bekannt, als das ARD-Magazin *Report Mainz* am 19. April 2010 meldete, er sei von der Piusbruderschaft zu einer Vortragsreise durch deren deutsche Niederlassungen eingeladen worden, um dort über die »Überfremdung Europas« zu sprechen. Einer der bekanntesten Moraltheologen Deutschlands, Professor Eberhard Schockenhoff, kommentierte den Vorgang in demselben *Report*-Beitrag folgendermaßen: »Diese Aktivitäten der Piusbruderschaft im deutschen Sprachraum belegen eindeutig ein weltanschauliches Amalgam von faschistischen, ehemals nationalsozialistischen Aussagen. Diese Aussagen führen unter dem Deckmantel der Piusbruderschaft noch ein weiteres Leben und finden öffentliche Verbreitung. Im Grunde ist das ein Fall für den Verfassungsschutz.«[21]

An der Verbindung Marinovics zur Piusbruderschaft wird deutlich, dass es bei diesen Herrenabenden nicht nur um die Vorträge, die Interpretation des »Ave Maria« oder die teuren Weine ging, die den Gästen kredenzt wurden. Vielmehr wurde ein katholisch-rechtsradikal ausgerichtetes Netzwerk geknüpft, das sich immer weiter ausbreitete.

Schon der 1998 verstorbene Kölner Diözesangeistliche und Professor Johannes Bökmann hatte auf den Priestertreffen rund um die von ihm herausgegebene Zeitschrift *Theologisches* immer wieder geklagt, die Progressisten hät-

[21] Zitiert nach: www.swr.de/report/presse/-/id=1197424/ nid=1197424/did=6270932/f5jtk3/index.html

ten aggressiv agierende Netzwerke gebildet, während die Konservativen zu sehr in der Vereinzelung arbeiteten. Dadurch gehe viel an Schlagkraft verloren, die man im gegenwärtigen Kirchenkampf aber dringend benötige.

Bökmann, der seine Priestertreffen in einem vornehmen Kölner Hotel abhielt, war wiederum eng mit dem Gastgeber der Herrenabende befreundet.

Kartellartige Strukturen

Im Sinne einer geistigen und materiellen Festigung und Erweiterung des Netzwerks waren auch die Gäste der Herrenabende ausgesucht: reiche Herren aus nordrhein-westfälischen Unternehmerfamilien, promovierte Architekten, Lehrer von Schulen der Piusbruderschaft, namhafte Juraprofessoren. Weiterhin ein als Maastricht-Kritiker in Erscheinung getretener Hochschullehrer, der seine auf den Herrenabenden kostenlos verteilten politischen Traktate unter anderem in einem Sedisvakantisten-Verlag publizierte. An Teilnehmern aus der katholischen Kirche wären etwa zu nennen: Dr. Christoph Heger, Mitorganisator der tridentinischen Messen in der Erzdiözese Köln und im Jahr 2009 Gründungsmitglied der extrem rechten, vom Verfassungsschutz beobachteten »Bürgerbewegung Pro NRW«; der inzwischen verstorbene Münchner Theologe und spätere Kardinal Leo Scheffczyk, der mit den Kardinälen Ratzinger und Meisner befreundet war; der Weltenburger Benediktinerabt und Engelwerkpropagator Thomas Niggl; der Jesuitenpater Lothar Groppe, Kuratoriumsmitglied des von Gerhard Löwenthal gegründeten Vereins »Konservative Kultur und Bildung«; der Chefredakteur der hauptsächlich von der Piusbruderschaft finanzierten *Kirchlichen Umschau*; der damalige Leiter des Instituts für Lutherforschung an der Gustav-Siewerth-Akademie, der durch seine antiökumenischen, vor allem gegen Kardinal Lehmann gerichteten Pamphlete bekannt war; der Bonner Altphilologe und unermüdliche Apologet der Piusbruderschaft, Heinz-Lothar Barth; Reinhard Dörner, Vorsitzender des ebenfalls dem ultrakonservativen Spektrum zuzuordnenden »Initiativkreis katholische Laien und Priester« im Bistum Münster; sowie der in den 50er und 60er Jahren sehr bekannte Kirchenmusiker und Apostolische Protonotar Johannes Overath, der im Vatikan wie auch in der Kölner Kurie großen Einfluss besaß.

An diesem Auszug aus verschiedenen Gäste- und Vortragslisten wird ersichtlich, wie sich hier Finanzkraft, politisch extrem rechtes Denken und antimoderner Katholizismus vernetzten und eine Art heilige Familie mit kartellähnlichen Strukturen bildeten. Hier wurde über mögliche neue Kandidaten für die »Bewegung« gesprochen, es wurden die Beziehungen der Mitglieder untereinander gefestigt, und natürlich ging es auch um Geld. Und hier wurde der Versuch unternommen, die Deutungshoheit über aktuelle kirchenpolitische Fragen zu erlangen. Später sollte ich am eigenen Leib erfahren, dass manche in diesem Netzwerk auch nicht davor zurückschreckten, subtile Formen der Nötigung zur Normierung eventuell abtrünnig werdender Mitglieder einzusetzen.

Viele der Gäste zeigten eine ausgeprägte, manchmal fast liebenswürdige Schrulligkeit. So saß mir an einem der Abende in Düsseldorf ein alter Herr gegenüber, der sich immer wieder ein silbernes Monokel vor sein linkes Auge klemmte, durch das er mich beobachtete und das er jedes Mal, wenn ich zurückschaute, wieder aus dem Auge fallen ließ. Ein Frankfurter Philosoph schimpfte hemmungslos über die dauernden musikalischen, viel zu lauten Interventionen während des Abendessens, weil er seinen permanenten Redefluss dadurch einschränken musste. Ein anderes Mal, als ich mit mehreren Herren aus dem Netzwerk vor einer Besprechung in einem Kölner Restaurant zu Mittag aß, bediente uns ein Afrikaner. Einer der Herren, ein Professor, sagte laut: »Er ist wirklich nett, obwohl er ein Neger ist!« Woraufhin alle im Lokal, die den Ausspruch mitbekommen hatten, anfingen zu lachen. Oder der hoch betagte Kirchenmann, den ich gelegentlich in meinem Auto nach Düsseldorf mitnahm und der trotz meines heftigen Widerspruchs hartnäckig darauf bestand, wir hätten uns auf der Beerdigung des Bonner Theologieprofessors Arnold Rademacher im Jahr 1939 kennengelernt.

Diese Schrulligkeit fand ich oft lustig, aber sie war es auch, die für mich zum Alibi wurde. Später musste ich immer deutlicher erkennen, dass gerade diese Schrulligkeit zum Kalkül vieler konservativer Kreise gehört. Selbst hohe Kirchenfürsten spiegeln bei Bedarf gelegentlich Naivität und Ahnungslosigkeit vor. Zur endgültigen Gewissheit wurde mir das zunächst nur Vermutete, als Papst Benedikt XVI. im Zusammenhang mit der Rehabilitation des Piusbruders Williamson verlauten ließ, man habe (ausgestattet mit einem der effizientesten »Geheimdienste« der Welt!) von dessen krassem Antisemitismus gar nichts gewusst, da man im Vatikan das Internet nicht so oft benutze. Der Heilige Stuhl gelobe aber Besserung und wolle dieses neue Medium vor seinen Entscheidungen zukünftig öfter zu Rate ziehen.

Die beschriebene Schrulligkeit diente mir immer wieder als Vorwand zur Ruhigstellung meines sich sporadisch regenden Gewissens, das gegen den politischen und menschenverachtenden Radikalismus revoltierte, der hier propagiert wurde. Mit dieser scheinbaren Naivität entschuldigte ich meine katholischen Kampfgefährten vor mir selbst: »Wirklich bösartig sind die doch nicht, einfach nur

ein bisschen komisch, oder eben mit den Worten der Bibel
›nicht von dieser Welt‹.«

In die Ecke stellen und schämen

Die Gespräche bei den Herrenabenden drehten sich um
die verschiedensten Themen. So tauschte man sich beispielsweise genüsslich über das Privatleben von Bischöfen
aus, die nicht dem rechten Spektrum zuzuordnen waren.
Über Verhältnisse zu Sekretärinnen und Sekretären oder
Alkoholprobleme redete man mit einer Mischung aus
Entsetzen und Genugtuung. Die ökumenischen und interreligiösen Initiativen Papst Johannes Pauls II. waren Anlass für heftigste Papstschelte, die zudem – bei den vielen
kämpferischen Heimatvertriebenen, die immer anwesend
waren, nicht verwunderlich – häufig mit dem Hinweis auf
seine polnische Herkunft garniert wurde. Auch der Spruch,
man habe großes Verständnis für die Sedisvakantisten, die
bezweifelten, dass ein progressiver Papst überhaupt noch
wirklich Papst sei, machte eifrig die Runde. Er kam sogar
von geistlichen Herren, die sich sonst gerne mit päpstlichen
Ehrentiteln schmückten. Und dann immer wieder die Kla-
gen über die politische und gesellschaftliche Lage. Die
großen Medien seien ausnahmslos links und von Homosexuellen unterwandert. Die CDU sei für einen aufrechten
Deutschen und Katholiken nicht mehr wählbar, weil sie
zu einer halbsozialistischen Abtreibungs-, Emanzen- und
Homo-Partei geworden sei.
  Die homophoben Äußerungen sind mir natürlich besonders gut in Erinnerung geblieben. An erster Stelle stand
da die Angst vor der Unterwanderung der Kirche durch
Netzwerke von homosexuellen Priestern. Eine Phobie,
der ich auch in anderen konservativen Gesprächsrunden

immer wieder begegnete. So etwa bei einem Mittagessen, zu dem der Herausgeber der *Kirchlichen Umschau* seine Mitarbeiter geladen hatte. Anwesend war auch ein Autor, der sich als »Vatikanist« bezeichnet und über Geschichte und Organisation des Vatikanstaates schreibt. Er erzählte blumig von seinem Aufenthalt im Priesterseminar des Päpstlichen Nordamerika-Kollegs in Rom. Dort habe er so viele ihre Sexualität offen auslebende Homosexuelle angetroffen, dass er aus Angst vor Übergriffen nicht wie geplant im Seminar übernachtet habe, sondern noch spät in der Nacht geflohen sei. Ohne konkrete Anhaltspunkte galt in all diesen Gesprächen als ausgemachte Wahrheit, dass die »gefährlichen schwulen Geheimkreise«, die bis in den Vatikan hineinreichten, gezielt versuchten, die Kirche in einen »Homosexuellenverein« zu verwandeln. Die »laschen« Aussagen des neuen Katechismus der Katholischen Kirche zur Homosexualität, die auf das Konto des Wiener Kardinals Schönborn gingen (ironisches Lächeln), seien ein wichtiger Etappensieg dieser »unappetitlichen Parasiten«.

Wie sehr sich diese Phobie vor einer homosexuellen Geheimverschwörung, die auch von der Politik nicht selten als Vorwand für die Verfolgung Homosexueller benutzt wurde, auch in der offiziellen Amtskirche durchgesetzt hat, zeigt die von Klaus Küng, dem Bischof von St. Pölten und Opus-Dei-Mitglied, immer wieder vorgetragene diesbezügliche Besorgnis. In einem Interview mit der katholischen Zeitung *Tagespost* vom 23. Mai 2010 wird der Bischof auf die im Klerus umgehende Angst vor der Verschwörung durch homosexuelle Netzwerke in der Kirche angesprochen. Darauf antwortet er: »Wenn in einem Seminar, in einem Kloster solche Netzwerke entstehen, kann das zu einer großen Bedrohung für das Seminar, für das Kloster, für eine Diözese werden, weil sich eine Atmosphäre bildet, die ganz bestimmte Personen anzieht, andere dagegen abstößt zum großen Schaden der Seelsorge. Seminare und Klöster können dadurch geradezu existenziell bedroht werden.« Sollte ein Bischof so etwas bemerken, müsse er zu einer »radikalen Lösung« greifen, z. B. der Schließung des Seminars.[22] Warum es jemanden »abstoßen« sollte, wenn er in einer Gemeinschaft lebt, in der es auch mehrere Homosexuelle gibt, erklärt Küng nicht. Das setzt er anscheinend als selbstverständlich voraus.

In den erzkatholischen Netzwerken, zu denen ich Kontakt hatte, wurde immer wieder behauptet, letztes Ziel dieser geheimen Verschwörungen sei die Errichtung einer modernistischen, protestantisierten Kirche. Da ich damals schon viele homosexuelle Priester kannte und wusste, dass die meisten von ihnen eher konservativ waren und nichts weniger wünschten als eine Protestantisierung des Gottesdienstes, konnte ich mir in solchen Situationen ein leises Lachen nicht verkneifen.

Das Lachen sollte mir aber bald vergehen. Man echauffierte sich nämlich nicht nur über klerikale Homosexualität, sondern zeigte sich noch viel entsetzter über die »Zurschaustellung dieser gotteslästerlichen Perversionen« auf den Christopher-Street-Tagen. Das eigentlich himmelschreiend Schlimme an der heutigen Situation sei nicht so sehr, dass es so etwas wie homosexuelle Tendenzen gebe, sondern dass man die »Homo-Unzucht« in aller Öffentlichkeit zelebriere, bereits Kindern und Jugendlichen in der Schule als »normal« darstelle und sie sogar noch staatlich fördere. Insgesamt sei dies auch Ausdruck einer immer weiter voranschreitenden »Verweiblichung« der Gesellschaft.

---

[22] Das Interview ist nachzulesen auf der Homepage der Diözese St. Pölten: www.dsp.at/bischoefe/kueng/vortrag_detail. php?links=23052010210815

Was in den Beichtstuhl gehöre, werde in nicht zu überbietender Geschmacklosigkeit in die Öffentlichkeit getragen, meinte dazu ein Münsteraner Studiendirektor. Nachdem die 68er-Revolution alle Schranken niedergerissen habe, sei nun selbst im Hinblick auf die Homosexualität keine Spur von Scham mehr zu erkennen.

»Statt sich in eine Ecke zu stellen, sich zu schämen und ganz einfach die Fresse zu halten, gebärden sie sich wie wildgewordene Schweine«, ereiferte sich ein emeritierter Universitätsprofessor an einem der Herrenabende bei Tisch. Das führe dazu, dass die Grundfesten unseres Moralsystems, das im Naturrecht und in der Familie wurzele, untergraben würden. Andererseits verhindere es auch, dass man diesen unglücklichen Menschen medizinisch-psychologische Hilfe leiste, um wieder »normal« zu werden. Irgendwann hatte man sich gegenseitig so hochgeschaukelt, dass am Tisch offen ausgesprochen wurde, was wohl die meisten dachten: Man könne über das Dritte Reich denken, was man wolle, dort jedenfalls habe es noch einen § 175 gegeben, und man habe das Problem zu lösen verstanden. Hier wurde also jener Paragraph des damaligen Reichsstrafgesetzbuches gelobt, mit dessen Hilfe die Nationalsozialisten bereits »beischlafähnliche« homosexuelle Handlungen mit Zuchthaus bestraften und tatsächliche homosexuelle Akte mit der Internierung in Konzentrationslagern, was häufig gleichbedeutend war mit Tod. Wie sehr sich solche Positionen in bestimmten katholischen Kreisen seither durchgesetzt haben, zeigt die Tatsache, dass die Piusbruderschaft 2009 auf ihrer Internetseite ganz unverblümt und in aller Öffentlichkeit eine Wiedereinführung dieses Paragraphen in seiner von den Nationalsozialisten verschärften Form forderte.

Wie so viele schwule Theologen in ähnlichen Situationen schwieg ich damals zu all diesen Äußerungen und fühlte mich entsprechend schlecht. Mir schlug das Ganze sogar derart auf den Magen, dass ich mich früher als geplant entschuldigte und nach Hause fuhr. Meine überstürzte Abreise und mein Schweigen provozierten offensichtlich das Misstrauen meiner Zuhörer und derer, mit denen anschließend darüber gesprochen wurde. Immer wieder und immer häufiger ließ man sich fortan in meiner Gegenwart über das Thema Homosexualität aus, wohl um eine Reaktion meinerseits zu provozieren.

Wie kommt man an eine gute katholische Frau?

Man war aber auch bemüht, sich meiner helfend anzunehmen. Dieser delikaten Aufgabe widmeten sich die dem Netzwerk verbundenen Frauen. Ein gutes Beispiel hierfür ist ein Gespräch, das ich mit einer in Köln lebenden, aus einem traditionsreichen westfälisch-katholischen Adelshaus gebürtigen alten Dame führte. Durch ihren Einsatz für die alte Liturgie war sie mit Kardinal Ratzinger persönlich bekannt. Im Sommer 2000 hatte sie zu der Gruppe vornehmer, vorwiegend adeliger Damen gehört, die sich mit der Bitte an Kardinal Ratzinger wandten, er möge etwas gegen den von vielen katholischen Politikern in Deutschland unterstützten Verein »Donum vitae« unternehmen. Der katholische Verein berät schwangere Frauen im Hinblick auf einen Abtreibungswunsch im christlichen Geist und lässt ihnen schließlich die vom deutschen Recht her vorgesehene freie Entscheidung, ob sie einen Schwangerschaftsabbruch vornehmen oder nicht. Genau diese freie Entscheidung wollten die vornehmen Damen schwangeren Frauen jedoch nicht einräumen. Und sie hatten Erfolg. Schon im November desselben Jahres stellte der Botschafter des Vatikans in Deutschland auf Anweisung

Ratzingers öffentlich fest, dass sich der Verein im »offenen Widerspruch« zu den Weisungen des Papstes befinde und Katholiken diesen daher in keiner Form unterstützen dürften.

Ich war also zum Tee in die Villa der Baronin eingeladen, um ein gemeinsames Gespräch beim Kölner Weihbischof Klaus Dick vorzubereiten, in dem es um die Förderung der tridentinischen Messe in Köln gehen sollte. Auf die Frage der Baronin, ob es denn eine Frau an meiner Seite gebe, antwortete ich ihr, ich sei noch ledig. Worauf sie, selbst Mutter von sechs Kindern, zu meinem Erstaunen größtes Verständnis für mich zeigte. Die deutschen Frauen seien nun auch wirklich keine gute Wahl. Nicht nur, dass es mit der Kochkunst nicht weit her sei. Echt katholische Frauen, die wüssten, wo ihr Platz sei, und die dem Mann eine wirkliche Hilfe im Sinne der Lehre des heiligen Paulus seien, finde man bei uns kaum noch. Zur Erinnerung für alle weniger Bibelfesten sei erwähnt, dass Paulus im ersten Korintherbrief schrieb: »Die Frau sei dem Mann untertan.« Darauf spielte die feine Dame wohl an.

Ob ich schon einmal erwogen hätte, eine Frau von den Philippinen oder aus Südamerika zu heiraten, erkundigte sich die Baronin als Nächstes. So etwas lasse sich leichter und schneller realisieren, als man gemeinhin denke. Viele ihrer Bekannten aus dem traditionsorientierten Milieu hätten damit gute Erfahrungen gemacht. Diese Frauen seien jung und schön und redeten vor allem nicht dauernd von Selbstverwirklichung. Vielmehr seien sie bereit, dem Mann eine große Kinderschar zu schenken und diese im katholischen Sinne aufzuziehen, was gerade heute für das Überleben der Tradition von größter Wichtigkeit sei. Die tridentinische Messe in Köln profitiere von diesem Nachwuchs im Hinblick auf die Zahl ihrer Ministranten außerordentlich. Ich dankte für den guten Rat, ging der Sache aber, sehr zum Verdruss meiner katholischen Freunde, nicht weiter nach.

Allerdings fiel mir ab dem Zeitpunkt auf, dass überdurchschnittlich viele Männer aus den Kreisen der katholischen Traditionalisten mit asiatischen oder lateinamerikanischen Frauen verheiratet waren. Dass in solchen Ehen ähnliche Probleme auftauchen wie in »gewöhnlichen« Ehen, wenn die Frau nur selbstbewusst genug ist, erfuhr ich erst später. Typisch in traditionalistischen Kreisen ist, dass grundsätzlich die Frau am Scheitern einer Ehe die Schuld trägt. Zum Glück für die Betroffenen hat die katholische Kirche auch hier seit vielen Jahrhunderten ein Feigenblatt parat: die nachträgliche Annullierung der Ehe, womit der schöne Schein gewahrt wird, dass es in der katholischen Kirche eigentlich keine Ehescheidung gibt.

Inzwischen braucht sich niemand mehr Sorgen zu machen, dass gut katholische Männer keine passende Frau finden. Seit einigen Jahren gibt es nämlich eine von konservativen Katholiken betriebene Webseite – *www.kath treff.org*, ein »Heiratsportal für Katholiken, die die Lehre der Kirche ernst nehmen« –, auf der man sich mit einem eigenen Profil auf die Suche nach einem gut katholischen Ehepartner machen kann. Was zum Beispiel *Gayromeo* für homosexuelle Männer leisten möchte, das findet sich hier in ähnlicher (wenn auch kostenpflichtiger) Form für katholische Traditionalisten. Selbst ein so bekannter Psychologe wie Manfred Lütz, Mitglied des Päpstlichen Rates für die Laien, findet das laut *kathtreff.org* »eine großartige Idee«. Und auch Kardinal Meisner wird mit einem Brief an die Macher der Seite dort als Unterstützer des Projekts aufgeführt: »Angesichts der theologisch-anthropologischen Voraussetzungen der christlichen Ehe kann ich nur dankbar sein dafür, dass nun ein katholischer Heiratsdienst im Internet entsteht, dessen Initiatoren für eine Seriosität und

Vertrauenswürdigkeit bürgen, die dem hohen Wert der Ehe entsprechen.«[23]

Marienerscheinungen oder die Instrumentalisierung des Heiligen

Im Großen und Ganzen herrschte bezüglich der bei den Herrenabenden diskutierten kirchenpolitischen und weltanschaulichen Fragen Einigkeit. Zwei Themen gab es jedoch, die deutliche Differenzen innerhalb des rechtskatholischen Lagers sichtbar machten.

Das erste Reizthema, das beständig für Konflikte innerhalb des erzkonservativen Milieus sorgt, sind angebliche Marienerscheinungen. Dabei begnügen sich die Verfechter dieser Erscheinungen nicht mit den, freilich auch schon zweifelhaften, traditionellen Orten wie Lourdes oder Fatima, sondern sind beständig auf der Suche nach neuen, aufsehenerregenden Wundern.

Kurz vor der Jahrtausendwende hielt der dem Engelwerk nahestehende Benediktinerabt Thomas Niggl auf einem der Herrenabende einen Vortrag. Thema seiner Ausführungen sollte ganz allgemein das Phänomen der Marienerscheinungen sein. Die nichtsahnenden Gäste mussten jedoch, als die Veranstaltung begann, feststellen, dass der Abend in eine Art Propagandaveranstaltung für den kirchlich nicht anerkannten Wallfahrtsort und die angeblichen Visionen von Heroldsbach umfunktioniert worden war.

Nach dem Zweiten Weltkrieg wollen in dem kleinen mittelfränkischen Dorf mehrere Kinder, nachdem sie kurz zuvor im Kino einen Film über die Marienerscheinungen im südfranzösischen Lourdes gesehen hatten, verschiedene

---

[23] Zitiert nach: www.kathtreff.org (»Stimmen über kathTreff«)

Visionen gehabt haben: Maria kam im Birkenwald zu Besuch und badete das Jesuskind, sinnigerweise zusammen mit dem Leiter der freiwilligen Feuerwehr des Dorfes. Eine Hostie schwebte in der Art tridentinischer Liturgie durch die Luft. Eine ganze Kompanie Engel erschien den Kindern ebenso wie das bluttropfende Herz Jesu, der heilige Papst Pius X., der heilige Aloysius von Gonzaga sowie die heilige Maria Goretti. Pius X., der antimodernistischste Papst des 20. Jahrhunderts, wird von der Piusbruderschaft vereinnahmt; Aloysius von Gonzaga ist als Heiliger vor allem dafür bekannt geworden, dass er niemals in seinem Leben einer Frau ins Gesicht geschaut hat und kein einziges Mal der »Sünde der Onanie« verfallen ist; die heilige Maria Goretti wehrte sich beim Annäherungsversuch eines etwas älteren Jungen so heftig, dass sie dabei ums Leben kam und von Pius XII. 1950 zum Vorbild aller Jugendlichen erklärt wurde, die »lieber den Tod suchen sollten als in irgendeine Sünde der Unkeuschheit zu fallen«.[24] Zuvor hatten Mussolinis Faschisten das Mädchen bereits für sich instrumentalisiert, indem sie es zur Märtyrerin des weiblichen Gehorsams und der keuschen Mütterlichkeit erklärten. Noch heute trägt ein katholischer Verein, der gegen jede Form des Sexualkundeunterrichts in der Schule sowie die Legalisierung von Abtreibung, Verhütungsmitteln und Homosexualität kämpft, den Namen des süditalienischen Mädchens.

Thematisch handelte es sich also bei den Ereignissen von Heroldsbach um Visionen ganz nach dem Geschmack eines traditionalistischen Katholiken – wären da nicht die kirchlichen Untersuchungen und das von Rom festgehaltene Ergebnis gewesen, dass es sich keinesfalls um

---

[24] In: *Acta Apostolica Sedis* 42, 1950, nachzulesen auf:
www.vatican.va/archive/aas/documents/AAS 42 [1950] – ocr.pdf

echte Erscheinungen gehandelt hatte. Hinzu kam noch die Peinlichkeit, dass die fanatischen Anhänger, die aus dem Wallfahrtsort ein »deutsches Lourdes« machen wollten, auch vor Schwindel nicht zurückschreckten. So pries man es als Beweis für die Echtheit der Erscheinungen der 50er Jahre und als stille Anklage des Himmels gegen die gegenwärtige, dem Modernismus verfallene Kirche, dass dort eine Jesus- und eine Marienstatue gleich zwei Mal Tränen geweint hätten. Eine Untersuchung von Wissenschaftlern ergab dann freilich, dass die vermeintlichen Tränen in ihrer Zusammensetzung exakt dem Leitungswasser in der Gebetsstätte entsprachen, außerdem fand man in Mülleimern in der Nähe der Statuen Pipetten. Von all dem wollten die Heroldsbachgläubigen aber nichts hören, die Ergebnisse wurden schlichtweg nicht zur Kenntnis genommen. Man fühlte sich im wärmenden Licht des heiligen Scheins offenbar so wohl, dass man ihn sich nicht durch die Realität kaputtmachen lassen wollte.

Aus Anlass der Werbeveranstaltung für Heroldsbach hatte man den Herrenabend sogar in eine gemischtgeschlechtliche Veranstaltung umgewandelt, da eine der Seherinnen von Heroldsbach selbstbewusst als Ehrengast auftrat. Sie hatte auch ihre Tochter mitgebracht, die mir mit einem beinahe gewagten Augenzwinkern als noch ledig vorgestellt wurde und neben der ich dann den ganzen Abend beim Dinner sitzen durfte. Eine Hochzeit in Weiß zwischen der Seherinnentochter von Heroldsbach und einem angehenden Shooting-Star der katholischen Traditionalistenszene hätte hervorragend ins Herrenabendkonzept gepasst. Es gab nur ein kleines Problem: Wir hatten kein wirkliches Interesse aneinander.

Hintergrund der Veranstaltung war selbstredend nicht das eventuell zu weckende Interesse zweier junger Menschen aneinander, sondern die Tatsache, dass der Gastgeber des Abends ebenfalls ein überzeugter Anhänger der Marienerscheinungen von Heroldsbach war.

Andere freilich sahen die Sache kritisch. Der Kölner Prälat Overath war äußerst wütend darüber, dass man ihn unter Vorspiegelung falscher Tatsachen zu der Veranstaltung gelockt hatte. Auch weitere Gäste, so der Philosoph Walter Hoeres, zeigten sich Heroldsbach gegenüber ablehnend. Die Gefahr, dass dadurch das traditionalistische Anliegen zu sehr in den Bereich der »Spökenkiekerei« (Hoeres) gezogen werden könnte, war den weniger naiven Teilnehmern durchaus bewusst. Auch ich stellte mich auf die Seite der vorsichtigen Kritiker, wodurch ich beim Gastgeber derart in Misskredit geriet, dass ich zu den nächsten Herrenabenden keine Einladung erhielt.

Im August 2001 war ich dann erneut zu einem Herrenabend eingeladen, der Marienerscheinungen gewidmet war. Der Gastgeber hatte keinen finanziellen Aufwand gescheut und den Journalisten Michael E. Jones aus den USA einfliegen lassen. Jones gilt als bekanntester antisemitischer Katholik der Vereinigten Staaten sowie als unnachgiebiger Kämpfer gegen Feminismus, moderne Architektur, die Rechte Homosexueller und die angebliche Säkularisierung katholischer Universitäten. In einem Gespräch mit mir äußerte er sich in harten Worten über die angebliche Verderbnis der westlichen Gesellschaft. Jones hatte kurz zuvor ein Buch über den Wallfahrtsort Medjugorje geschrieben. In dem kleinen Ort in Bosnien-Herzegowina will eine Gruppe von Sehern seit den 80er Jahren Erscheinungen der Jungfrau Maria haben, die angeblich wöchentlich bestimmte Botschaften übermittelt. Im Unterschied zu Heroldsbach zeugen diese Botschaften von einer eher moderaten kirchenpolitischen und theologischen Einstellung und ziehen vor allem junge Katholiken an. Die Botschaften fordern Nächstenliebe und Frieden und waren den ökumenischen und interreligiösen Bestrebungen Papst Johannes Pauls II. wohlgesinnt.

Dass sich nun ausgerechnet Maria auf die Seite der ihrer Ansicht nach modernen Katholiken geschlagen haben sollte, war den traditionalistischen Katholiken ein äußerst schmerzender Dorn im Auge. So verwandelten sich jene, die bezüglich Heroldsbach bereit waren, noch die lächerlichsten und offensichtlichsten Torheiten willig hinzunehmen, an diesem Abend in die schärfsten Kritiker der angeblichen Marienerscheinungen von Medjugorje. Diese seien nichts anderes als satanischer Betrug, um die Kirche progressistisch zu unterwandern, und reine Geldmacherei der Seherkinder sowie der sie pastoral betreuenden Franziskanerpatres. Spätestens ab diesem Zeitpunkt war mir klar, dass das Übernatürliche einer der großen Streitpunkte innerhalb der konservativen Katholikenschaft ist.

Am Beispiel der Marienerscheinungen wird deutlich, dass traditionalistische Katholiken – trotz ihres angeblich unbedingten Einsatzes für die integrale Wahrheit, die sie über alles stellen – bei Bedarf das als unwahr aussortieren, was ihrer Weltanschauung nicht entspricht, und das als Wahrheit propagieren, was ihren politischen und theologischen Optionen zugutekommt.

Inwiefern diese Beobachtung repräsentativ für den konservativen Katholizismus ist, zeigt wiederum die »Gesellschaft zum Schutz von Tradition, Familie und Privateigentum« (TFP). Diese macht die Marienerscheinungen im portugiesischen Fatima, wo Maria drei Hirtenkindern erschienen sein und ihnen Botschaften übermittelt haben soll, zur Grundlage ihres politischen Handelns. Maria hatte dort angeblich im Jahr 1917 den Papst aufgefordert, Russland ihrem »unbefleckten Herzen« zu weihen. Dass Russland just in jenem Jahr von der Revolution heimgesucht wurde, fasst die TFP als Beweis auf, dass Maria bzw. Gott die Gegenrevolution der TFP, deren politischen Kampf gegen Demokratie, Sozialismus und Kommunismus sowie für die Monarchie, ausdrücklich gutheißt, ja geradezu befiehlt. Gestärkt sehen sie sich dabei durch den gegenwärtigen Papst, der im Mai 2010 den portugiesischen Wallfahrtsort besuchte und sich schon als Kardinal bei Papst Johannes Paul II. für die Publikation der vollständigen Botschaften von Fatima eingesetzt hatte.

Das in theologischer Hinsicht Schlimme an dem Marienerscheinungswahn ist, dass man so heilige Dinge wie die Verehrung der Gottesmutter Maria entwürdigt, indem man sie (kirchen-)politisch instrumentalisiert und glaubt, mit abstrusen Wundergeschichten attraktiv machen zu können. Während die erzkatholischen Kreuzritter unserer Tage ständig auf der Lauer liegen und bei jeder Kritik an ihrer Kirche bösartige Gotteslästerung am Werk sehen, gegen die der Staat vorzugehen habe, begehen sie selbst Blasphemie, gut getarnt durch das scheinheilige Etikett eines rechtskatholischen Programms.

Der Islam – ökumenischer Dschihad oder christlicher Kreuzzug?

Der zweite Punkt, der für eine tiefe Kluft innerhalb des erzkonservativen katholischen Milieus sorgt, ist die Frage, wie der gegenwärtige Islam einzuschätzen sei.

Dass innerhalb des Herrenabend-Netzwerks große Einigkeit hinsichtlich der Ablehnung der interreligiösen Bemühungen Papst Johannes Pauls II. herrschte, wurde bereits erwähnt. Mit dem interreligiösen Friedenstreffen in Assisi sei der Papst selbst vom wahren Glauben abgefallen und habe den Feinden die Schlüssel der heiligen Stadt ausgeliefert. Zwar könne man Johannes Paul die lauteren

Motive seines Handelns nicht abstreiten, man dürfe aber auch nicht übersehen, wie gefährlich dieses falsche Signal an die Öffentlichkeit, zumal an die islamische Welt sei: ein Signal der Relativierung der singulären Bedeutung des Christentums bzw. der Erlösung durch Christus. Bestärkt sahen sich die konservativen Theologen in ihren Bedenken durch Äußerungen des damaligen Kardinals Ratzinger, die in traditionalistischen Zirkeln die Runde machten. Auch der oberste Glaubenshüter sehe die Assisi-Aktion des Papstes kritisch und sei nur auf dessen ausdrücklichen Befehl hin zu dem Treffen der Religionen gefahren. Ein Professor erzählte in diesem Zusammenhang bei einem Abendessen in Lublin die Anekdote, Ratzinger habe sich im Zug von Rom nach Assisi demonstrativ mit dem Rücken zur Fahrtrichtung gesetzt, um sein Missfallen zum Ausdruck zu bringen.

Im Hinblick auf den Islam war man sich bei den Herrenabenden einig, dass er neben dem Katholizismus als die zweite religiöse Macht in Europa zu gelten habe. Die weiteren Einschätzungen schwankten dann jedoch zwischen unbedingtem Kampfeswillen gegen den Islam auf der einen und Faszination für den kämpferischen Islam auf der anderen Seite. Beide Positionen, so gegensätzlich sie sonst sind, verbindet eine ausgeprägte Aversion gegen den Liberalismus und die Öffnung der Kirche zur modernen Gesellschaft.

Einer der Besucher der Herrenabende, der heutige Pro-NRW-Politiker Dr. Christoph Heger, schrieb mich kurz nach unseren ersten Düsseldorfer Begegnungen an. In Deutschland werde die islamische Apologetik immer lauter und damit auch die Kritik am Christentum, besonders werde diesem durch islamische Polemiken der Monotheismus streitig gemacht. Er plane nun eine große Gegenoffensive, die dem Islam beweisen solle, dass er keineswegs ein Monotheismus sei, sondern ein verkappter Viel-Gott-Glaube. Wer den Islam ein wenig kennt, weiß, dass es keine größere antimuslimische Provokation gibt, als ihm Polytheismus vorzuwerfen. Aus dem gemeinsamen Projekt mit mir wurde nichts. Heute führt Heger einen politischen, extrem rechten Kampf gegen die »muslimische Unterwanderung« der deutschen Gesellschaft.

Einer ebenfalls auf einem ultrakonservativen Katholizismus und Antiliberalismus beruhenden islamkritischen Position begegnete ich später in den Büchern und einem Artikel des Publizisten Hans-Peter Raddatz, den er für die von mir zu der Zeit herausgegebene Zeitschrift *Theologisches* verfasst hatte. Dort ging er streng mit dem von liberalen katholischen Kreisen angestrebten Dialog mit dem Islam ins Gericht. Der Islamwissenschaftler Martin Riexinger bemerkte in seinem Aufsatz »Hans-Peter Raddatz: Islamkritiker und Geistesverwandter des Islamismus« dazu: »Die Angriffe von Raddatz auf den Islam sind Teil eines Antiliberalismus, der jenem der Islamisten durchaus ähnelt.«

Als ich im Jahr 2005 ein islamfreundliches Buch in derselben Zeitschrift weithin zustimmend besprechen ließ, kündigte mir die Gattin von Herrn Raddatz in dessen Namen die Zusammenarbeit mit der von mir edierten Monatsschrift auf und schrieb erboste Briefe an alle möglichen Mitstreiter aus dem konservativen Lager über mich und meine Unfähigkeit als Herausgeber. Spätestens zu dem Zeitpunkt wurde mir eindringlich bewusst, dass es neben den Marienerscheinungen ein weiteres Thema gab, das das konservativ-katholische Lager in zwei Fronten teilte: die Haltung zum Islam.

Das positiv besprochene Buch stammte von dem Augsburger Publizisten Michael Widmann und richtete sich gegen ein Kopftuchverbot für islamische Mädchen und

Lehrerinnen an staatlichen Schulen. Ich hatte Widmann bereits einige Jahre zuvor im Zusammenhang mit seiner Tätigkeit als Lektor für den Sankt Ulrich Verlag in Augsburg persönlich kennengelernt.

Bei unserem Gespräch im Oktober 2001 in Augsburg kam Widmann auch auf Erik Ritter von Kuehnelt-Leddihn zu sprechen, den er positiver beurteilte, als ich es ihm damals zugetraut hätte. Beim Mittagstisch zwischen bayerischem Gulasch und Andechser Klosterbier entwarf er mir damals reichlich wirr erscheinende Theorien zu den alle Welt bewegenden Terroranschlägen vom 11. September. Ich konnte sie damals noch nicht recht einordnen. Erst als später der Piusbischof und Antisemit Williamson mit ähnlichen Thesen an die Öffentlichkeit trat und ich weitere Publikationen Widmanns,[25] besonders aber sein Interview mit der Internetseite *muslim-markt.de* gelesen hatte, wurde mir klar, worum es hier ging: um die Genugtuung extrem konservativer Katholiken angesichts des Islamismus, der dem moralisch verfaulten Westen unübersehbar und aggressiv Widerstand leistet.

Widmanns Plädoyer für die islamische Kopfbedeckung verstand ich nun als die äußere Manifestation einer tiefen Sympathie für den kämpferischen Islam als einzig ernstzunehmender Gegenmacht gegen den Liberalismus, der für Widmann in der Internetpornographie seinen deutlichsten Ausdruck fand. Das Kopftuch stehe für die Scham der anständigen Frau und für deren Bereitschaft, die Autorität einer höheren Macht anzuerkennen. So sei das Tragen des Kopftuchs ein stiller Protest gegen die pornographische Verfasstheit der liberalen, gottlosen Staaten, die einer Autonomie und falschen Freiheit des Menschen das Wort

---

[25] Unter anderem *Im Kampf der Kulturen – wo steht der Feind?*, Augsburg 2007

redeten. Gegen diesen demokratischen Liberalismus, der in Wirklichkeit totalitär sei, müssten Christen und Muslime sich verbünden.

Widmann scheute sich auch nicht, den Islamismus als Vorbild für konservative Katholiken zu präsentieren und zu einem gemeinsamen »ökumenischen Djihad« aufzurufen: für eine »Schamkultur«, für Ehe und Familie, für die »Ehre der schamhaften Frau« und andere traditionelle Werte, die die fundamentalistischen Interpretationen beider Religionen verbinden. Außerdem gegen »Unzucht« (gemeint sind damit in der kirchlichen Sprache Homosexualität und vorehelicher Geschlechtsverkehr), Verhütung, Abtreibung sowie Ehebruch.[26]

Ausgerechnet jene, die sich mit Händen und Füßen gegen die Ökumene der katholischen mit den protestantischen Kirchen wenden, reden einer heiligen Kriegsallianz mit dem Islam das Wort. Ähnlich wie bei der Problematik der angeblichen Marienerscheinungen ist hier die Wahrheitsfrage zugunsten einer strategischen Position aufgegeben worden: der scheinbaren Eintracht im Kampf gegen die freiheitliche Kultur des Westens.

Nun ist man geneigt, sich bei aller Aufregung über den »ökumenischen Djihad« Widmanns damit zu trösten, dass dies die Einzelmeinung eines wenn auch einflussreichen Verlagsmenschen darstellt, die in keiner Weise repräsentativ für die katholische Kirche ist. Spätestens mit Alan Poseners Buch *Benedikts Kreuzzug* wurde uns dieser Trost allerdings entzogen. Posener zeigt auf, wie sehr man im Vatikan unter dem Pontifikat Benedikts XVI. an einer intensiven Zusammenarbeit mit dem fundamentalistischen Islam interessiert ist. Der Papst sieht in ihm einen schlagkräftigen Verbündeten gegen die »Diktatur des Relativismus«. Damit ist zu-

[26] www.muslim-markt.de/interview/2005/widmann.htm

nächst vor allem die Presse-, Rede- und Meinungsfreiheit im Hinblick auf religiöse Themen gemeint. So verwundert es nicht, dass sich der Vatikan beim Streit um die Mohammed-Karikaturen unzweideutig auf die Seite des radikalen Islams geschlagen hat: »Verspottung von Religion oder religiösen Symbolen ist unter keinen Umständen zu rechtfertigen.«[27]

»Diktatur des Relativismus« beinhaltet aber auch den »Sittenverfall« der westlichen Welt mit Ehebruch, Verhütungsmitteln, Sterbehilfe und Homosexualität, gegen den man gemeinsam ankämpfen will. Dass die katholische Kirche im Mai 2008 ausgerechnet mit den führenden Mullahs des Iran dazu ein gemeinsames Kampfdokument verabschiedet hat, lässt tief blicken. In Punkt 4 der Erklärung heißt es, man sei fest entschlossen, in Zukunft zusammenzuarbeiten, »um moralische Werte zu fördern«.[28]

Wer weiß, wie die »Förderung moralischer Werte« im iranischen Gottesstaat aussieht, kann ermessen, welche Sprengkraft in dieser gemeinsamen Marschroute steckt. Ein Beispiel, das mir persönlich naheliegt, sei hier angeführt. Amnesty International zufolge wurden bisher im Iran mehr als viertausend Männer wegen des Ausübens homosexueller Handlungen hingerichtet. Darunter auch minderjährige Jugendliche, die man vor den Augen ihrer Eltern und Schulfreunde und unter dem Beifall der anderen Zuschauer an Baukränen erhängte. Angesichts dieser erschreckenden Vorkommnisse erscheint die auf einem der

---

[27] »Vatikan/Ägypten: Religiöse Symbole sind heilig«, *Radio Vatikan* vom 29. 2. 2008, nachzulesen auf: www.storico.radiovaticana.org/ted/storico/2008-02/189867_vatikanagypten_religiose_symbole_sind_heilig.html

[28] »Vatikan: Ergebnisse des christlich-islamischen Seminars über Glaube und Vernunft«, 30. 4. 2008, nachzulesen auf: www.zenit.org/article-15031?l=german

Herrenabende geforderte Wiedereinführung des § 175 fast noch als »Katholizismus light«.

Obgleich Widmann also nichts anderes tat, als die päpstliche Marschrichtung aufzunehmen, wurde die meiste Werbung für sein Buch über das Kopftuchverbot nicht von katholischen Zeitschriften gemacht, sondern von extremistischen Muslimen. So brachte etwa die Internetseite *muslim-markt.de* ein ausgiebiges Interview mit Widmann und besprach das Buch euphorisch. Das ist die Seite, auf der kurz zuvor eine »Mubahala«, ein in ein Gebet verpackter Mordaufruf, an Hans-Peter Raddatz veröffentlicht worden war.

Gemeinsam gegen die »Diktatur des Relativismus«

Das Herrenabend-Netzwerk, das ich aus persönlicher Anschauung geschildert habe, ist nur ein – wenn auch im rechtskatholischen Spektrum exemplarisches – Beispiel für die zunehmende Vernetzung verschiedenster Gruppen aus dem konservativ-katholischen Milieu, die durch die Möglichkeiten der modernen Medien noch enorm beschleunigt wurde. Auch hier findet sich wieder die bekannte Schizophrenie: Während man besonders in den modernen Medien den Teufel am Werk sieht, nutzt man sie sehr gekonnt und leidenschaftlich, um sein Gedankengut zu verbreiten.

Über die oben dargestellten Differenzen zwischen den einzelnen Gruppierungen des konservativen Katholizismus hinsichtlich der Bewertung des Islams sehen die Aktivisten dabei aus strategischen Gründen meist hinweg. Im Interesse der zunehmenden Vernetzung ist es notwendig, dass den Menschen immer wieder der gemeinsame Gegner vor Augen geführt wird: in der Sprache Papst Benedikts XVI.

die »Diktatur des Relativismus«[29] oder die »Kultur des Todes«.[30]

Ein weiteres Beispiel für die reale und mediale Vernetzung sind die Vorfeldorganisationen der TFP, die nach eigenen Angaben mit etwa 50 000 Menschen in Deutschland für die »Wiederherstellung der christlichen Zivilisation« kämpft, worunter sie einen »katholischen Staat« nach dem Vorbild islamischer Gottesstaaten versteht. Dabei geht es der TFP nicht nur um die Bekehrung des »deutschen Vaterlandes«. Auch woanders möchte man seinen Einfluss geltend machen. So heißt es in einem Tätigkeitsbericht der »Aktion SOS Leben«, einer Vorfeldorganisation der TFP: »Die Bundesministerin für Wirtschaftliche Zusammenarbeit und Entwicklungshilfe, Heidemarie Wieczorek-Zeul (SPD), hatte massiv das Land Nicarágua wegen des Verbotes der Abtreibung angegriffen und mit der Streichung von Entwicklungshilfen gedroht. Gegen diese Unverschämtheit haben wir unsere Aktionsteilnehmer aufgerufen, mit der Einsendung post Postkaten [!] zu protestieren und ihre Absetzung zu fordern.«[31]

Ähnliche Proteste, mit denen Politiker unter Druck gesetzt werden sollen, gibt es auch zu anderen Themen: gegen die Sexualaufklärung in der Schule, gegen eingetragene Partnerschaften für homosexuelle Menschen, gegen Theaterstücke, die Kritik an der Religion üben usw.

Die Vorfeldorganisationen der TFP haben inzwischen feste Verbindungen zu vielen anderen Organisationen in-

---

[29] »Wider die Diktatur des Relativismus«, in: *Frankfurter Allgemeine Zeitung* vom 19. 4. 2005

[30] »Papst gegen ›Kultur des Todes‹«, in: *Wiener Zeitung* vom 4. 4. 2010

[31] Deutsche Vereinigung für eine christliche Kultur e. V.: Tätigkeitsbericht 2007 der »Aktion SOS Leben«, nachzulesen auf: www.dvck.webs.com

nerhalb des rechten und konservativ-katholischen Milieus geknüpft. So arbeiten sie eng mit fanatischen Lebensrechtsgruppen in den USA und Polen sowie mit der Internationalen Sommerakademie in Gaming zusammen. Diese wird von dem auf Anregung Johannes Pauls II. gegründeten »Internationalen Theologischen Institut für Studien zu Ehe und Familie« ausgerichtet. Großkanzler des Instituts ist kein Geringerer als Kardinal Schönborn von Wien. Weitere enge Kontakte bestehen zur »Juristen-Vereinigung Lebensrecht« und zu einigen »Initiativkreisen katholischer Laien und Priester«, die wiederum eng mit den »Servi Jesu et Mariae« und der Petrusbruderschaft zusammenarbeiten. Auch zum »Forum Deutscher Katholiken« gibt es durch die Teilnahme an dessen alljährlich stattfindendem Kongress »Freude am Glauben« eine enge Verbindung. Das Forum selbst, zu dessen Kuratorium immerhin die Kardinäle Meisner aus Köln und Cordes aus Rom, der Europaabgeordnete Bernd Posselt, der Bundestagsabgeordnete Norbert Geis sowie Otto von Habsburg gehören, sorgt für weitere Vernetzungen. 2002 nahm der damalige Kardinal Ratzinger an dem Kongress des Forums teil.

Das Kölner *Domradio* berichtete am 13. September 2009: »Das konservative ›Forum Deutscher Katholiken‹ bemüht sich um den gesellschaftspolitischen Schulterschluss mit Andersgläubigen. Der vom Forum in Aschaffenburg veranstaltete Kongress ›Freude am Glauben‹ würdigte die Muslime am Wochenende in einer Resolution als ›natürliche Verbündete‹ im Kampf gegen eine ›Kultur des Todes‹. Dazu zählten internationale Geburtenkontrolle, Abtreibung und Gender-Ideologie. Christen und Muslime müssten sich gemeinsam Herausforderungen stellen, ›die eine gottferne Zeit uns aufgibt‹.«[32]

---

[32] Nachzulesen auf: www.domradio.de/aktuell/artikel_56698.html

Der katholische Dschihad kann in seinem Kampf gegen die offene Gesellschaft in der Demokratie also auf ein erstaunlich großes Netzwerk zurückgreifen, das von den ranghöchsten Männern der katholischen Kirche über Rechtsaußenpolitiker und Restbestände des europäischen Adels bis hin zu fundamentalistischen Muslimen fest geknüpft ist.

Vom Erfolg in vatikanischen Kreisen

Mit zu den schönsten Vierteln der Ewigen Stadt gehört das barocke Rom rund um den Palast der Farnese, das Parione-Viertel östlich des Tibers. Hier befindet sich auch der berühmte Campo de' Fiori, auf dem im Jahr 1600 der italienische Philosoph und Dichter Giordano Bruno, der »Patron« der italienischen Freimaurer, von der Inquisition verurteilt, als Ketzer auf dem Scheiterhaufen verbrannt wurde. Überquert man den Platz am Denkmal Brunos vorbei und verlässt ihn dann in östlicher Richtung durch die Via del Pellegrino, stößt man direkt auf einen der schönsten und geschichtsträchtigsten Paläste Roms, den Palazzo della Cancelleria. Im September 2003 wurde ich dort zum korrespondierenden Professor der Päpstlichen Akademie des heiligen Thomas von Aquin ernannt.

In dem in der Frührenaissance von Bramante erbauten Palast, der zum Staatsgebiet des Vatikans gehört, haben nicht nur die Rota Romana, d. h. der oberste päpstliche Gerichtshof, sowie die Apostolische Signatur mit den diese leitenden Kardinälen ihren Amtssitz. Auch die Päpstliche Akademie des heiligen Thomas, eine der vornehmsten und ältesten Institutionen zur Erforschung des Lehrwerkes des mittelalterlichen Gelehrten von Aquino, hat hier seit mehr als hundert Jahren ihre Heimat.

Thomas von Aquin, der der Nachwelt eine große Menge

philosophischer und theologischer Werke hinterließ, lebte zwar bereits im 13. Jahrhundert, erst seit dem 16. Jahrhundert aber gilt er als bedeutendster katholischer Philosoph und Theologe. Nachdem ihn Martin Luther als typisch päpstlich-katholischen Theologen abgelehnt hatte, hielten ihn die Katholiken für das beste »Gegengift« gegen die Reformation. Wollte man von da an ein theologisches oder philosophisches Buch in der katholischen Welt erfolgreich vertreiben, musste es im Geist des heiligen Thomas abgefasst sein. All jene, die solche Bücher verfassten, nannte man Thomisten. Spätestens seit der Aufklärung hatte Thomas dann die Rolle des mittelalterlichen Denkers, der sich gegen jede Modernisierung von Kirche und Gesellschaft stellt. Wer in der katholischen Kirche Karriere machen wollte, musste antimodern bzw. Thomist sein.

So verwundert es nicht, dass traditionell viele höchste kirchliche Würdenträger und Gelehrte aus aller Welt der Akademie angehören. Joseph Ratzinger war, bevor er zum Papst gewählt wurde, mehr als zwei Jahrzehnte lang Mitglied der Akademie. Außerdem die Kardinäle Camillo Ruini, langjähriger Vorsitzender der italienischen Bischofskonferenz, Christoph Schönborn, Erzbischof von Wien, oder Zenon Grocholewski, Präfekt der Vatikanischen Kongregation für das katholische Bildungswesen. Einige spätere Päpste, wie Johannes XXIII. oder Paul VI., haben hier ihr Doktorexamen in Philosophie abgelegt.

Um eine Mitgliedschaft kann man sich selbstredend nicht bewerben, sondern sie wird – wie bei päpstlichen Akademien üblich – in Abstimmung mit dem päpstlichen Staatssekretariat verliehen und man wird berufen. Die Mitglieder der Akademie sind im päpstlichen Jahrbuch unter den Mitgliedern des päpstlichen Hofes verzeichnet. Sie haben heute die Aufgabe, an den regelmäßig stattfindenden Disputationen der Akademie in einer in den Vatikanischen

Gärten gelegenen päpstlichen Sommerresidenz teilzunehmen und ihre Redebeiträge in Form von wissenschaftlichen Aufsätzen in der Zeitschrift *Doctor Communis*, dem Publikationsorgan der Akademie, zu veröffentlichen.

Der für Rom typische, in seinem tiefen Blau genauso unermessliche wie unendlich leere Spätsommerhimmel wurde von keiner Wolke getrübt, als ich den Palazzo durch ein imposantes doppelflügliges Tor und einen mehrstöckigen Säulenhof aus Rundbogenarkaden erstmals betrat, um dort im Rahmen des alle zehn Jahre stattfindenden Internationalen Thomistenkongresses in die Akademie aufgenommen zu werden. An meiner Seite war mein Partner, der mit nach Rom gekommen war, weil er wusste, wie viel mir diese Ernennung bedeutete. Begleitet wurden wir von zwei deutschen Geistlichen aus dem Dominikanerorden, einer davon ein guter Bekannter, mit dem mich nicht nur bis heute eine tiefe Freundschaft, sondern auch das Interesse an der wissenschaftlichen Auseinandersetzung mit Thomas von Aquin verbindet.

Er hatte auch dafür gesorgt, dass mein Partner und ich während des Thomistenkongresses im altehrwürdigen Generalat der Predigerbrüder, dem Hauptsitz des Dominikanerordens, bei der antiken Basilika S. Sabina auf dem Aventin übernachten konnten. Eine Ehre, die Laien sonst verwehrt und auch für Mitglieder des Ordens nicht leicht zu erreichen ist. Von dort oben, wo es das ganze Jahr über nach Zitronen und Pinien duftet und nur das Rauschen eines antiken Brunnens die Stille durchbricht, hat man den schönsten Blick über die ganze Stadt, bis zur berühmten Kuppel von St. Peter. Der Dominikaner Thomas von Aquin selbst lebte im 13. Jahrhundert im Konvent seines Ordens auf dem Aventino und wirkte dort als Professor. Hier begann er auch die Arbeit an seinem berühmtesten Werk, der *Summa theologica*.

Der General des Ordens, der Argentinier Carlos Azpiroz Costa, begrüßte uns äußerst freundlich und zuvorkommend. Unser Zusammenleben mit der dort tätigen Ordensgemeinschaft gestaltete sich sehr angenehm und locker, auch wenn man meinem Freund und mir zur Aufrechterhaltung des anständigen Scheins zwei Gästezimmer zugewiesen hatte. Mit dem für die Römer so typischen Sinn für pragmatische Lösungen lagen diese – obwohl in dem riesigen Haus sicher noch weitere Zellen frei gewesen wären – genau nebeneinander, und der Flur war sehr still.

In dieser reinen Männerkommunität, die für sich selbst nichts anderes kennt, als dass Männer zusammenleben und sich mit eigentlich der Erotik entstammenden, aber über die Jahrhunderte institutionalisierten Gesten ihren gegenseitigen Respekt zeigen, zum Beispiel durch den Friedenskuss oder Pax, fielen wir im Übrigen als Männerpaar nicht weiter auf.

Am letzten Tag des Kongresses, an dem ich bereits als Chairperson, also als eine Art Moderator der philosophisch-anthropologischen Sitzungen, sowie als Referent teilgenommen hatte, fanden schließlich die Ernennung der neuen Professoren und die Übergabe der Urkunden statt. Als Ort für die Feierlichkeiten hatte man die berühmte Sala dei Cento Giorni gewählt, die auch kunstgeschichtlich äußerst interessant ist, da der Künstler Giorgio Vasari sie auf Befehl des bereits im Alter von vierzehn Jahren zum Kardinal erhobenen Alessandro Farnese innerhalb von nur hundert Tagen vollständig mit Fresken ausmalen musste.

Die vom Heiligen Stuhl angekündigte Teilnahme Papst Johannes Pauls II. an dem feierlichen Ereignis musste aufgrund des damals bereits angegriffenen Gesundheitszustandes des Heiligen Vaters kurzfristig abgesagt werden. Als Stellvertreter schickte er den französischen Kurienkardinal Paul Poupard, Präsident des päpstlichen Kulturrates. Er erschien erwartungsgemäß im eindrucksvollen Ornat eines Kardinals der römischen Kirche.

Nach dem Verlesen der päpstlichen Grußbotschaft und der von typisch französischer Feingeistigkeit geprägten Rede des Kardinals über den Humanismus im 21. Jahrhundert wurden die bereits vom Format her stark überdimensionierten Ernennungsurkunden überreicht. Ich war nicht nur der Jüngste der Ernannten, sondern auch einer der wenigen, bei denen der Präsident der Akademie, der spanische Dominikanergelehrte und Vertraute von Johannes Paul II., Abelardo Lobato, eine längere, überschwänglich lobende Begründung für die Ernennung vortrug. Anschließend umarmte er mich mit deutlichem Nachdruck. Lobato erwähnte besonders die Tatsache, dass ich die lange unterbrochene Tradition wieder aufgenommen hatte, eine kommentierte Bibliographie der gesamten Thomasliteratur zu erstellen und jährlich zu publizieren. Daneben hatte ich aber auch schon eine ganze Reihe von mehr populären Einführungen in die Philosophie und Theologie des Thomas verfasst, darunter ein kleines Büchlein, in dem ich zeigte, dass bereits Thomas ein Anhänger der alten Liturgie war. Der Nachweis war nicht sonderlich schwer zu führen, da es zur Zeit des Thomas nur diese Liturgie gab, dennoch erfreut sich das ebenfalls in französischer und englischer Sprache erschienene Büchlein auch bei hohen Kirchenfürsten im Vatikan bis heute besonderer Beliebtheit.

Während der Rede Lobatos erinnerte ich mich bruchstückhaft an einige Sätze Werner Bergengruens aus seinem häufig aufgelegten *Römischen Erinnerungsbuch*, das ich zur Vorbereitung unserer Romreise gelesen hatte: »Wir kommen nach Rom mit großen, ja ungeheuerlichen Erwartungen und finden uns, was auf der Welt selten geschieht, nicht betrogen. Wir betreten Rom in einer erhöhten Verfassung des Gemüts, wie keine andere Stadt des Erdkreises sie unserer Natur abzunötigen vermöchte, und etwas von dieser Verfassung wird uns für immer zurückbleiben.«[33]

Später hängte ich die Ernennungsurkunde in einem goldenen Rahmen über meinen Schreibtisch, um in mir jene »erhöhte Verfassung des Gemüts« immer wieder neu zu erwecken.

Darüber, dass auch bei diesem Ereignis mein Lebenspartner an meiner Seite war, schaute man souverän hinweg, oder man tat so, als wäre unser gemeinsamer Auftritt das Normalste von der Welt. Jedenfalls wurde uns nie der Eindruck vermittelt, dass es irgendjemanden störte.

Offiziell war mein Partner in S. Sabina als Mitglied des Dritten Ordens, der Laienabteilung der Dominikaner, gemeldet worden, und in den seltenen Fällen, in denen jemand genauer nachfragte, gab ich ihn als meinen Cousin aus. Letzteres bewährte sich so sehr, dass ich fortan häufiger davon Gebrauch machte.

Oftmals verrieten Gesten oder Blicke meiner Gesprächspartner, dass sie durchaus bemerkt hatten, dass der Mann, der mich begleitete, sich bei Veranstaltungen äußerst fürsorglich um mich kümmerte und im Übrigen keinerlei Kennzeichen eines verwandtschaftlichen Verhältnisses aufwies, dass dieser Mann mit mir zusammenlebte und keineswegs mein Cousin war. Dennoch gab man sich mit der Erklärung zufrieden. Nach außen hin wurde dadurch der notwendige Schein gewahrt. Die Illusion der katholischen Märchenwelt, nach der es im Reich Gottes nur Heterosexuelle und Priester gibt, blieb unangetastet.

Das Wissen von dem, was nie ausgesprochen wurde, verschaffte den willig Getäuschten aber einen Vorteil, von dem in den nächsten Kapiteln noch die Rede sein wird.

---

[33] Werner Bergengruen: *Römisches Erinnerungsbuch*, Freiburg /Br. 1949, S. 1

Originell ist die Idee, ein verwandtschaftliches oder anderweitig »unverdächtiges« Verhältnis vorzutäuschen, freilich nicht: Immer wieder habe ich Priester und auch Laien kennengelernt, die sich mit dieser Methode sehr erfolgreich durchs Leben schlugen. Geliebte werden da in der Öffentlichkeit als Schwestern oder Pfarrhaushälterinnen, bei an der Universität tätigen Klerikern auch als Sekretärinnen vorgestellt. Eine lesbische katholische Religionslehrerin erklärte die Wohngemeinschaft mit ihrer Partnerin kurzerhand zu einer Art Kloster und konnte so im Schuldienst Karriere machen. Ein Priester gab seinen wesentlich jüngeren Partner, der ihn jedes Wochenende im Pfarrhaus besuchte, als seinen Neffen aus. In der Öffentlichkeit und bei den Kontrollinstanzen der Kirche gibt man sich mit dem so erzeugten äußeren Schein meist zufrieden und beruft sich sehr bequem auf das neue Kirchenrecht von 1983, wo es heißt: »Niemand darf ... das Recht einer Person auf den Schutz der eigenen Intimsphäre verletzen.«[34]

Später erfuhr ich von dem niederländischen Thomisten und Philosophieprofessor Leo Elders, dass es im Vorfeld des Kongresses offensichtlich Bedenken gegen meine Ernennung gegeben hatte. Begründet wurden diese mit meinem viel zu jugendlichen Alter – ich war damals zweiunddreißig – und meinem Status als unverheirateter Laie.

Interessanterweise war einer derjenigen, die Bedenken geäußert hatten, ein dem konservativen Katholizismus zuzurechnender, in Rom lehrender älterer Professor. Wir kannten uns schon, und so hatten wir auch während der ersten Tage des Thomistenkongresses einige längere Gespräche geführt. Dabei hatte er mich immer mit einer devot-aufdringlichen, unterwürfigen Freundlichkeit behandelt. Nicht nur ich hatte den Eindruck gewonnen, dass

---

[34] *Codex Iuris Cononici*, Canon 220

er, ebenfalls Laie und unverheiratet, zumindest homophil veranlagt war. Später fiel mir freilich auf, dass er, wenn wir uns zufällig begegneten oder von weitem sahen, stets die Flucht ergriff. Je mehr ich über die Sache nachdachte, desto mehr verdichtete sich bei mir die Vermutung, dass das äußerst seltsame Verhalten des älteren Herrn, das auch anderen auffiel, auf eine verdrängte homosexuelle Neigung zurückzuführen sein könnte.

Abgesehen von diesen erfolglosen Interventionen im Vorfeld meiner Berufung in die Akademie hatte ich den Eindruck, dass es damals gerade meine Jugendlichkeit war, die bei älteren Geistlichen gut ankam und die – neben meinen Verdiensten um den konservativen Katholizismus und dessen wissenschaftliche »Renovierung« mit Hilfe des Thomas von Aquin – zu meinem raschen Erfolg in diesen vatikanischen Kreisen ganz wesentlich beitrug.

Um Missverständnissen vorzubeugen, es ging hier nicht (wie in manchen Institutionen der katholischen Kirche seit vielen Jahrhunderten nicht unüblich) um Ämter, die man erst nach vorab erfolgter eindeutig sexueller Gegenleistung erhält. Vielmehr handelte es sich um eine allgemeine, auf meinem jugendlichen Auftreten und Aussehen basierende Sympathie, die manche Prälaten mir gegenüber empfanden und die ihre Bereitschaft erhöhte, mir zu bestimmten prestigeträchtigen Ämtern zu verhelfen.

So erinnere ich mich gut daran, wie mir einmal ein älteres Mitglied der Päpstlichen Thomas-Akademie zärtlich über die Wangen strich und mir überschwängliche Komplimente zu meinem Aussehen und meinem jugendlichen Alter machte. Überhaupt zeigte man mir immer wieder durch eindeutige Blicke, durch Umarmungen, Streicheln der Oberarme, übermäßig langes Festhalten meiner Hände, dass man nicht nur meine wissenschaftliche Arbeit, sondern auch meine Person sehr schätzte.

Nicht nur im Hinblick auf meine Karriere verschaffte mir meine Jugend damals gelegentlich unverhofft Vorteile. Einmal fuhr ich, da ich es zeitlich nicht anders einrichten konnte, direkt vom Fitnessstudio in eine bekannte Klosterbibliothek. Ich wollte nach älteren Büchern sehen, die dort mehrfach vorhanden waren und daher zum Verkauf angeboten wurden. Zeit zum Umziehen war nicht mehr gewesen, so dass ich in meinem Sport-Outfit in der Bibliothek auflaufen musste, was mir eher unangenehm war. Schnell gewann ich jedoch den Eindruck, dass dies beim Leiter der Bibliothek, einem älteren Pater und Freund der alten Liturgie, genau gegenteilig war. Er wollte allerlei Einzelheiten über das Bodybuilding wissen, schaute sich meine Oberarme und Waden genau an und kommentierte mit Worten, die eher in einen Softporno als in eine Klosterbibliothek gepasst hätten, deren Ausbildung sowie meine Turnschuh- und Sockenmarke. Der Pater war mir nicht sehr sympathisch, die Sache daher etwas peinlich, also zog ich mich schnell zu den Dublettenregalen zurück, wo ich auch fündig wurde. Zwei Kisten seltener Bücher, die ich schon lange gesucht hatte, waren die Ausbeute, mit der ich in die Preisverhandlungen ging. Zu meinem großen Erstaunen bestand der Pater dann jedoch darauf, sie mir allesamt zu schenken.

Sieht man einmal von diesem Fall ab, in dem schließlich aber doch die von mir gezogenen Grenzen respektiert wurden, muss ich zur Ehrenrettung dieser Priester sagen, dass sie sich mir gegenüber insgesamt sehr nobel verhielten. Was sie taten, geschah liebevoll und niemals aufdringlich oder in einer Weise, die mir unangenehm war.

Dieses Phänomen einer auf Äußerlichkeiten beruhenden Bevorzugung sollte mir in den nächsten Jahren häufiger begegnen, und noch heute werde ich daran erinnert, wenn sich die Klatschpresse über das Aussehen der Sekretäre hoher katholischer Würdenträger auslässt. So schrieb der Berliner *Tagesspiegel* am 22. August 2005 über Prälat Georg Gänswein, den Privatsekretär Papst Benedikts: »Italiens Frauenwelt ist hingerissen. Bunte Magazine präsentieren den Blonden mit den unwiderstehlich blauen Augen auf ihren Titelseiten; sie nennen ihn den ›George Clooney der katholischen Kirche‹ und finden ihn ›faszinierender als Hugh Grant‹. Sogar die ›Weltwoche‹ aus der biederen Schweiz hält Gänswein für ›unbestritten den schönsten Mann im Talar, der je im Vatikan zu sehen war‹. Noch nie hat der Sekretär eines Papstes so eine Aufmerksamkeit erregt wie Georg Gänswein: sportlich, aktiver Tennisspieler und Skifahrer – Gran Sasso eben statt Feldberg –, schlank, hochgewachsen, ein Freund guten Essens und ein ungezwungener, locker plaudernder Tischgenosse auf stimmungsvollen Plätzen der römischen Altstadt. Vor drei Wochen ist Gänswein 49 Jahre alt geworden, aber er sieht jünger aus – schon gar nicht so verkniffen und grau wie sein Vorgänger Stanislaw Dziwisz, den das auf ›bella figura‹ bedachte Rom 26 Jahre lang als Privatsekretär von Johannes Paul II. zu ertragen hatte.«

Revisionistischer Thomismus als gefahrlose Alternative

Im Laufe meiner akademischen Beschäftigung mit Thomas von Aquin bin ich mit sehr vielen Männern (und einigen wenigen Frauen) in Kontakt gekommen, die sich für das Denken des Thomas von Aquin begeisterten. Und nicht wenige dieser Männer waren, wie ich bei näherer Bekanntschaft feststellte, ebenfalls schwul.

Lediglich einer der bekannten Thomisten hat es jedoch gewagt, auch öffentlich dazu zu stehen: Mark D. Jordan, vielleicht der begabteste unter den amerikanischen Thomasforschern. Jordan hatte allerdings, im Unterschied zu den vielen Thomisten aus dem Klerikerstand, den Vorteil, dass er diesen Schritt tun konnte, ohne ein ökonomisches Risiko einzugehen. Ursprünglich aus dem konservativen Milieu kommend und noch beschäftigt am Institut für mittelalterliche Philosophie der katholischen University of Notre Dame in Indiana, hatte er zur Zeit seines Outings bereits einen Lehrstuhl an einer konfessionell nicht gebundenen Universität in Aussicht. Hier konnten ihm seine Veranlagung und sein Plädoyer für eine grundlegende Richtungsänderung der katholischen Kirche im Hinblick auf die Homosexualität nicht schaden. Heute hat Jordan den äußerst prestigeträchtigen und hochdotierten Richard Reinhold Niebuhr Chair an der Harvard Divinity School inne, wo er nach wie vor Kurse in thomistischer Philosophie gibt.

Jeder, der sich ein wenig in der Geistesgeschichte auskennt, wird sich fragen, warum es gerade der mittelalterliche Denker Thomas von Aquin ist, der auch für viele Homosexuelle zur denkerischen Leitfigur wird. Ausgerechnet jener Theologe, der nicht nur für seine von Aristoteles übernommene Frauenfeindlichkeit bekannt ist, sondern dessen Naturrechtslehre in Diskussionen mit kirchlichen Würdenträgern immer wieder als Argument gegen die Forderung einer Gleichberechtigung homosexueller Menschen herhalten muss. Der mit dem Prinzip »Je unnatürlicher, desto schwerer die Sünde«[35] dafür verantwortlich ist, dass ab dem 13. Jahrhundert die »Sünde Sodoms« nicht mehr nur eine von vielen Verfehlungen des Sexuallebens darstellte, sondern in der katholischen Kirche zur schlimmsten aller

---

[35] Zitiert nach: Josef Fuchs: *Die Sexualethik des hl. Thomas von Aquin*, Köln 1949, S. 158

»Unzuchtssünden« aufgewertet wurde. Zu einer Todsünde, die vom Staat auch mit der Todesstrafe geahndet werden sollte. Die berühmte *Peinliche Gerichtsordnung* schrieb diesen Vorschlag, den man schon zuvor befolgt hatte, im 16. Jahrhundert juristisch fest.

Bei mir persönlich hatte die Faszination für Thomas zunächst etwas mit der Exklusivität zu tun, die die Beschäftigung mit diesem Theologen bedeutete. In der deutschen Universitätstheologie und auch in der Philosophie war er lange Zeit vernachlässigt und missachtet worden, nachdem man ihn zuvor jahrhundertelang künstlich gefördert hatte. Als Elftklässler verstand ich noch nicht viel von den mittelalterlichen Fragestellungen seiner Werke. Aber es gefiel mir, dass ich wegen dieses Hobbys von meinen Mitschülern als etwas außergewöhnliche Person und von den Lehrern mit einem gewissen misstrauischen Respekt angesehen wurde. Nach dem Abitur und während meines Studiums blieben die Werke des Thomas dennoch meist unberührt in meinem Bücherschrank liegen. Auch in meiner Doktorarbeit, die sich vor allem mit der neuzeitlichen Theologie beschäftigte, spielten sie keine große Rolle.

Erst ein Gespräch mit der Philosophin Alma von Stockhausen brachte hier eine Wende. Kurz nach meiner Dissertation besuchte ich im Jahr 1999 auf ihre Einladung hin die Gustav-Siewerth-Akademie im Schwarzwald, um dort einen Vortrag über Karl Rahner zu halten. Ich war der Einladung gerne gefolgt. Alles, was in diesem Milieu Rang und Namen hat, konnte die Baronin von Stockhausen in den letzten zwanzig Jahren an ihre Hochschule holen. 1988 von dem damaligen Kardinal Ratzinger und ihr gegründet, erfreut sich die Akademie bis zum heutigen Tag des Wohlwollens hoher Kirchenfürsten konservativer Couleur.

Am Rande sei erwähnt, dass die Eröffnungsmesse zur Akademiegründung von den beiden Geistlichen Bischof

Krenn und Marcial Maciel gefeiert worden war. Krenn musste 2004 nach einem Sexskandal in seinem Priesterseminar vom Bischofsamt zurücktreten; Pater Maciel, der Gründer der konservativen Priestervereinigung »Legionäre Christi«, wurde 2006 vom Vatikan zum Rückzug aus der kirchlichen Öffentlichkeit verpflichtet, nachdem bekannt geworden war, dass er sich über viele Jahre des sexuellen Missbrauchs von Kindern schuldig gemacht hatte. Diese Anschuldigungen waren schon Jahrzehnte zuvor bis in den Vatikan vorgedrungen, dieser hatte dazu jedoch beharrlich geschwiegen und dem konservativen Pater so einen Freibrief für weitere Untaten ausgestellt. Ebenfalls interessant ist die Verbindung der Akademie zu den bereits erwähnten Visionen von Heroldsbach: An der dortigen Wallfahrtsstätte wirkt Pater Dietrich von Stockhausen, der Bruder von Alma von Stockhausen, als Seelsorger.

Es war unsere erste Begegnung, und die adlige Philosophin machte durchaus Eindruck auf mich: Obgleich äußerlich eher unscheinbar, herrschte sie unter lauter Männern in ihrer Akademie wie eine charismatische Königin oder große Mutter. Die Kleriker, mit denen sie sich umgeben hatte, waren ebenso wie die Studierenden ihr gegenüber von unterwürfiger Ergebenheit.

Am Abend vor dem Vortragstag empfing sie die Referenten im großen Kaminzimmer der Akademie. Ein aus Polen stammender Pater, ihr Stellvertreter und Seelsorger der Akademie, hatte die Aufgabe, den Gästen teuren Rosé-Wein zu servieren – eine kleine Entschädigung dafür, dass den referierenden Gästen kein Honorar gezahlt wurde.

In dem langen Gespräch, dessen Fäden die Baronin von ihrem zentral platzierten, herrschaftlichen Sessel aus stets in der Hand behielt, ging es vor allem um die geistige Dürftigkeit, die gerade im traditionell-katholischen Lager herrsche. Auch ich hatte bereits die Erfahrung dieses Bildungsdefizits machen müssen. Nicht nur in Gesprächen mit Dozenten und Studenten in Zaitzkofen und St. Pölten, auch in den Fragestunden im Anschluss an Vorträge war ich immer wieder erstaunt, welch eindimensionales, dumpfes Denken hier vorherrschte. Wissenschaftlichkeit galt als verdächtig, da sie angeblich von der Frömmigkeit und vom Gebet ablenkte und immer die Gefahr von Kritik und Ketzerei heraufbeschwor. Ein Dozent, der an einem dieser Priesterseminare lehrte, erklärte mir gegenüber einmal: »Die Frommen sind dumm und die Intelligenten leider nicht fromm.« So schade er es finde, aber da sei ihm die erste Variante lieber.

Praktisch die ganze deutschsprachige wissenschaftliche Theologie bzw. alle wichtigen deutschen Universitätslehrstühle für Theologie seien fest in progressistischer, papstkritischer bis papstfeindlicher Hand, klagte man im Kaminzimmer. Dafür habe der Rahner-Schüler Karl Lehmann, der damalige Vorsitzende der Deutschen Bischofskonferenz, schon gesorgt. Ähnlich sehe es in den philosophischen Fakultäten aus, die für ein sinnvolles Theologiestudium unerlässlich seien. So sei die dringend notwendige geistige Gegenrevolution in Kirche und Gesellschaft kaum zu gewinnen.

Alma von Stockhausen blickte mich durchdringend an, als sie ihr Fazit zog: Dringender als jemals zuvor brauche es junge, geisteskräftige Gelehrte, die die großen Philosophen und Theologen, allen voran Thomas von Aquin, wiederentdeckten. In eine ähnliche Richtung bestärkte mich der polnische Pater während eines langen Spaziergangs durch den Schwarzwald.

Seine Worte und die der Baronin verfehlten ihre Wirkung auf mich nicht. Die mir vermittelte Vorstellung, dass ich für diese Aufgabe gleichsam von einer höheren Macht und zum Wohle der Kirche ausersehen sei, spornte mich an. Wieder zu Hause in Köln kramte ich die verstaubten Werke des Aquinaten hervor und war zunächst tief beeindruckt von der hohen Geistigkeit, mit der er schrieb.

Mehrere Aspekte scheinen mir aufgrund eigener Erfahrungen und zahlreicher Gespräche mit anderen Thomisten wichtig, um die Begeisterung für Thomas zu erklären: Zunächst findet man hier eine geistige Sphäre vor, die durch ihre vornehme Intellektualität einen echten Gegensatz zum konservativ-katholischen Milieu mit seiner Angst vor jeder Anstrengung des Denkens darstellt. Die ruhige Sachlichkeit seines Argumentierens hat so gar nichts mit der Polemik und der Flucht in esoterisches Gedankengut zu tun, die man bei konservativ-katholischen Menschen so häufig beobachten kann.

Zugleich birgt der Thomismus als Alternative zur intellektuellen Anspruchslosigkeit vieler Traditionalisten keinerlei Gefahr, erfreut sich doch die Berufung auf Thomas von Aquin innerhalb dieser Kreise größter Beliebtheit. Schließlich waren es gerade die vorkonziliaren Päpste, die dessen Bedeutung stets unterstrichen hatten. Immer wieder hörte ich von konservativen Katholiken einen Spruch, der auf Papst Pius X. zurückgeht: »Die wirkungsvollste geistige Waffe gegen den Modernismus ist die Philosophie des Thomas von Aquin.« Dass Thomas in seiner Zeit einer der modernsten, revolutionärsten Theologen war, klammert man dabei – nach dem Vorbild der Päpste der pianischen Epoche – völlig aus.

Doch nun zurück zur Frage, ob es einen Zusammenhang zwischen Homosexualität und der Vorliebe für den Thomismus gibt. Ich glaube heute, dass sich diese Frage mit einem eindeutigen Ja beantworten lässt.

Die Art, wie der Aquinate denkt, kommt vielen homosexuellen Thomisten persönlich zustatten. Seine gesamte Philosophie und Theologie sind konsequent objektivistisch und selbstvergessen. Er theologisiert niemals »von unten«, vom Menschen, sondern immer »von oben«, von Gott und der Offenbarung her. Im Gegensatz zu anderen Theologen der Kirchengeschichte spielen seine Person und seine Individualität in seinem Werk keine Rolle. Ein Genre wie die berühmten *Confessiones* des antiken Kirchenvaters Augustinus, wo dieser von den Sünden seines Jugendlebens berichtet, ist Thomas' Art zu schreiben zutiefst entgegengesetzt. Vergeblich sucht man in seinen Büchern nach religiösen Gefühlen, Frömmigkeit, Zweifeln oder Sünden des Autors. Das dürfte auch der Grund sein, warum man Thomas wenige Jahre nach seinem Tod im Jahr 1274 problemlos zum Heiligsten aller Theologen, zum »Doctor Angelicus« oder engelgleichen Lehrer hochstilisieren konnte. Das Subjekt, der Theologe selbst und sein Privatleben, bleiben im Thomismus völlig ausgeblendet. Typisch dafür ist der thomistische Grundsatz: »Die Sache muss sprechen, nicht die Person.«

In einem durch eine derartige Prämisse strukturierten System kann man als homosexueller katholischer Theologe ohne Probleme denkerisch heimisch werden, ohne sich als Schwuler zurücknehmen zu müssen – und umgekehrt. So findet hier das Doppelleben vieler schwuler Theologen gewissermaßen seine mit höchsten Weihen ausgestattete programmatische Verankerung.

Da wären dann nur noch die unzweideutigen Aussagen des Thomas zur »Sünde Sodoms«, wie er in typisch mittelalterlicher Sprache die Homosexualität nennt. Je mehr man sich selbst als Thomist versteht und auch so von anderen tituliert wird, desto mehr Gedanken macht man sich natürlich über diesen Widerspruch.

Aber auch hierfür findet sich eine mit dem klassischen Thomismus vereinbare Erklärung: Man muss, wie bei allen großen religiösen Schriften, im Denken des Thomas zwischen den substantiellen Leitmotiven und Nachrangigem unterscheiden. Wie es bei einem Haus tragende Grundmauern und Fundamente gibt, die man nicht einfach einreißen kann, ohne das gesamte Gebäude zum Einsturz zu bringen, so gibt es auch im Denkgebäude des Thomas Grundvorstellungen, die fundamental sind. Zumeist beziehen sich diese einerseits auf strukturelle Eigenschaften des Denkens, z. B. die Zuordnung von Natur und Übernatur, von Philosophie und Theologie, Staat und Kirche, andererseits auf sein Bestreben, den Glauben mit der aktuellen Wissenschaft und dem profanen Denken in ein Gespräch zu bringen. Gerade in dieser Dialogbereitschaft erweist er sich für seine Zeit als revolutionär und originell und auch für unsere Zeit noch als aktuell.

Auf der anderen Seite steht das, was nachrangig ist. Es versteht sich von selbst, dass Thomas das Gespräch mit der Wissenschaft seiner Zeit führt und daher zu Schlussfolgerungen kommt, die auf das Konto der Irrtümer der damaligen Naturwissenschaften und des gesellschaftlichen Reglements gehen. Hier offenbart sich der wichtigste Denker der katholischen Kirche ganz als Kind seiner Zeit, des Hochmittelalters, sein Denken als geschichtlich bedingt und damit wandelbar.

Die so zustande gekommenen Theorien und deren juristische Konsequenzen sind für Thomas allerdings nur sekundär, und nie wäre er auf die Idee gekommen, ihnen überzeitliche Bedeutung zuzusprechen. Manches hat heute keinerlei Aktualität mehr. Auch die treuesten Thomasschüler werden heute nicht mehr wie Thomas behaupten wollen, die Frau sei lediglich ein missglückter Mann, der entstehe, wenn zum Zeitpunkt der Zeugung feuchtwarmes Wetter herrsche, weil dieses Klima das Sperma des Mannes schwäche. Dass sich die katholische Kirche dennoch in manchen Punkten, besonders jenen, die die Sexualität und die Rolle der Frau in der Kirche betreffen, krampfhaft an den daraus entstandenen Schlussfolgerungen festhält, steht auf einem anderen Blatt.

Gerade im Bereich der Anthropologie und damit auch der Moraltheologie ließe sich ein ganzes Buch mit ähnlichen Thesen Thomas von Aquins zusammenstellen, die für uns heute nur noch abstrus klingen, damals aber den neuesten Stand der Wissenschaft wiedergaben. Thomas' Vorstellungen zur Homosexualität – und zur Todesstrafe als angemessene Antwort darauf – wird man ebenfalls hier, beim Nachrangig-Zeitbedingten, einordnen müssen. Vor diesem Hintergrund wird es einsichtig, dass man denkerisch durchaus Thomist und zugleich schwul sein kann.

Gut frisiert für den Thomismus kämpfen

In die Zeit der Arbeit an meinem ersten größeren Thomas-Buch um das Jahr 2000 herum fällt auch ein Treffen mit dem damaligen vatikanischen Diplomaten und Professor Monsignore Rudolf Michael Schmitz. Ich hatte ihn auf einer theologischen Konferenz im Tagungshaus der Kölner Opus-Dei-Gemeinde St. Pantaleon, an der wir beide als Referenten teilnahmen, persönlich kennengelernt.

Der von Kardinal Ratzinger in Rom zum Priester geweihte Rheinländer Schmitz war nur einige Jahre älter als ich, hatte nach seinem Studium an der Päpstlichen Universität Gregoriana aber schon im Vatikan Karriere gemacht und dabei eine Fülle kirchlicher Ehrentitel gesammelt. »Attaché an einer Päpstlichen Nuntiatur« irgendwo im Osten Europas, »Cappellano di Sua Santità« (Päpstlicher Ehrenkaplan), »Kaplan des Souveränen Malteser-Ritterordens« und »Professor der Päpstlichen Theologenakademie« – das sind nur einige der Titel, mit denen er sich schmücken durfte. Selbst jenen, die von diesem Schmuck nichts wissen konnten, war, wenn er auftrat, sofort bewusst, dass sie es hier mit einer besonderen Persönlichkeit zu tun hatten. Einer Priesterpersönlichkeit, die die ganze Tradition klerikaler Eitelkeiten mit einem ungebrochenen Selbstbewusstsein und großer Stilsicherheit verkörperte.

Rudolf Michael Schmitz war damals gerade Mitglied des überdimensional kostümierten »Instituts Christus König und Hoherpriester« geworden, einer kleinen Ordensgemeinschaft, die die Crème de la Crème des Parfüm- und Operettentraditionalismus bildet. Von seiner Statur hochgewachsen, sah er immer aus, als wäre er gerade eben von Friseur und Visagist aufwändig gestylt worden. Dies fiel mir umso mehr auf, da ich gerade im traditionalistischen Lager auch immer wieder sehr ungepflegt wirkenden Geistlichen begegnet war.

Als Päpstlicher Ehrenkaplan hatte er nicht nur das besondere Recht auf ein eigenes Wappen, sondern, noch viel wichtiger, das Privileg, die schwarze Soutane mit violetter Paspelierung, violetten Knöpfen und einem auffällig breiten Gürtel aus violetter Seide zu tragen, die an das Bischofsamt erinnern sollten. Von diesem Recht machte er offenbar mit Genuss, aber auch mit großer Würde Gebrauch. Dazu führte er meistens gut sichtbar ein in Safianleder gebundenes lateinisches Manuale oder Brevier bei sich. Wenn er sich bewegte, lief er nicht einfach, sondern er durchschritt den Raum, als wäre er das Zentrum einer religiösen Prozession oder eines monarchistischen Rituals. Mit seiner sonoren Tenorstimme und einer ungewöhnlich vornehmen, teilweise auch etwas antiquierten und exaltierten Sprache wurden seine Vorträge zu Inszenierungen, die ein Aroma von Heiligkeit und Tradition verströmten und so die Zuhörer begeisterten.

»Ich habe zwar vieles nicht verstanden, was er gesagt

hat, aber ich komme immer viel frommer aus seinen Vorträgen und habe das Gefühl, dass es so schön ist, katholisch zu sein«, meinte einmal eine ältere Dame des Opus Dei zu mir.

Kurzum, er war wie eine Verkörperung des von Felix Krull bewunderten geistlichen Rates Chateau in Thomas Manns gleichnamigem Roman: »… ein eleganter Priester, welcher den Adel und Glanz seiner Kirche persönlich aufs überzeugendste vertrat und zur Anschauung brachte.« In dieser Hinsicht kann Rudolf Michael Schmitz geradezu als beispielhaft dafür gelten, wie die meisten traditionell katholischen Geistlichen gerne wären.

So wie Chateau die Sympathie erwiderte, die Krull für ihn empfand, verstanden Schmitz und ich uns von Anfang an gut. Die wechselseitige Sympathie wurde durch eine Begegnung während einer vom »Internationalen Zentrum für liturgische Studien« im Herbst 2000 veranstalteten Tagung in der Eremitage des Schlosses von Versailles noch verstärkt, auf der wir beide zur Bedeutung der klassischen Liturgie referierten.

Kurz darauf lud mich der Päpstliche Ehrenkaplan in das Ferienhaus seiner Eltern im Westerwald ein. Während meines Besuchs dort entstand die Idee zur Gründung des thomistischen Jahrbuchs *Doctor Angelicus*. Eine Zeitschrift sollte entstehen, die das Studium der Werke des Thomas von Aquin und seiner großen Schüler vor allem im deutschen Sprachraum, aber in enger Verbindung mit konservativen Kräften innerhalb des Vatikans propagierte.

Die damals entworfene Idee wurde 2001 Realität und machte im katholischen Deutschland ein wenig Furore, da es solch eine Zeitschrift schon viele Jahrzehnte hier nicht mehr gegeben hatte und sie sogleich als wissenschaftliches Gegenprogramm zur Modernisierung von Theologie und Kirche aufgefasst wurde. So urteilte das *Lexikon philoso-*

phischer Grundbegriffe der Theologie zwei Jahre später nicht ganz unzutreffend: »Jüngste Bemühungen im deutschen Sprachraum, über das seit 2001 erscheinende thomistische Jahrbuch ›Doctor Angelicus‹ einen Thomismus zu etablieren, der sich ausdrücklich gegen Brückenschläge zur modernen Philosophie richtet, scheinen primär revisionistische Intentionen gegen zeitgenössische Theologien zu leiten.«[36] Später, als er in den USA Generalvikar des »Instituts Christus König und Hoherpriester« geworden war, musste Schmitz seine Mitarbeit einstellen, doch die Zusammenarbeit mit ihm in den ersten Jahren des Jahrbuches war im Hinblick auf die internationalen Kontakte, besonders in den Vatikan, äußerst hilfreich für mich.

Schließlich sei noch ein Ereignis erwähnt, das mir deutlich machte, dass wir – so unterschiedlich sich unser Auftreten und Privatleben gestalteten – gleichsam aus ähnlichem Holz geschnitzt waren. Zur Feier der Jahrbuchidee hatte mich Schmitz zum Abendessen eingeladen. Wir waren mitten im tiefsten Westerwald, so dass ein Restaurant, das dem Anlass angemessen gewesen wäre und in dem sich der feine Geistliche zu Hause gefühlt hätte, praktisch nicht erreichbar war und wir mit einer Dorfkneipe vorliebnehmen mussten.

Der Päpstliche Ehrenprälat hatte sich nach allen Regeln kirchlicher Kleidungskunst in Schale geworfen, und als wir die Gastwirtschaft betraten, legte er nach seinem feierlichen Einzug, bei dem er den wenigen, perplex dreinschauenden Gästen zur Begrüßung huldvoll zugewinkt hatte, den weiten schwarzen Mantel, den er über der Soutane trug, ab. Er ließ sich mit einem leisen Stöhnen auf einem Stuhl nieder, streifte mit großer Geste die schwarzen Lederhandschuhe

---

[36] Albert Franz (Hrsg.): *Lexikon philosophischer Grundbegriffe der Theologie*, Freiburg/Br. 2003, S. 409

von seinen schmalen Händen, um dann mit theatralisch erhobener Hand und in einer Weise, als würde er »Der Herr sei mit euch« singen, mit seiner hohen, lauten Stimme durch den ganzen Gastraum zu rufen: »Herr Ober, die Karte bitte!«

Dem Publikum, das diese Aufführung zu sehen bekam, fehlte es aber an Gespür für solches Aroma der Heiligkeit. In unserer Nähe saßen schon etwas angetrunkene Landjugendliche, von denen sich einer daraufhin die Bemerkung nicht verkneifen konnte: »Was ist denn das für ’ne Tunte?« Die anderen lachten, ich nahm an, dass der Ausspruch nicht mir gegolten hatte, und Schmitz ignorierte die Bemerkung.

Um keinen falschen Eindruck zu erwecken: Ich fand die Bemerkung niveaulos – und unberechtigt sowieso. Andererseits war Schmitz keineswegs der einzige Kleriker, den ich während meiner mehr als zehn Jahre währenden Tätigkeit im Dienste der katholischen Kirche kennenlernte, dessen Verhalten geeignet war, bei schlichteren Gemütern solche oder ähnliche Äußerungen zu provozieren.

Polnische Freundschaften

Ein weiterer wichtiger Schritt bei meinem thomistischen Engagement war die Gründung der Deutschen Thomas-Gesellschaft im Jahr 2003. Die Anregung dazu kam von Freunden aus Barcelona und Pamplona, die dort in Zusammenarbeit mit den jeweiligen Universitäten spanischsprachige Sektionen einer durch den Vatikan und den Dominikanerorden geförderten internationalen Thomas-Gesellschaft gegründet hatten.

Schnell konnte ich für die Idee den bereits erwähnten Dominikanerpater gewinnen, mit dem ich seit meiner

Studienzeit befreundet war und der meinen Partner und mich später nach Rom begleitete, um die Geschichte der Gründung der Gesellschaft auf dem Thomas-Kongress vorzustellen. Inzwischen war er zum Prior des Berliner Konvents gewählt und von Kardinal Sterzinski zum Akademikerseelsorger der Erzdiözese Berlin ernannt worden. So ergab es sich, dass er dort einige Interessenten für die Gründung der Thomas-Gesellschaft rekrutieren konnte und wir uns an den Karnevalstagen 2003 im Konvent St. Paulus zusammenfanden, um die Deutsche Thomas-Gesellschaft zu gründen. Den Vorsitz der Gesellschaft, die in den Folgejahren einige größere, auch international angelegte wissenschaftliche Projekte verwirklichen konnte, übernahmen der befreundete Pater und ich. Nachdem Schmitz in die USA gegangen war und am thomistischen Jahrbuch kein großes Interesse mehr hatte, wurde dieses zum offiziellen Publikationsorgan der Thomas-Gesellschaft. Mit der Gestaltung und Betreuung der Internetseite sowie der Erstellung der Entwürfe für Werbeflyer und dergleichen wurde mein Partner, ebenfalls Gründungsmitglied der Gesellschaft, betraut. Sein Interesse an Thomas hielt sich in Grenzen, aber er übernahm diese ehrenamtliche Aufgabe mir zuliebe und aus Sympathie für den mit uns befreundeten Dominikanerpater.

Eine weitere Begegnung der frühen Jahre wirkte sich später auf meine wissenschaftliche Karriere positiv aus. Bei meinem ersten Besuch der Gustav-Siewerth-Akademie im Jahr 1998 hatte ich dort einen polnischen Priester kennengelernt, der damals Aussichten hatte, von Alma von Stockhausen zu ihrem Nachfolger an der Akademie aufgebaut zu werden. Wie der befreundete Dominikanerpater war auch er knapp zehn Jahre älter als ich, und auch wir verstanden uns auf Anhieb gut und blieben in Kontakt. Nach kaum durchschaubaren Streitigkeiten mit Alma von

Stockhausen – er hatte sich unter anderem erlaubt, auf juristische Unregelmäßigkeiten im Akademiebetrieb hinzuweisen –, musste er 2003 in einer Nacht-und-Nebel-Aktion die Akademie verlassen. Ein Jahr zuvor hatte er sich in Polen habilitiert, so dass es ihm gelang, schon kurz darauf Professor für Rechtsphilosophie an der Katholischen Universität Lublin zu werden.

Die 1918 gegründete Katholische Universität Lublin spielt in der katholischen Welt eine besondere Rolle: Nicht nur, dass hier der spätere Papst Johannes Paul II. viele Jahre Philosophieprofessor war. Während der Zeit der kommunistischen Herrschaft in Polen war diese Institution auch die einzige Hochschule im gesamten Ostblock, an der die kommunistische Staatsdoktrin nicht die ganze Ausbildung bestimmte.

Wenige Monate nachdem er Professor in Lublin geworden war, meldete sich der polnische Priester bei mir und schlug mir vor, mich an der Universität Lublin zu habilitieren. Er sei bereit, alles in seiner Macht Stehende zu tun, um mir zu einer theologischen oder philosophischen Habilitation zu verhelfen. Meine vielen wissenschaftlichen Arbeiten könne ich, zusammen mit meinem Buch über die Leitmotive des Thomismus, problemlos als Habilitationsschrift vorlegen. Schnell konnte er, nachdem ich »angebissen« und mich für die (im Nachhinein falsche) Fakultät entschieden hatte, einen mit ihm eng befreundeten katholischen Priester für die Sache gewinnen, der an der theologischen Fakultät Professor für Dogmatik war.

Für eine Habilitation in katholischer Theologie benötigt man ein Empfehlungsschreiben seines Bischofs, in dem dieser dem zu Habilitierenden einen in kirchlicher Hinsicht untadeligen Lebenswandel und Übereinstimmung mit der katholischen Doktrin bestätigt. Diese Voraussetzung steht zwar in deutlichem Widerspruch zum EU-Recht, ist aber im Kirchenrecht verankert. Viele europäische Staaten respektieren in diesem Punkt das Kirchenrecht, da sie es durch teils sehr alte Staatsverträge (Konkordate) mit dem Vatikan einmal zugestanden haben. In Deutschland wurde das entsprechende Konkordat 1933 zwischen NS-Deutschland und dem Vatikan geschlossen und bedeutete für die neuen Machthaber international einen enormen Prestigegewinn.

In meinem Fall war die nötige Instanz der Kölner Erzbischof Kardinal Meisner. Über Kardinal Scheffczyk, den ich von den Düsseldorfer Herrenabenden kannte und der seinen Kardinalskollegen kontaktierte, erreichte ich, dass mir diese Genehmigung innerhalb weniger Tage und offensichtlich ohne jede Prüfung erteilt wurde. Die erste entscheidende Hürde war genommen.

So anstrengend meine erste Reise im Februar 2004 in das tiefverschneite Lublin war, so herzlich wurde ich von den geistlichen Herren empfangen. Gleich am ersten Abend lernte ich die Trinkfreudigkeit polnischer Priester kennen, und wir duzten uns bereits nach wenigen Stunden. Ich konnte mich des Eindrucks nicht erwehren, dass der Mechanismus, der mir schon im Vatikan weitergeholfen hatte, auch hier funktionierte. Aufgrund persönlicher Beziehungen und der richtigen kirchenpolitischen Einstellung bekam ich alle Unterstützung, die ich mir nur wünschen konnte. Dieser Eindruck verstärkte sich noch, als die Sache immer konkreter wurde und der eigentliche Akt der Habilitation näherrückte.

Als erforderlichen nichtpolnischen Prüfer ernannte die Fakultät auf meinen Vorschlag hin einen in der Schweiz Dogmatik lehrenden Professor, der mir seit längerem gewogen war. Ich kannte ihn bis dahin als eher verschlossenen Menschen, der mir im persönlichen Gespräch nicht in die Augen sehen konnte und der, wenn ich ihn ansah, in ein seltsames Stottern verfiel. Bisweilen errötete er auch, ohne dass ich irgendeinen Grund dafür ausmachen konnte. Erst als wir am Abend vor der Habilitation bei einem ausgiebigen Abendessen in einem französischen Restaurant in Lublin zusammensaßen und der Wein ganz offensichtlich auch bei ihm seine Wirkung tat, erlebte ich einen ganz anderen, um es vorsichtig auszudrücken, sehr kommunikativen Mann.

Dass es vor allem diese Sympathie für meine Person und mein kirchenpolitisches Agieren waren, die mir in Lublin zum Erfolg verhalfen, und dass man auf meine Fähigkeiten als Wissenschaftler leider weniger Wert legte, wurde mir klar, als es um den zweiten Teil der Habilitation ging. Während des ersten Teils hatte ich eine Vorlesung zu halten, was mir keinerlei Probleme bereitete. Der zweite Teil der Prüfung stellt gewöhnlich die eigentliche Herausforderung einer Habilitation dar. Dann haben nämlich erst die Prüfer und anschließend die gesamte (ebenfalls ausschließlich von Klerikern besetzte) Fakultät das Recht, dem Prüfling Fragen zu stellen. Zu meiner Überraschung kamen mir sowohl die polnischen Prüfer als auch der Schweizer Professor unaufgefordert so weit entgegen, dass sie mir ihre Fragen vorher zumailten und ich die Antworten in aller Ruhe recherchieren und vorbereiten konnte.

Dieses Beispiel zeigt einmal mehr, wie lebenswichtig es für die Mitglieder der verschiedenen Lager innerhalb der katholischen Kirche ist, den entsprechenden Netzwerken anzugehören. Wer die »richtige« Einstellung hat und die »richtigen« Leute kennt, kann sich auf eine umfassende Förderung verlassen.

Homophobe Ritter

Wenige Monate nach meiner Habilitation reiste ich zusammen mit meinem Partner erneut nach Polen, diesmal in den berühmten Wallfahrtsort Tschenstochau. Zu Beginn des Jahres 2005 hatte mich der Schweizer Neurochirurg Charles Probst angeschrieben und mich gefragt, ob ich einer Berufung in den Ritterorden von Jasna Gora zustimmen würde. Man wolle damit meine Verdienste um die Fruchtbarmachung der Lehre des Thomas von Aquin in traditionell katholischen Kreisen auszeichnen.

Was dem durchschnittlichen Leser höchstens von Mittelalter-Weihnachtsmärkten oder vom Karneval vertraut sein dürfte, das spielt in der katholischen Kirche noch immer eine bedeutende Rolle: das Rittertum. Die Aufnahme in einen kirchlichen Ritterorden, zumal in einen der päpstlich anerkannten, dient im katholischen Milieu nach wie vor der Respektbezeugung. Man könnte diese im Mittelalter entstandenen Institutionen als vom Papst kontrollierte Netzwerke bezeichnen. Der Souveräne Malteser-Ritterorden zum Beispiel wurde im Laufe der Jahrhunderte so einflussreich und mächtig, dass er bis heute als ein eigenes nichtstaatliches Völkerrechtssubjekt anerkannt ist.

Der Jasna-Gora-Orden, für den Papst Johannes Paul II. 1998 die Schirmherrschaft übernahm, geht auf das Jahr 1643 zurück. Die Zahl der Mitglieder ist strikt auf zweiundsiebzig begrenzt, und es werden nur männliche Vertreter des wissenschaftlichen, kulturellen und gesellschaftlichen Lebens berufen. Dazu zählten im Jahr meines Eintritts der ehemalige polnische Staatspräsident Lech Wałęsa, Senatspräsident Stelmachówski, der Großneffe des Kaiserenkels Otto von Habsburg, Leonhard von Habsburg-Lothringen, sowie zahlreiche Universitätsrektoren, Industrielle, Mediziner aus allen europäischen Ländern.

Ich fühlte mich geschmeichelt und sagte zu. Das für den Ritterschlag erforderliche »Nihil obstat«, die Erlaubnis des Kölner Kardinals, erhielt ich auch diesmal ohne Probleme. So fand ich mich an einem Herbsttag des Jahres 2005 im barocken Festsaal des berühmten polnischen Heiligtums Jasna Gora in Tschenstochau vor den Stufen des Altares kniend wieder, wo ich in einer feierlichen Zeremonie zum Ritter geschlagen wurde. Ausgestattet mit den Ritterinsignien, einem weiten weißen, mit Wappen bestickten Mantel, goldener Ritterkette und einem Hut aus blauer Seide, ebenfalls mit dem goldenen Ritterwappen, zogen wir anschließend in feierlicher Prozession vor das Gnadenbild der Madonna von Tschenstochau, wo alle Ritter gemeinsam das »Salve Regina« sangen. In diesem erhebenden Augenblick konnte ich den ebenfalls homosexuellen Arndt von Bohlen und Halbach, den »letzten Krupp«, verstehen, der kurz vor seinem Tod alles darangesetzt hatte, auf seinem Schloss Blühnbach noch den katholischen Ritterschlag zu erhalten.

Die Aufzählung großer Namen aus dem habsburgischen Kaiserhaus und die feierliche lateinische Zeremonie erweckten bei mir zunächst den Eindruck, als handele es sich hier tatsächlich um Menschen vornehmer Intellektualität, wie es auch die vielen akademischen Titel nahelegten. Dass dies wiederum nur der heilige Schein war, bemerkte ich erst bei meinen Gesprächen mit den anderen Rittern. Die Thesen, unter anderem zur Homosexualität, die ich schon von den Herrenabenden kannte, bestimmten auch hier die Gespräche.

Einige Zeit später erfuhr ich zudem, dass Politiker und Sympathisanten der ultrarechten und extrem schwulenfeindlichen Partei »Liga Polnischer Familien« dem Ritterorden angehörten. Deren Repräsentanten forderten beispielsweise, dass Lehrer, die homosexuelle Lebensformen im Unterricht auch nur erwähnten, mit Geldstrafen belegt oder gar entlassen wurden. Ihre ersten »Erfolge« konnte die Partei mit Hilfe der Politik der Regierung Kaczyński sowie durch die Unterstützung militanter Schlägertrupps der »Allpolnischen Jugend« bei Straßenaktionen damals bereits verbuchen. Dies war für mich der entscheidende Auslöser, den Titel zwei Jahre nach dem Ritterschlag wieder zurückzugeben. Den Mut, diesen Schritt auch mit den wahren Ursachen zu begründen, hatte ich freilich damals noch nicht, sondern erklärte ihn mit Überlastung.

Allerdings muss es in meinem weiteren Umfeld jemanden gegeben haben, der von meinen wahren Gründen wusste und der Interesse daran hatte, sie öffentlich zu machen. Ich weiß bis heute nicht, wer der anonyme User war, der damals in dem Wikipedia-Artikel zu meiner Person nach der Erwähnung des Ritterschlages einfügte: »Rückgabe des Ehrentitels ›Ritter von Jasna Gora‹ im Juli 2007 aus Protest gegen den Konservativismus und die Homophobie bestimmter polnischer Politiker, die ebenfalls dem Ritterorden nahestehen.« Ein besonders eifriger Wikipedia-Autor sorgte dann aber sehr schnell dafür, dass der Einschub aus dem Beitrag gelöscht wurde und nur noch in der »Versionsgeschichte« nachzulesen ist.

Die Ritterinsignien, die sich für mich zum Symbol für eine gegen mich gerichtete Homophobie gewandelt hatten, verbannte ich in den Keller.

Kämpferische Rechtgläubigkeit

Im späten Frühjahr 2003 besuchte mich ein Priester, den ich auf einem der Herrenabende kennengelernt hatte, zu Hause. Der freundliche Pastor, der eine gewisse Ähnlichkeit mit dem von Heinz Rühmann gespielten Filmpater Brown hatte, kam im Auftrag der Fördergemeinschaft der katholischen Monatsschrift *Theologisches*.

Die 1970 von dem Paderborner Priester Wilhelm Schamoni gegründete Zeitschrift gilt seit vielen Jahren als wichtigstes und auflagenstärkstes Publikationsorgan konservativer katholischer Theologie im deutschsprachigen Raum. Finanziell und organisatorisch verwaltet wird die Zeitschrift von einer »Fördergemeinschaft«, der herausragende Persönlichkeiten aus dem traditionalistisch-katholischen Spektrum angehören. Unter ihnen sind, neben wichtigen Opus-Dei-Leuten, so unterschiedliche Theologen wie der Ratzinger-Schüler und Münsteraner Missionswissenschaftler Johannes Dörmann und der Frankfurter Adorno-Schüler Walter Hoeres. Was diese Männer verbindet, ist ihr Antimodernismus bzw. ihre mehr oder weniger stark ausgeprägte Ablehnung einer Öffnung von Kirche und Theologie zur Moderne.

Ebenso illuster liest sich die Liste der gegenwärtigen und ehemaligen Mitarbeiter: die Publizistin und Mitherausgeberin des *Rheinischen Merkur*, Christa Meves; die schon erwähnte Alma von Stockhausen; der Chefhistoriker des Vatikans, Professor Walter Brandmüller; Professor Johann Auer, der gemeinsam mit Joseph Ratzinger in den späten 70er Jahren ein Lehrbuch der Dogmatik verfasste; der durch seinen Geschichtsrevisionismus und seine antisemitischen Stereotypen bekannt gewordene Historiker Konrad Löw; der Bamberger Erzbischof Karl Braun; Bischof Kurt Krenn; die Weihbischöfe Andreas Laun und Max Ziegelbauer; der Schriftsteller Martin Mosebach; die international bekannten Theologen Scheffczyk, Dulles und Caffarra, die vom Papst für ihre Verdienste um eine konservative, romtreue Theologie zu Kardinälen erhoben wurden; der Präsident der Päpstlichen Theologenakademie, Antonio Piolanti; Professor Alfred Läpple, der einen prägenden Einfluss auf Ratzinger hatte.

Auch von den Kardinälen Meisner und Ratzinger wurden immer wieder Texte in *Theologisches* publiziert. Lange Zeit galt: Wer in dieser auch in vatikanischen Kreisen zahlreich abonnierten und sehr aufmerksam gelesenen Zeitschrift veröffentlichen durfte, hatte es im erzkatholischen Milieu zu etwas gebracht.

Unter der Herausgeberschaft von Monsignore Johannes Bökmann, den ich auf einem der Düsseldorfer Herrenabende kennengelernt hatte, begann man in den 90er Jahren, sich zunehmend bei politisch rechtsradikalen Kreisen anzudienen, was zu einem deutlichen Absinken der Abonnentenzahl führte. Der Effekt konnte allerdings durch zusätzliche Finanzspritzen des zahlungskräftigen Veranstalters der Herrenabende und anderer wohlhabender Mitglieder des Netzwerkes aufgefangen werden. Um die Auflage und damit auch die scheinbare ideologische Schlagkraft der Zeitschrift möglichst hoch zu halten, wurden Abbestellungen einfach nicht bearbeitet bzw. nichtzahlende Abonnenten weiter beliefert. Auch dort, wo es um Mitglieder-,

Abonnenten- und Mitarbeiterzahlen geht, wird im konservativen Milieu also der irreführende schöne Schein aufrechterhalten.

Die enormen Liebesbemühungen des Vatikans um die Protagonisten dieses Spektrums werden in der Öffentlichkeit immer mit dem bedeutenden quantitativen Anteil der konservativen Katholiken an der Gesamtkirche begründet. Dass zu repräsentativen Gottesdiensten und Kundgebungen der Traditionalistenbewegung deren Anhänger auf Kosten finanzkräftiger Spender aus ganz Europa zusammengekarrt werden, dass die Leser der verschiedensten traditionellen Zeitschriften sich aus »Solidaritätsgründen« oft alle theologisch konservativen Organe zuschicken lassen, ohne sie wirklich zu lesen, dass die Zahl der Autoren künstlich erhöht wird, indem diese unter mehreren Namen, teilweise auch unter Angabe nicht immer ganz einwandfrei erworbener, aber pompös klingender akademischer und kirchlicher Titel publizieren – all das wird weitgehend verschwiegen. So wird der Schein einer auch zahlenmäßig gewichtigen erzkonservativ-katholischen Front erweckt.

Und das mit Erfolg. Der kolumbianische Kardinal Hoyos argumentierte im Vorfeld der Aufhebung der Exkommunikation der Piusbruderschaftsbischöfe damit, diese hätten schließlich eine Anhängerschaft von etwa 600 000 äußerst engagierten Gläubigen. Seriöse Untersuchungen ergaben dann allerdings, dass die wirklich praktizierende Anhängerschaft der Bruderschaft nur aus etwa 150 000 Gläubigen besteht, was einem Anteil von weniger als 0,01 Prozent aller Katholiken entspricht!

Nach dem Tod Professor Bökmanns, den ich als frustrierten und von der Abneigung gegen jegliche Öffnung von Kirche und Gesellschaft zur Moderne getriebenen alten Mann erlebt hatte, übernahm der Kölner Monsignore Ulrich-Paul Lange kurz vor der Jahrtausendwende die Herausgeberschaft der Zeitschrift. Bei Lange paarte sich eine naive Unsicherheit im Umgang mit Menschen und wissenschaftlichen Inhalten einerseits mit einem ausgeprägten Starrsinn andererseits. Dass der Prälat dennoch dieses Amt übernehmen konnte, ist symptomatisch für die katastrophale Personalpolitik der katholischen Kirche: Fehlende wissenschaftliche und menschliche Kompetenz wird ausgeblendet, und man schaut nur darauf, dass der Betreffende kirchenpolitisch der Richtige ist, also in der erzkonservativen Ecke steht. Diese auch bei der Besetzung hoher Kirchenposten übliche Vorgehensweise führt zu jener Situation, die Heinz-Joachim Fischer am 29. Januar 2009 in der *Frankfurter Allgemeinen Zeitung* treffend beschrieben hat: »Oft sind unter Traditionalisten und in rechtskonservativen Bewegungen Frömmigkeit und religiöser Eifer höher als das theologische Niveau ihrer Führer.«

Wieder die Feigenblatt-Strategie

Unter Monsignore Lange sank das Niveau der Zeitschrift *Theologisches* innerhalb kürzester Zeit auf einen jämmerlichen intellektuellen Pegel, der selbst bei progressiv denkenden Theologen Mitleid auslöste. Über viele Spalten hinweg wurden gehässige und meist völlig abstrus argumentierende Leserbriefe publiziert. In Ermangelung ernstzunehmender Beiträge druckte Lange eigene Texte, die bereits vor Jahrzehnten zum ersten Mal erschienen waren, oder Neueres, was er als Leserbrief oder Kommentar in anderen extrem konservativen Blättern gefunden hatte. »Da steht nur noch Schmarrn drin«, brachte es mir gegenüber einmal ein hoher Augsburger Würdenträger auf den Punkt.

Nach einigen Jahren musste sich dies auch die Fördergemeinschaft eingestehen, und sie beschloss daraufhin, Lange irgendwie loszuwerden. Natürlich wollte man als Nachfolger unbedingt jemanden haben, der aus dem »Netzwerk« stammte, er sollte aber zugleich menschlich leichter handhabbar sein als der eigensinnige, über siebzig Jahre alte Monsignore.

So folgten im Jahr 2003 mehrere ausführliche Gespräche Kardinal Scheffczyks und des Philosophen Walter Hoeres mit mir. Sie drängten mich geradezu, als Langes Nachfolger bereitzustehen. Beiden hatte ich beruflich viel zu verdanken. Die Autorität des Kardinals sowie das energische Auftreten von Hoeres brachten mich schließlich dazu, mir die Sache zu überlegen und schon halb zuzusagen.

Nun hatte der genannte Priester den Auftrag, meine endgültige Zustimmung persönlich einzuholen. Bewusst hatte ich für unser Treffen keinen neutralen Ort vorgeschlagen, sondern ihn in meine Kölner Wohnung eingeladen, in der ich mit meinem Partner zusammenlebte. Nicht nur anhand des Klingelschildes war offensichtlich, dass hier keine traditionelle katholische Familie, bestehend aus Mann, Frau und acht zum Erhalt der katholischen Kirche gezeugten Kindern wohnte, sondern zwei männliche Personen, die sich auch ein Schlafzimmer teilten. Indem ich diesen privaten Rahmen wählte, wollte ich späteren Querelen oder Schnüffeleien der Fördergemeinschaft in meinem Privatleben vorbeugen. Später kam sogar mein Freund von der Arbeit zurück und erkundigte sich kurz, wann es Abendessen gebe. Aber all dies konnte meinen Besucher nicht erschüttern.

Es hatte sich wohl schon bis zu dem Pastor herumgesprochen, dass ich stets in Begleitung meines »Cousins« auftrat, und so bediente auch er sich des bewährten Feigenblattes. Dieses Feigenblatt war sogar so überzeugend, dass die Fördergemeinschaft später kein Problem damit hatte, in Ermangelung eines anderen geeigneten Mitarbeiters, meinen Freund mit der bezahlten Erstellung und Betreuung der Internetpräsenz sowie der Jahresregister der Zeitschrift zu betrauen.

Ich war überzeugt, dass damit ein Modus vivendi gefunden war, auf dessen Basis eine respektvolle und fruchtbare Zusammenarbeit möglich wäre. Schließlich waren mir, wie bereits erwähnt, mehrere Fälle bekannt, in denen man sich im katholischen Milieu bereitwillig solcher Feigenblätter bediente, um den heiligen Schein nicht anzutasten. Dass ein derartiges Versteckspiel den vermeintlich Getäuschten später als Mittel subtilen Zwangs dienen kann, war mir damals noch nicht bewusst.

Die Freundlichkeit des Pastors verstärkte sich noch, als er bemerkte, dass ich noch nicht ganz überzeugt war, die Herausgeberschaft wirklich zu übernehmen. Die Arbeitsbedingungen, die er mir skizzierte, klangen verlockend: Es sei Geld in Hülle und Fülle vorhanden, man habe im vorletzten Jahr einige größere Erbschaften gemacht, ja, man wisse gar nicht, wohin mit dem Geld, und fürchte jedes Jahr neu um den Status der Gemeinnützigkeit des Trägervereins, der eine ausgeglichene Bilanz von Ausgaben und Einnahmen erfordere. Ein Zustand, an dem sich im Übrigen bis heute nichts geändert hat. Die Erbschaften verstorbener Mitglieder des konservativen Milieus stellen – neben den Zuwendungen einiger Großfinanziers, die dafür auch die Richtung mitbestimmen – eine wichtige Quelle für die Finanzierung öffentlichkeitswirksamer Projekte wie Tagungen, Zeitschriften, Internetaktionen oder Annoncen in großen Tageszeitungen dar.

Ich bekäme also die Möglichkeit, größere und finanziell anspruchsvollere Projekte zu verwirklichen. Auch inhaltlich wurde mir freie Hand zugesagt; Aufgabe der Fördergemeinschaft sei es nur, die Gelder zu verwalten und dem Herausgeber beratend zur Seite zu stehen.

Der Gedanke, *Theologisches* wieder seinen alten Glanz zurückzugeben und ein – für den deutschen Sprachraum einmaliges – konservatives theologisches Organ mit Niveau herauszugeben, war es schließlich, der mich zu meiner Zustimmung veranlasste.

Ein neuer Wind bei *Theologisches*

Mein Amtsantritt verlief nicht ganz reibungslos. Im Juli 2003 schrieb mir mein Vorgänger: »Ich bin nicht nur der selbständige Redakteur und eigenständige Herausgeber der Zeitschrift gewesen, sondern bin nach wie vor der Inhaber als rechtmäßiger Nachfolger von Prof. Bökmann.« Das heißt, die Zeitschrift hatte auf einmal theoretisch zwei Herausgeber. So ging in der Fördergemeinschaft die Angst um, Lange könnte von seinen alten Rechten irgendwie Gebrauch machen. Dies besonders deshalb, weil es von Seiten der »Initiativkreise katholischer Laien und Priester«, einem eng mit den »Dienern Jesu und Mariens« zusammenarbeitenden Netzwerk, das im Bistum Augsburg sein Zentrum hat, deutliche Begehrlichkeiten gegeben hatte, die Zeitschrift mit Hilfe Langes über Umwege in die Zuständigkeit des eigenen Vereins zu bringen. Folglich beschloss man, »über einen Düsseldorfer Rechtsanwalt«, wie es im Geschäftsbericht des Jahres 2003 etwas verschleiernd heißt, den Markenschutz für die Zeitschrift zu erwirken, was eine Unmenge an Spendengeldern verschlang und, wie sich nachher herausstellte, völlig unsinnig war, da niemand den Versuch unternahm, den Namen der Zeitschrift für sich zu vereinnahmen.

Diese Vorgänge verweisen auf ein allgemeines Problem des konservativen Katholizismus: Die vielen kleineren, aber sehr aktiven Gruppen innerhalb des Milieus bemühen sich jede für sich um möglichst viel Einfluss innerhalb der Szene, um möglichst viele Spendengelder und um die Deutungshoheit über kirchenpolitische Vorgänge. Zu einer Zeit, als das Internet erst anfing, eine wichtige Rolle zu spielen, war es noch entscheidend, wer am Steuer der bedeutendsten theologischen Zeitschrift erzkatholischer Ausprägung saß.

Man bat mich, ein freundliches Editorial für die neue Nummer abzufassen, dem Monsignore darin herzlich zu danken und seinen angegriffenen Gesundheitszustand als Grund für seine Abdankung zu nennen. Von dem mehr oder weniger unfreiwilligen Rücktritt sollten die Leser möglichst nichts erfahren. Um deren Spendenfreudigkeit nicht zu gefährden und den Ruf der Zeitschrift und ihrer Mitarbeiter zu bewahren, musste unbedingt der Schein einer geordneten Übernahme aufrechterhalten werden.

Auch dies ist für die katholische Kirche ein ganz gewöhnlicher Vorgang: Will man oder muss man jemanden aus den eigenen Reihen loswerden, weil beispielsweise besonders schwerwiegende Fehler in der Öffentlichkeit bekannt geworden sind, so wird dessen Entlassung meist verschleiernd mit »gesundheitlichen Problemen«, einer Beförderung oder dem »Rückzug in ein Leben des Gebetes« erklärt.

Nur wenn sich der Betreffende stur stellt, wie etwa im Fall von Bischof Mixa, fährt man härtere Geschütze auf bzw. droht damit, diese aus dem reichen Archivmaterial hervorzukramen. So erklärte der Pressesprecher des Erzbistums München im Juni 2010 zu Mixas Rücknahme seines Rücktrittsangebotes, man sehe zu dessen eigenem Schutz davon ab, weitere Details, die ihn belasten würden, zu publizieren. Der dann folgende Hinweis auf seinen Rückzug »aus gesundheitlichen Gründen« wurde schon fast demagogisch verstärkt: »Wir wünschen ihm gute Besserung. Sein Aufenthalt in der psychiatrischen Klinik war ein wichtiger erster Schritt.«[37]

Zeitgleich mit der Verabschiedung Langes und der Übergabe der Herausgeberschaft an mich hatte die Fördergemeinschaft neue Mitglieder aufgenommen. Diese entstammten dem Netzwerk der Düsseldorfer Herrenabende. Die Herren hatten alle keinerlei Ahnung von Philosophie und Theologie, waren aber (kirchen-)politisch sehr engagiert. Einer von ihnen, der gleich ein Amt innerhalb der Fördergemeinschaft übernahm, las gern Heftchen, die von einem Sedisvakantisten-Verlag herausgegeben wurden und alle möglichen Verschwörungstheorien verbreiteten. Als seine inoffizielle Beraterin fungierte die Leiterin des evangelikalen und rechtskatholischen Gruppen nahestehenden Komm-Mit-Verlags, Felizitas Küble. Dieses Neumitglied war fest davon überzeugt, dass innerhalb der katholischen Kirche eine Verschwörung »gruppendynamischer Wühlarbeit« zugange sei, die den Priestern und Nonnen wider alle Realität einrede, dass sie sexuelle Bedürfnisse hätten. Mit »gruppendynamischer Wühlarbeit« meinte er offenbar moderne Methoden der Pastoralpsychologie, mit deren Hilfe sich Geistliche und Ordensschwestern ihrer Identität – auch in geschlechtlicher Hinsicht – im Sinne eines Reifungsprozesses stärker bewusst werden sollen. Ziel dieser Methoden ist genau das Gegenteil des Unmündighaltens, wie es in traditionellen Priesterseminaren praktiziert wird.

Dies alles habe, so dieser Netzwerker in einem Brief an die Mitglieder der Fördergemeinschaft, das Ziel, die Klöster aufzulösen und die Kirche in die »Synagoge Satans« zu verwandeln. Diese Wortwahl hätte mich stutzig machen können, sie fiel mir in ihrer ganzen Problematik aber erst

---

[37] Zitiert nach: »Mixa – im Fegefeuer der Eitelkeiten«, www.sueddeutsche.de vom 16. 6. 2010

einige Jahre später auf, als ich mit einem jüdischen Freund über antisemitische Sprachgewohnheiten in der katholischen Kirche diskutierte. Dabei erfuhr ich, dass die Wendung »Synagoge Satans« eine lange Tradition hat. Schon bei den Kirchenvätern der Antike herrschte bekanntlich häufig ein krasser Antijudaismus.

Wir kommen nicht umhin festzustellen, dass sich der unter Traditionalisten verbreitete Antisemitismus inzwischen nicht mehr nur auf eine Randgruppe innerhalb der katholischen Kirche beschränkt, sondern unter dem gegenwärtigen Pontifikat eines aus Deutschland stammenden Papstes zunehmend in die Gesamtkirche einsickert. Ein besonders deutliches Anzeichen dafür ist die Wiederbelebung der Karfreitagsfürbitte »für die perfiden Juden« im Jahr 2007, die mit der durch Benedikt XVI. erfolgten Aufwertung und großzügigen fakultativen Wiedereinführung der alten Liturgie einherging. Der Text der Fürbitte ist schon insofern brisant, als es im Mittelalter im Anschluss an dieses Gebet nicht selten zu Judenmorden durch fanatische Christen kam, die ebenfalls die Angst vor der »Synagoge Satans« umtrieb. Auch wenn der traditionelle Text nach ersten Protesten aus dem Judentum leicht abgemildert wurde – das Wort »perfide« wurde gestrichen –, bleibt das Gebet für die Bekehrung der Juden bestehen.

Der Leiter der Kölnischen Gesellschaft für jüdisch-christliche Zusammenarbeit, Günther Bernd Ginzel, hat darauf hingewiesen, was weitgehender Konsens bei vielen jüdischen und christlichen Gelehrten ist: dass durch die Logik des Gebetstextes der seit 1965 geltende katholische Konsens verlassen wird, nach dem die Juden als Volk Gottes auch von den Christen zu achten sind und eine Judenmission deshalb zu unterbleiben hat.

Charlotte Knobloch, die Vorsitzende des Zentralrats der Juden in Deutschland, erklärte am 21. März 2008, der katholisch-jüdische Dialog sei bis zur Rücknahme des Gebetstextes auszusetzen. Bis zur Stunde ist diese Rücknahme nicht erfolgt und bildet zusammen mit der Rehabilitation des Holocaustleugners Williamson ein fatales Signal der Bestätigung für rechtsradikale und antisemitische Gruppen innerhalb der katholischen Kirche.

Die Veränderung des Wortlauts hat auch keineswegs zu einem Umdenken bei der Piusbruderschaft geführt. Dort sieht man in der leichten Abmilderung des Textes eine Abkehr von der ewigen Wahrheit und betet weiter »für die perfiden Juden« und dass Gott »die Verblendung jenes Volkes« aufheben möge. Sie halten auch an dem eindeutig antijudaistisch motivierten Befehl aus dem Mittelalter fest, der lautet: »Hier unterlässt der Diakon die Aufforderung zur Kniebeugung, um nicht das Andenken an die Schmach zu erneuern, mit der die Juden um diese Stunde den Heiland durch Kniebeugungen verhöhnten.«[38]

Der in der Wendung »Synagoge Satans« mitschwingende Antijudaismus war also keine partikuläre Laune des Förderers der Zeitschrift. Überhaupt sollte ich durch die neue Zusammensetzung der Fördergemeinschaft in eine bestimmte Richtung gelenkt werden. Entgegen dem Versprechen voller redaktioneller Freiheit wurden regelmäßige Treffen mit den Mitgliedern der Fördergemeinschaft beim Veranstalter der Herrenabende in Düsseldorf angesetzt, bei denen besonders die genannten neuen Mitglieder ihre »beratende Tätigkeit« energisch wahrnahmen. Dazu gehörte, dass genau registriert wurde, was ich wann und wo publizierte. Selbst die entlegensten Veröffentlichungen, etwa biographisch-bibliographische Lexikonartikel, entgingen den aufmerksamen Blicken der Aufseher(innen) des Netzwerkes nicht. Das Gefühl, überwacht zu werden, wie es

[38] *Missale Romanum*, Regensburg 1887, S. 493

auch in der Priesterausbildung geschürt wird, sollte mich wohl auf Linie halten.

Meine Absicht, *Theologisches* erneut ein Niveau zu geben, mit dem die Zeitschrift auch im Bereich der Wissenschaft wieder wahrgenommen würde, stieß bei einigen der Nichttheologen in der Fördergemeinschaft auf wenig Gegenliebe. Auch Autoren, deren Artikel im Zuge dieser Umorientierung keinen Platz mehr in *Theologisches* fanden, begannen zu revoltieren, indem sie fortwährend Protestschreiben an alle Welt verschickten, in denen sie sich über mich beschwerten. Das ging so weit, dass eine der untragbar gewordenen Autorinnen bei einem Mitglied meiner Familie in der Sache vorsprach und ihm Vorwürfe wegen meiner angeblich schlechten Erziehung machte.

Immer wieder bekam ich zu hören, die Zeitschrift sei unlesbar geworden, die vielen Fußnoten und fremdsprachigen Zitate würden die Leser vergraulen. Niemand habe Lust und Zeit, sich über mehrere Seiten mit theologischen Theorien und Kontroversen oder mit Theologiegeschichte zu beschäftigen. Dabei war das Gegenteil der Fall. Durch die Anhebung des Niveaus stießen ganz neue, vor allem auch jüngere Lesergruppen zu der Zeitschrift. Unter den Neuabonnenten waren außerdem einige Universitätsbibliotheken bzw. theologische Fakultätsbibliotheken, und der allseits anerkannte Zeitschrifteninformationsdienst der Universitätsbibliothek Tübingen nahm *Theologisches* in sein Programm auf. Dadurch war sichergestellt, dass die erschienenen Beiträge auch von Lesern wahrgenommen wurden, die dem erzkatholischen Milieu fernstanden. Aber die waren offensichtlich gar nicht so wichtig; man hatte sich so gut in seinem rechtskatholischen Ghetto eingerichtet, dass der Dialog mit Andersdenkenden keine große Bedeutung hatte.

Noch schwerer im Magen lag einigen Entscheidungsträgern und Mitarbeitern der Zeitschrift allerdings der langsame programmatische Umbau, mit dem ich vorsichtig begann. Unter meinen beiden Vorgängern waren – wie bereits erwähnt – politische Artikel mit mehr oder weniger klar erkennbarem rechtsradikalem Hintergrund in die Zeitschrift aufgenommen worden. Diese Unsitte stellte ich mit Übernahme der Zeitschrift sofort ein. Zwar dachte ich zu der Zeit nicht eben liberal, aber die Rechtsradikalen missbilligte ich schon allein wegen ihrer Vorurteile gegenüber gesellschaftlichen Randgruppen, eben auch Homosexuellen. Im Vordergrund meiner Entscheidung stand jedoch, dass mir die Vermischung von Politik und Religion zutiefst widerstrebte. Der katholische Glaube und die diesen mit der Vernunft durchdringende Theologie waren mir zu schade, um sie für ein politisches Anliegen zu instrumentalisieren und dadurch das Ewige zur Dienstmagd des Zeitlichen und Profanen zu machen. Ich fürchtete, dass dadurch das von mir damals angestrebte Ziel der Förderung einer traditionellen Theologie in Misskredit gebracht werden könnte. Die bisher in der Zeitschrift vertretene rechte Theologie war auch nicht besser als die von den konservativen Katholiken bekämpfte linke Befreiungstheologie, die sich allzu oft zum Büttel des Kommunismus hatte machen lassen.

Die meisten Theologen innerhalb der Fördergemeinschaft standen in dieser Sache weitgehend hinter mir. Im Unterschied zu den Nicht-Theologen im Förderkreis. So wirkte das Gesicht des Gastgebers der Herrenabende und der informellen Zusammenkünfte von Mal zu Mal verbitterter, wenn er mich sah. In Gesprächen mit Leuten aus dem Umfeld von *Theologisches* wurde dann auch vorsichtig angedeutet, ich hätte die Herausgabe der Zeitschrift übernommen, um meine Karriere zu befördern, und nähme dabei keine Rücksicht auf die Interessen der Leser. Spätestens ab dem Zeitpunkt war mir aufgrund ähnlicher

Vorfälle in der Kirche klar, dass innerhalb des Netzwerks ein interner, noch verdeckter Kampf gegen mich begonnen hatte und man sich daranmachte, Informationen über mich zu sammeln, um sie bei Gelegenheit auszupacken.

Keine Religion für Akademiker

Wie sehr eine Umstrukturierung der Zeitschrift notwendig war, zeigen die vielen Briefe, die ich in den ersten Jahren als Herausgeber erhielt. Zunächst waren da die zustimmenden Zuschriften etwa von jungen Theologiestudenten aus eher liberalen Priesterseminaren, die sich für die Hebung des intellektuellen Niveaus ausdrücklich bedankten, auch wenn sie mit vielem nach wie vor nicht einverstanden waren, was in *Theologisches* zu lesen war. Aber immerhin war eine gemeinsame Gesprächsbasis gefunden, mit Hilfe derer man über den alten Graben zwischen Liberalen und Konservativen hinweg ein sachliches Gespräch aufnehmen konnte.

Exemplarischer Ausdruck einer solchen Gesprächskultur war für mich mein Austausch mit dem bekannten Hamburger Theologen Otto-Hermann Pesch. Der verheiratete Ex-Dominikaner, Ex-Priester und an einer evangelischen Fakultät lehrende katholische Theologe setzte sich für eine weitergehende Ökumene und eine offene Theologie im Geiste des Zweiten Vatikanischen Konzils ein. Zugleich galt Pesch als der beste Kenner der Theologie des Thomas von Aquin im deutschen Sprachraum. Von seiner Interpretation des Thomas hatte ich viel gelernt. Auf dieser Basis kamen wir uns näher und begegneten uns – trotz sehr verschiedener Ansichten – mit gegenseitigem Respekt. Im Vorwort zu meiner populären Einführung in Leben und Denken des Aquinaten, die 2002 unter dem Titel *Thomas von Aquin begegnen* erschien, habe ich diesen Respekt und meinen Dank für seine Hilfe bei der Erstellung des Buches zum Ausdruck gebracht.

Aber dem Netzwerk entging nichts, alles wurde registriert und gesammelt: Meine konservativen Freunde, denen Pesch wegen seiner offenen, sachlichen Kritik an konservativen Kirchenmännern ein Dorn im Auge war, konnten mir diese Bekanntschaft nicht verzeihen, und es wurde häufig darauf angespielt, um mir zu beweisen, dass ich kirchenpolitisch nicht ganz zuverlässig sei.

Eine andere Kategorie von Briefen sprach allerdings noch mehr für die Umstrukturierung der Zeitschrift. Diese Briefe kamen in so großer Zahl, dass ich dafür einen eigenen Ordner anlegen musste. Man könnte meinen, in ihnen äußere sich nur eine kleine, für die katholische Kirche wenig repräsentative Gruppe, doch jeder, der sich im konservativ-katholischen Milieu ein wenig auskennt, weiß, dass dies keineswegs der Fall ist.

Eine ganze Abteilung in besagtem Ordner besteht aus Zuschriften von Hobbytheologen, die mir ihre Elaborate zuschickten. Zumeist handelte es sich um ältere Menschen, deren Manuskripte mit schlecht funktionierenden Schreibmaschinen, teilweise auch handschriftlich abgefasst waren. In den allermeisten Fällen zeichneten sich die Texte durch traditionalistischen Fanatismus (angereichert mit völlig überzogenen Aussagen von Piusbruderschaft, TFP oder anderen konservativen Vereinigungen) auf der einen Seite und das weitgehende Fehlen einer nachvollziehbaren Gedankenführung und sprachlicher Klarheit auf der anderen Seite aus. Mit ungeheurer Energie bemühten sich die Briefeschreiber darum, ihre Überlegungen in *Theologisches* gedruckt zu sehen. Von einem in München lebenden pensionierten Assessor der Jurisprudenz finden sich in diesem Ordner allein fünfunddreißig Briefe.

Der erste Brief solch potentieller Autoren, dem der angebotene Artikel beigelegt war, erging sich meist in überschwänglichem Lob, teilweise flankiert durch die Ankündigung größerer Spenden an die Fördergemeinschaft für den Fall der Veröffentlichung. Der meiner Ablehnung folgende Brief beinhaltete dann meist die verschiedensten Drohungen – wobei jene, die Zeitschrift abzubestellen, noch die harmloseste war – oder auch Beschwerden über das viel zu wissenschaftliche oder zu modernistische Niveau der Zeitschrift. »Wenn Sie meinen Artikel im Theologischen nicht bringen wollen, dann ist das doch ein Beweis, das [!] Sie theologische Sachverhalte nicht auf meinem Niveau vermitteln wollen. Dies kann es in der katholischen Religion nicht geben, denn sie ist keine Religion für Akademiker. Und die ist dann auch nicht mehr katholisch für das Gottesvolk da ... Deswegen ich sie auch abbestellen werde. Ich bedaure Ihre Kompetenzlosigkeit!« Der schon häufiger konstatierte willkürliche Subjektivismus gerade bei den Kämpfern gegen jeden Subjektivismus feierte hier also fröhliche Urständ.

Der dritte Schritt war dann zumeist, dass die Briefeschreiber sich an Mitglieder des Netzwerkes oder der Fördergemeinschaft, an Autoren von *Theologisches* oder an die Glaubenskongregation in Rom wandten und sich dort über meine angebliche Glaubenslosigkeit und fehlende Eignung, die Zeitschrift herauszugeben, beschwerten. Der genannte Assessor aus München hatte mit dieser Methode sogar einmal insofern Erfolg, als er jemanden fand, der sich ihm wegen seines Einsatzes für die Erscheinungen von Heroldsbach offenbar geistig verwandt fühlte. Zu meiner ablehnenden Haltung bezüglich einer Veröffentlichung seiner Beiträge schrieb der emeritierte Professor für Pädagogik an der Universität Bamberg an den Assessor, was dieser wiederum in einem seiner Briefe an mich zitierte: »In nächtlichen schlaflosen Stunden fühle und durchdenke ich häufig in einem glasklaren Denken die frevlerische Herausforderung Gottes durch zunehmend mehr Menschen, die stolz im Schlamm der Sünde waten. Mir wird Angst dabei und es tut mir leid, dass Ihre Aufsätze nicht positiv beantwortet wurden.«

Aus der Tatsache, dass ich einen völlig unzulänglichen Artikel nicht veröffentlichte, schloss der Emeritus messerscharf, dass ich ein Frevler sei, der sich »im Schlamm der Sünde« suhlt ... Diese Reaktion ist durchaus beispielhaft für den Umgang mit abweichenden Positionen: Vertritt ein Theologe eine andere Haltung, sucht man die Ursache dafür in seiner persönlichen Sündhaftigkeit. Er denkt nicht so wie wir, also muss er ein schwerer Sünder sein!

Einer der Beschwerdeführer, ein in Frankreich lebender Mediziner, ging noch einen Schritt weiter: Er strengte beim Amtsgericht in Köln einen Prozess gegen mich an, mit dem er eine Publikation seines Artikels, der die Evolutionstheorie widerlegen sollte, gerichtlich erzwingen wollte. Auch kündigte er an, vor Gericht den Beweis zu führen, dass ich für die Herausgabe der Zeitschrift moralisch ungeeignet sei. Einen Auftritt des Beschwerdeführers konnten die Richter allerdings abwenden, indem sie die Klage ablehnten. Damit war für den Mediziner die Sache allerdings nicht abgeschlossen, und er führte seinen Kampf gegen mich und gegen die Evolutionslehre im Internet fort.

Die nächste Gruppe von Briefeschreibern schickte mir lange Abhandlungen, in denen sie sehr selbstsicher behaupteten, übernatürliche Visionen und Auditionen gehabt zu haben. Einer Frau war die Jungfrau Maria im Messgewand eines Priesters zusammen mit dem stigmatisierten Vater von Erzbischof Lefebvre erschienen und hatte ihr Botschaften zur schlimmen Lage der Kirche und deren Unterwanderung durch jüdische Freimaurer übermittelt, die sie nun zu publizieren habe.

In einem anderen Fall wandte sich eine Erscheinung des Erzengels Michael, des »stets kampfbereiten Patrons des deutschen Volkes«, über sein Medium in Münster direkt an mich als Herausgeber, um mir mit meiner Höllenfahrt zu drohen, sollte ich nicht endlich aufhören, Beiträge zu bringen, die die Gültigkeit der neuen Messe anerkennen.

Einer adeligen Dame war das »Prager Jesulein« auf dem Dachboden begegnet und hatte ihr für das Jahr 2005 den apokalyptischen Untergang der Welt vorhergesagt. Vorher müsse aber noch Papst Pius XII. heiliggesprochen werden, um den Erfolg des Antichristen, der aus dem jüdischen Volk hervorgehen werde, nicht zu groß werden zu lassen. Meine Aufgabe sei es nun, mich direkt beim Papst für dieses Heiligsprechungsverfahren einzusetzen und die Menschen vor dem Erscheinen des Antichristen zu warnen.

Wieder ein anderer Briefeschreiber fühlte sich von seinem modernistischen Gemeindepfarrer, einem Apotheker, der Kondome im Angebot hatte, und seiner Nachbarin, die sich auf ihrem Balkon leicht bekleidet sonnte, verfolgt. Alle drei »Übeltäter« erschienen ihm auch regelmäßig in Gestalt des Teufels bzw. der »Hure Babylon«, und mir kam nun die Aufgabe zu, dem Verfolgten durch meine Beziehungen einen geeigneten Exorzisten oder eine wirkmächtige Reliquie zu vermitteln. Mein gutgemeinter Rat, er solle sich in ärztliche Behandlung begeben, führte dazu, dass er später in einem traditionalistischen Internetforum permanent unter einem Nicknamen die verrücktesten Geschichten über mich verbreitete.

Die erste Zeit tröstete ich mich mit dem Gedanken, dies seien einfach ein paar ebenso bigotte wie verwirrte Seelen. Auch der befreundete Dominikanerpater zerstreute meine Bedenken: »Bekloppte gibt es überall.«

Aber als die Brieffut so sehr anschwoll, dass ein einziger Aktenordner nicht mehr ausreichte, konnte ich nicht umhin zu erkennen, dass sich in der Leserschaft der von mir herausgegebenen Zeitschrift bzw. in deren traditionell katholischem Umfeld über die Jahre eine große Zahl von Menschen mit religiös verursachten und sich so auch äußernden Neurosen angesammelt hatte. Wieder einmal packten mich Zweifel, wie ernst man unter diesen Umständen das ganze Projekt, in das ich sehr viel Zeit investierte, nehmen konnte.

Verstärkt wurden diese Bedenken noch, als ich von dem schon erwähnten polnischen Pater hörte, dass die von hohen und höchsten Kirchenfürsten so sehr geschätzte Baronin Stockhausen ihm den Auftrag erteilt habe, für die Gustav-Siewerth-Akademie Wallfahrten zu den amtskirchlich nicht anerkannten Erscheinungen im saarländischen Marpingen zu organisieren.

Kurz darauf berichtete ein langjähriger Mitarbeiter der Akademie von der festen Überzeugung »Tante Almas« (wie man sie in Klerikerkreisen nennt), »dass wir in apokalyptischen Zeiten leben und bald mit der Ankunft Christi zu rechnen haben – sie studiert ständig alle heutigen Marienbotschaften daraufhin, wann die Wiederkunft Christi vorhergesagt wird«. Es klang wie aus dem Drehbuch einer Slapstick-Komödie, was der Mann weiter berichtete: »Im April 2000 musste ich zusammen mit anderen Mitarbeitern den zwischen beiden Gebäuden der Akademie gebauten Atombunker mit Lebensmitteln auffüllen, da ein Seher aus dem Schwarzwald den Weltuntergang bzw. den Atomkrieg für diesen Zeitpunkt vorhergesagt hat – dass die Demokratien des Westens wegen ihrer Dekadenz und ihrer Gottlosigkeit zum Untergang führen müssen, aus dem nach ihrer Auffassung uns nur die Errichtung einer christlichen Königs- und Adelsherrschaft wieder herausführen kann.«

Auch andere im konservativen Milieu angesehene Universitätsprofessoren schilderten mir ihre Visionen und übernatürlichen Erlebnisse. So schrieb mir ein bekannter Theologe und Autor von *Theologisches*, nachdem ich einen kurzen, kritischen Artikel über den Schweizer Theologen Hans Urs von Balthasar veröffentlicht hatte, der die Theologie Johannes Pauls II. in vielem inspirierte: »Als der Papst nach Salzburg kam, bin ich nach meiner Nachtanbetung mit dem ersten Schnellzug nach Salzburg gefahren. Plötzlich hörte ich eine Stimme. Mir wurde bewusst, dass Balthasar vor Gottes Gericht stand und sich nicht verteidigen konnte. Der Papst sagte gleich nach der Begrüßung: In dieser Nacht ist der berühmte Theologe Hans Urs von Balthasar gestorben. Wie durch eine Erleuchtung war mir klar: jetzt ist er in der Hölle und kommt da nie mehr raus!«

Eine dritte, wesentlich kleinere Gruppe von Lesern beklagte sich über das Fehlen politischer Beiträge in der nun von mir edierten Zeitschrift. Meine Recherchen ergaben, dass diese Beschwerden ausnahmslos von aktiven Mitgliedern der NPD, der radikalen Lebensrechtsbewegung oder von Priestern aus dem Umkreis der Heimatvertriebenen kamen. Hier zeigt sich wieder einmal, wie viele Verbindungen es zwischen politisch und religiös radikalen Gruppierungen inzwischen auch in Deutschland gibt.

In vielen Fällen war es so, dass die Protestbriefe samt Drohung, die Zeitschrift abzubestellen, in Kopie auch an Mitglieder der Fördergemeinschaft und an alle möglichen anderen Persönlichkeiten aus dem konservativ-katholischen Milieu gingen, häufig auch nach Rom an die Glaubenskongregation. Die Tatsache, dass es Beschwerden über mich gegeben hatte, wurde dann in Diskussionen, in denen man mich auf den alten Kurs der Zeitschrift einschwören wollte, hauptsächlich von jenen Mitgliedern der Fördergemeinschaft ins Feld geführt, deren Denken sich in ähnlich konservativen Bahnen bewegte. Dass die tatsächlich erfolgten Abbestellungen kontinuierlich durch Neuabonnenten ausgeglichen werden konnten, machte diese Argumentation allerdings unbrauchbar, so dass man sich etwas Neues überlegen musste. Ich werde noch zeigen, dass man diesbezüglich schnell fündig wurde.

In das skizzierte Spektrum des reaktionären Katholizismus gehört eine Initiative des Veranstalters der Düsseldorfer Herrenabende. Er hatte Anfang 2004 privat einen Hörsaal an der Universität Bamberg angemietet und dort ein Symposium zu seinem Lieblingsthema, den »Marienerscheinungen« von Heroldsbach, veranstaltet. Bewusst sollte der Schein einer gewissen Wissenschaftlichkeit erweckt werden, die freilich nicht gegeben war. Als Referenten waren aus dem Kreis der Herrenabende theologisch nicht versierte, dafür aber umso kämpferischere Befürworter der Echtheit der Erscheinungen geladen, die sich vor einem verschwindend kleinen Häuflein von Zuhörern gegenseitig bestätigten, wovon sie ohnehin überzeugt waren.

Um nun dieser Überzeugung doch noch eine gewisse Öffentlichkeitswirkung zu verschaffen, wurde ich aufs Heftigste bedrängt, ein Sonderheft der Zeitschrift zu dem Symposium zu machen. Das ging mir aber entschieden zu weit. Und nicht nur mir. So kritisierte der Vorsitzende der Fördergemeinschaft in einem Brief an mich, der Veranstalter der Herrenabende versuche, »die Zeitschrift für sein privates Engagement (Hobby) zu nutzen und Druck auszuüben«. Allerdings war der nun unangenehm werdende Herr eine wichtige finanzielle Ressource. Man bat mich, »wirklich alles in Kauf zu nehmen, was dem Ansehen der Zeitschrift nicht schadet«.

So erschien also ein Sonderheft zum Thema »Marienerscheinungen«. Es fiel allerdings ganz anders aus als von den katholischen Esoterikern erwartet, denn es kamen auch Stimmen zu Wort, die sich zu dem bei Traditionalisten so beliebten Heroldsbachphänomen und grundsätzlich zu dem in traditionell katholischen Kreisen verbreiteten Hang zu marianischem Aberglauben auch kritisch äußerten.

Tatsächlich ist die Zahl der angeblichen Marienerscheinungen in den letzten Jahrzehnten geradezu sprunghaft angestiegen. Schon 1991 stellte die *Times* fest, dass sich mit der zunehmenden Rückwendung der katholischen Kirche zum Konservativismus deren Zahl alle zwei Jahre etwa verdoppele. Wobei das kirchliche Lehramt sich wegen des großen Andrangs zu den Wallfahrtsorten – und weil die Botschaften dieser Erscheinungen gut in das gegenwärtige kirchenpolitische Konzept passen – immer mehr von der genauen wissenschaftlichen Untersuchung der Phänomene zurückzieht und die Volksfrömmigkeit wild wuchern lässt. Im Jahr 2000 schrieb Joseph Ratzinger in seinem Kommentar zur Enthüllung des dritten Geheimnisses von Fatima begeistert, Volksfrömmigkeit bedeute, »dass der Glaube im Herzen der einzelnen Völker Wurzeln schlägt, so dass er in die Welt des Alltags hineingetragen wird. Die Volksfrömmigkeit ist die erste und grundlegende Weise von ›Inkulturation‹ des Glaubens« – ja, er gesteht der Volksfrömmigkeit sogar zu, sein Allerheiligstes, die Liturgie, zu »befruchten«.[39] Hier zeigt sich, was Benedikt im Blick hat, wenn er von »Inkulturation« des Glaubens spricht. Gemeint ist nicht die Kultur Europas, die auf den Grundgefühlen und Werten des aufgeklärten Menschen basiert, sondern die Kultur esoterischer konservativer Spökenkieker-Gruppierungen innerhalb der Kirche.

In meinem Editorial zum Sonderheft schrieb ich dazu: »Auch unter der Gefahr, sich den Vorwurf einer Nestbeschmutzerei einzuhandeln, muss man feststellen, dass seit vielen Jahren gerade unter den traditionsverbundenen

---

[39] Joseph Ratzinger: *Kommentar zum Geheimnis von Fatima*, zitiert nach: www.zenit.org/article-20506?l=german

Katholiken die Tendenz, sich bestimmten Marienerscheinungen und Privatoffenbarungen zuzuwenden, immer stärker wird. Nicht selten ersetzt diese spezielle Frömmigkeit dann tatsächlich die anstrengende intellektuelle Auseinandersetzung.«[40]

Dass ich hier unter anderem auf unseren großen Finanzier anspielte, erkannte auch er, und dass er sich darüber aufregen würde, war mir klar gewesen. Ich hatte gehofft, er würde vielleicht unter Protest die Fördergemeinschaft verlassen, was aber erst später geschah. Vorerst waren diejenigen, die sich von mir kritisiert fühlten, fest entschlossen, den Kampf gegen meine Herausgeberschaft aufzunehmen. Im nächsten Kapitel werde ich zeigen, in welcher Weise dies geschah.

Erstaunt war ich freilich, dass auch der damalige Erzbischof von Bamberg (in dessen Verwaltungsbereich die kirchlich nicht anerkannten Erscheinungen fielen) und ehemalige Großkanzler der katholischen Universität Eichstätt, Karl Braun, heftigsten Protest einlegte. Als »langjähriger Bezieher und Förderer« der Zeitschrift kündigte er in einem Brief das Abonnement zum »nächstmöglichen Zeitpunkt«, was von den Heroldsbachjüngern als gerechte Strafe gefeiert wurde. Das klare lehramtliche Nein zur Echtheit der Erscheinungen von Heroldsbach, das er nach außen in seiner Diözese vertrat, entsprach offensichtlich nicht seinem eigentlichen Denken. Nur um des heiligen Scheins willen stellte er sich nicht gegen die kirchenoffizielle Lesart.

[40] *Theologisches* 35 (2005), S. 50

Karl Rahner und seine Schüler

Ich war also in einer verzwickten Lage: Einerseits wollte ich der Zeitschrift ein Niveau und eine Ernsthaftigkeit zurückgeben, mit denen sie auch in der akademischen Welt erneut Gehör finden konnte. Andererseits saßen mir Marienerscheinungsfanatiker und andere Sonderlinge im Nacken, die die Zeitschrift als Sammelplatz für stramm antimodernistische Polemik, vermischt mit rechtsradikalen politischen Optionen, missbrauchen wollten, womit sie das ganze Unternehmen der Lächerlichkeit preisgegeben hätten.

In dieser Situation kam das Rahnerjahr 2004, in dem weltweit des hundertsten Geburtstags des bekannten Jesuitentheologen gedacht wurde, wie gerufen. Ich sah darin eine Möglichkeit, mich aus meiner verzwickten Lage zu befreien. Von seinen Schülern, unter ihnen auch der deutsche Kardinal Lehmann, war Rahner in der nachkonziliaren Zeit zum Kirchenvater einer erneuerten, weltoffenen Kirche ausgerufen worden. Auch wenn ich damals nur die Grenzen und Probleme dieses neuen theologischen Konzepts sehen wollte, lagen in seinem mit dem Namen »anthropozentrische Wende der Theologie« umschriebenen Denken tatsächlich die Grundlagen für jenes »aggiornamento« (Verheutigung), mit dem die Konzilspäpste ihre Kirche zu einer gesprächsbereiten, offenen Gemeinschaft der Glaubenden machen wollten. Einer Gemeinschaft, die den Adressaten, also den in der jeweiligen Zeit lebenden Gläubigen, und nicht das anscheinend unveränderliche Dogma in den Mittelpunkt ihrer pastoralen Bemühungen stellt. Einer Gemeinschaft, die überdies in jedem Menschen zunächst ein von Gott in Gnade angenommenes und daher gutes Geschöpf sieht und dann erst seinen Hang zur Sünde und zum Versagen. Dass mit dieser optimistischen Wende hin zu den Bedürfnissen der Menschen von heute die Fundamente des traditionell katholischen Milieus eingerissen wurden, war kaum zu übersehen. Denn wie sehr dieses Milieu sein ganzes Handeln auf einer pessimistischen Sicht des Menschen aufbaut, ist bereits deutlich geworden.

Auch an den Kulissen einer ganz den Duft der Heiligkeit atmenden Kirche rüttelte der Jesuit damals heftig. Der bereits erwähnte Theologe und Psychotherapeut Wunibald Müller erinnert sich an ein persönliches Zusammentreffen mit Rahner: »Als 21-Jähriger traf ich den Theologen Karl Rahner. Wir sprachen damals auch über die Kirche. Er erwähnte die ›ecclesia semper reformanda‹, die Kirche, die sich ständig in einem Erneuerungsprozess befindet und befinden muss. Er sprach von der Kirche, die immer auch schäbig und sündig ist. Ich habe das nie vergessen.«[41]

Daher war die harte Rahnerkritik, die ich in meiner Dissertation – ausgehend von den Bedenken Joseph Ratzingers – vorgelegt hatte, gerade in konservativen Kreisen besonders gut angekommen. Man begrüßte mein Bemühen, in Rahners Theologie eine gefährliche Nivellierung des spezifisch Christlichen auszumachen. Diese Nivellierung wirke sich auf die gesamte Theologie und die Kirchenpolitik aus, die sich nach der Rahner'schen Wende nur noch für den Menschen und nicht mehr ausreichend für Gott, das Übernatürliche und die Heilige Schrift interessierten.

Zugleich fasste man meine Rahnerschelte auch als Kritik an seinem prominentesten Schüler auf, dem Mainzer Kardinal Karl Lehmann, der damals Vorsitzender der Bischofskonferenz war. Lehmann war den Konservativen aufgrund seiner versöhnlichen Haltung nicht nur Rom, sondern auch den fortschrittlich orientierten Gläubigen in Deutschland

---

[41] Wunibald Müller: »Sprengkraft der Vergebung«, in: *Rheinischer Merkur* vom 26. 8. 2010

gegenüber ein Stachel im Fleisch. Der neokonservative Bischof einer deutschsprachigen Diözese fällte mir gegenüber das harsche Urteil, Lehmann sei der Hauptverantwortliche für die moralische und theologische Desorientierung der Kirche in Deutschland.

Nun plante ich, meine Kritik – inmitten all der positiven Würdigungen zum Rahnerjahr – in größerem Umfang, allgemeinverständlicher und mit vielen Fremdbeiträgen im Rahmen der Zeitschrift *Theologisches* neu aufzulegen. Das Geld dafür wurde von der Fördergemeinschaft bereitwillig zur Verfügung gestellt, und ich konnte sämtliche Rahnerkritiker von Rang und Namen als Mitarbeiter für den Sammelband mit dem Titel *Karl Rahner. Kritische Annäherungen* gewinnen, der schließlich etwa fünfhundert eng bedruckte Seiten umfasste. Er wurde kostenlos an die deutschsprachigen Bischöfe, an Bischöfe in den USA, an verschiedene vatikanische Behörden sowie die Nuntiatur geschickt.

Der kostenlose Versand solcher Bücher, hinter denen meist potente Geldgeber stecken, ist eine gängige Praxis im katholisch-konservativen Milieu. So möchte man bei den ins Konzept passenden Publikationen hohe Auflagen- und Absatzzahlen erreichen, um damit wiederum entsprechenden Druck auf kirchliche Entscheidungsträger auszuüben.

So sorgte das Buch dann auch für Furore. Viele der kostenlos Bedachten bedankten sich persönlich bei mir als Herausgeber und lobten das Unternehmen ausdrücklich. Auf der anderen Seite zeigten sich viele Rezensenten aber auch besonders gereizt durch meine beiden Beiträge, mit denen ich die Aufsatzsammlung eingeleitet und abgeschlossen hatte.

Lese ich diese beiden Texte heute, so springt mir eine deutliche Akzentverschiebung zwischen meiner Rahnerkritik der frühen Jahre (1998–2000) und diesen Aufsätzen aus dem Jahr 2004 ins Auge. Während ich in meinen ersten Rahnerinterpretationen noch sachlich und ruhig geblieben war, zeigte sich jetzt ein neuer Stil voller Polemik, typisch für die Argumentationsweise extrem konservativer Theologen: Rahner, der progressistischen Katholiken als Kirchenvater der Moderne gilt, wurde von mir kurzerhand zum Ketzer erklärt, dessen Denken nur Verderbnis in die Kirche bringe.

Bezeichnend scheint mir in diesem Zusammenhang die »Argumentation« mit dem Privatleben Rahners. Nach dessen Tod im Jahr 1984 hatte die Schriftstellerin Luise Rinser Briefe publiziert, die sie über Jahre an den Jesuitentheologen geschrieben hatte und aus denen hervorgeht, dass dieser offensichtlich über einen langen Zeitraum in sie verliebt war und dessen Mutter sie »um die nötige Distanz« bat; eine Bitte, die der Jesuitenorden in ähnlicher Weise auch an Pater Rahner herantrug. Obgleich die ganze Sache allem Anschein nach vergleichsweise harmlos war, echauffierte ich mich in meinem einleitenden Buchbeitrag mit dem Titel *Karl Rahner – Kirchenlehrer des 20. Jahrhunderts?* ganz gehörig über sie. Ich wusste dabei gerade jene Katholiken hinter mir, die meine Akzentverschiebung bei *Theologisches* kritisierten. Mich auf eine ähnliche These des Dogmatikprofessors Johannes Stöhr stützend, der nicht nur mein Nachbar war, sondern auch bei *Theologisches* eine Schlüsselrolle spielte, argumentierte ich, durch die Rinser-Geschichte habe Rahner jedes theologische Ansehen verspielt.

Ähnlich hart ging ich in diesen Jahren auch mit Rahnerschülern ins Gericht, für die ich inzwischen zu einem roten Tuch geworden war und die fest entschlossen waren, Rahners Renommee zu verteidigen. Einer von ihnen, der weit über siebzig Jahre alte Münsteraner Theologieprofessor und Priester Herbert Vorgrimler, lieferte mir dazu ein knappes Jahr später eine Steilvorlage: In seiner 2006 erschienenen Autobiographie *Theologie ist Biographie* verzichtete er auf jegliche klerikale Scheinheiligkeit und erzählte offen von seinem jahrelangen Zusammenleben mit der »sportlichen Sigrid Loersch«. Dabei verschwieg er auch nicht, dass dieses Verhältnis seinen kirchlichen Vorgesetzten bekannt gewesen sei und ihm sein konsequent selbstbewusstes und ehrliches Auftreten geholfen habe, mit den Kirchenoberen in gutem Einvernehmen zu leben. In den klerikalen Kreisen, in denen man solche Dinge sonst ängstlich als Geheimnis hütet, scheint ihm diese fast brutale Offenheit teils sogar echten Respekt eingebracht zu haben.

Ich kann mich noch gut daran erinnern, wie ich mich fühlte, als ich die Autobiographie Vorgrimlers las. Die Ehrlichkeit, mit der er von sich selbst und seinem Zusammenleben mit Sigrid erzählte, wühlte mich auf und machte mich gleichzeitig unglaublich wütend. Entsprechend negativ fiel die Buchbesprechung in *Theologisches* aus: Es war eine polemische Abrechnung mit der Ehrlichkeit und »sensationslüsternen Offenheit« Vorgrimlers und derer, die mit ihm zu tun hatten. Ich sah darin den Ausdruck einer Theologie, die sich von einem philosophischen und emotionalen Subjektivismus bestimmen lässt, und plädierte energisch für das »Gebot der Diskretion« als Ausdruck der traditionellen Theologie, die sich ganz der Objektivität verpflichtet weiß, in der sich der Theologe als Mensch unsichtbar macht.

Damals hatte ich die Feigenblatttaktik des schönen Scheins offensichtlich so tief verinnerlicht, dass ich bereit war, sie apologetisch in aller Öffentlichkeit zu verteidigen. Dass Rahnerschüler mir »Ketzerjagd auf niedrigem Niveau«[42] vorwarfen, wundert mich heute nicht. Auch denen,

---

[42] So Georg Muschalek in einem Leserbrief in der *Deutschen Tagespost* vom 6. 6. 2002

die nicht unbedingt als Sympathisanten Rahners und Vorgrimlers galten, fiel mein Ton unangenehm auf. So sah man sich etwa gezwungen, eine geplante Einladung zu einem Vortrag im Düsseldorfer Konvent der Dominikaner aus Angst vor Unruhe in den eigenen Reihen zurückzuziehen.

Aus dem traditionell katholischen Milieu dagegen, angefangen von Universitätsprofessoren aus aller Welt bis hin zu kirchlichen Würdenträgern, erntete ich für meine polemische Rahnerkritik ebenso wie für die Besprechung der Autobiographie Vorgrimlers höchstes Lob. Auch in den Reihen der Fördergemeinschaft führten diese in das Lager des modernen Katholizismus geschossenen Verdikte dazu, dass man über meine sonst angeblich zu ausgeprägte Wissenschaftsgebundenheit, meine Skepsis bezüglich übernatürlichen Phänomenen sowie meine Ablehnung der Propaganda für eine extrem rechte Politik fortan hinwegsah.

Diese, wie ich damals dachte, allein dem Lagerdenken in der katholischen Kirche geschuldete Verteilung von Lob und Kritik bestärkte mich in meinem bisherigen Vorgehen und führte dazu, dass ich die Kritik an meiner Kritik einfach nach dem Motto »Ein getroffener Hund bellt« abtat.

Eine langsame Veränderung der Einschätzung meines eigenen Handelns setzte erst ein, als mich auch gute Freunde, die sich kaum für die innertheologischen und -kirchlichen Grabenkämpfe interessierten, immer wieder fragten: Wieso diese überbordende Polemik? Wieso verurteilen gerade konservative Theologen bei Vorgrimler und Rahner mit einer solchen Vehemenz etwas, das sie allzu oft in ähnlicher, aus amtskirchlicher Sicht sogar noch verwerflicherer Form doch auch praktizieren? Warum habt ihr solche Probleme mit der Offenheit dieser Theologen?

Da mir in der Zwischenzeit aufgefallen war, dass die

meisten schwulen Theologen und Priester, die ich kannte, ebenfalls eine sehr konservative Theologie vertraten, ließen mich diese Fragen nicht mehr los. In Gesprächen mit Freunden wurden mir zwei Dinge zunächst nur schemenhaft, im Laufe der Jahre aber immer deutlicher bewusst.

Zum einen steckt hinter dieser vermeintlich besonders papsttreuen Theologie eine ganz bestimmte Form von schlechtem Gewissen: Weil sie schwul sind und es ihnen nicht gelingt, sich den kirchlichen Vorstellungen eines auf jede Sexualität verzichtenden Lebens zu beugen, wollen diese Priester und Theologen ihre »Untat« auf einer anderen Ebene wiedergutmachen. Verstärkt wurde dieses Gefühl in meinem Fall noch dadurch, dass ich der lange verspürten Berufung zum Priestertum nicht nachgekommen war. Die Vehemenz, mit der sie erzkatholische Positionen verfechten, lenkt viele zudem erfolgreich von der Auseinandersetzung mit dem eigenen Leben und mit der Haltung der katholischen Moraltheologie zur Homosexualität ab.

Das Päpstlicher-als-der-Papst-Sein erfüllt innerhalb des traditionellen Katholizismus darüber hinaus die Funktion, dass das Umfeld dann eher gewillt ist, über den »Makel« des Schwulseins hinwegzusehen – solange er geheim gehalten wird und solange die Betreffenden als Kämpfer für die »Achse des Guten« zu gebrauchen sind.

Nicht selten bedienen sich homosexuelle Theologen und Priester dieses Mechanismus selbst ganz bewusst. In dem Zusammenhang sei der Fall eines nicht unbekannten Priesters erwähnt, dessen Homosexualität durch einen Sexskandal aufflog. War er zuvor in seinen Positionen eher gemäßigt konservativ gewesen, wechselte er nach dem Skandal, den er öffentlich als eine bösartige Unterstellung liberaler Kräfte ausgab, ins erzkonservative Lager und mutierte zum kämpferischen Verteidiger erzkatholischer Traditionalismen sowie zum Freund der alten Liturgie.

Aus psychologischer Sicht spielt hier wohl zumindest ansatzweise etwas eine Rolle, das C. G. Jung mit dem Begriff »Schattenarchetyp« beschreibt: Verdrängte eigene Eigenschaften und Probleme, besonders solche, die in der eigenen sozialen Gruppe normwidrig sind, werden in einer Art Abwehrmechanismus auf andere Menschen projiziert. Indem man dann diese Menschen hart angreift, glaubt man die entsprechenden Probleme bei sich selbst bewältigt. Die für mich aufreibende Auseinandersetzung mit der Autobiographie Vorgrimlers und dessen Offenheit im Umgang mit seinem Leben erschloss sich mir so im Nachhinein als indirekte Auseinandersetzung mit meinem eigenen Schwulsein und dem bisherigen zwiespältigen Umgang damit.

Die Tatsache, dass innerhalb des konservativen Lagers gerade homosexuell veranlagte Theologen oft besonders vehement für eine traditionelle Moraltheologie und gegen die »Sünde der Homosexualität« argumentieren, ja, sich im persönlichen Gespräch oder in anonymen Internetforen manchmal geradezu homophob äußern, dürfte von Psychologen als Ausdruck subtiler Verdrängungs- und Projektionsstrategien gedeutet werden. Und nicht nur von Psychologen. So schrieb der Berliner Journalist Gregor Tholl in der *Welt* vom 16. Mai 2010: »Eine andere Erkenntnis bei aufmerksamer Gesellschaftsbeobachtung dürfte sein, dass die schlimmsten Schwulenfeinde oft selber homophil sind, um es mit einem altbackenen Begriff zu umschreiben. Mancher Verklemmte wirft Homosexualität sogar mit Pädophilie in einen Topf – sei es aus Boshaftigkeit oder Dummheit.«

Immerhin führte diese Erkenntnis bei mir in den Folgejahren zunächst dazu, dass ich mich in meiner theologischen Polemik deutlich zügelte. Und die Anfrage des erwähnten Schweizer Professors, meine beiden Aufsätze aus dem Sammelband zu Rahner ins Italienische übersetzen zu dürfen, beantwortete ich insofern ablehnend, als ich darauf bestand, dass dies nur nach gründlicher Überarbeitung und einer deutlichen Abmilderung der Urteile möglich sei.

Homosexualität als Druckmittel

Das Jahr 2005 steht in der kirchlichen Zeitgeschichte nicht nur für den Beginn des Pontifikats Benedikts XVI., sondern markiert zugleich auch eine deutliche Verschärfung im Umgang der katholischen Kirche mit Homosexualität.

Dies ist kein Zufall: Eines der ersten Dokumente, das Joseph Ratzinger als Papst im Sommer 2005 unterschrieb, hatte er schon viele Monate zuvor in der Glaubenskongregation federführend mit vorbereitet. In dem Dokument mit dem sperrigen Titel »Instruktion über Kriterien zur Berufungsklärung von Personen mit homosexuellen Tendenzen im Hinblick auf ihre Zulassung für das Priesteramt und zu den heiligen Weihen«[43] stellt der Vatikan »mit aller Klarheit« fest, dass die Kirche »jene nicht für das Priesterseminar und zu den heiligen Weihen zulassen kann, die Homosexualität praktizieren, tiefsitzende homosexuelle Tendenzen haben oder eine sogenannte *homosexuelle Kultur* unterstützen«.

Wichtig ist hier der Ausschluss auch jener Personen, die lediglich homosexuell veranlagt sind, diese Veranlagung aber gar nicht praktizieren, und von Heterosexuellen, die

---

[43] Das Dokument ist nachzulesen auf: www.vatican.va/roman_curia/congregations/ccatheduc/documents/rc_con_ccatheduc_doc_20051104_istruzione_ge.html

die »homosexuelle Kultur« unterstützen. Die Frage, was unter einer solchen Kultur zu verstehen ist, bleibt offen, dafür folgt eine Begründung der restriktiven Maßnahmen: »Die genannten Personen befinden sich nämlich in einer Situation, die in schwerwiegender Weise daran hindert, korrekte Beziehungen zu Männern und Frauen aufzubauen. Die negativen Folgen, die aus der Weihe von Personen mit tiefsitzenden homosexuellen Tendenzen erwachsen können, sind nicht zu übersehen.«

Wie bereits erwähnt, ist zunächst der Begriff der »homosexuellen Kultur« äußerst diffus und dadurch je nach Bedarf extrem dehnbar. Unterstützt diese Kultur schon, wer sich ein Bild der homosexuellen Maler Caravaggio oder Michelangelo aufhängt oder gar seine Hauskapelle damit schmückt, zumal wenn die Männer darauf nackt sind? Oder gilt dies nur für katholische Priester, die anstelle der Fronleichnamsprozession einen Christopher Street Day in ihrer Pfarrei organisieren? Auch woher die im Dokument nicht weiter begründete These stammt und was für sie spricht, dass homosexuell Veranlagte angeblich keine korrekten Beziehungen zu anderen Menschen aufbauen können, bleibt schleierhaft.

Was mit »negativen Folgen« gemeint ist, wird dagegen ziemlich deutlich: Vorausgegangen waren dem Dokument zahlreiche Missbrauchsskandale in den USA, die die Kirche dort moralisch und finanziell schwer belastet hatten. In Europa war der Fall des Wiener Kardinals Groer allen Beteiligten noch lebhaft in Erinnerung. Groer hatte 1995 zurücktreten müssen, nachdem bekannt geworden war, dass er Jahre zuvor abhängige Jugendliche sexuell missbraucht hatte. Die Affäre löste in ganz Österreich eine enorme Welle von Kirchenaustritten und ein von mehr als einer halben Million Gläubigen unterstütztes Kirchenvolksbegehren aus. In beiden Fällen hatte sich, zunächst noch hinter verschlossenen Türen, bei den meinungsführenden konservativen Kirchenmännern die auf der Gleichsetzung von Pädophilie und Homosexualität gründende Lesart durchgesetzt, dass an den Missbrauchsfällen nur die Homosexuellen schuld seien.

Einen aktuellen Hintergrund mit ganz eigener Dimension bildete der Skandal um das Priesterseminar der von Bischof Kurt Krenn geleiteten österreichischen Diözese St. Pölten. Sicher hatte Papst Benedikt auch seinen Duzfreund und ehemaligen Regensburger Kollegen Krenn vor Augen, als er das Dokument unterzeichnete.

Der Sexskandal von St. Pölten

Die Ernennung von Kurt Krenn zum Bischof von St. Pölten im Jahr 1991 war ein wichtiges Sympathiezeichen des damaligen Papstes und vor allem dessen Privatsekretärs Dziwisz, der eng mit Krenn befreundet war, an die Ultrakonservativen. Galt Krenn, der immer wieder durch seine verbalen Attacken gegen Andersdenkende, andere Religionen, Frauen, Homosexuelle und die Demokratie aufgefallen war, doch als einer der profiliertesten erzkonservativen Kirchenmänner in Österreich. Zeitweise dachte man in Rom ernsthaft daran, ihn zum Nachfolger Kardinal Königs als Erzbischof von Wien zu machen und damit auch zum Kardinal zu ernennen. Gruppierungen aus dem rechtskonservativen Milieu, die es in anderen Diözesen schwerhatten, wie etwa das Engelwerk oder die »Diener Jesu und Mariens«, nahm Krenn großzügig in seiner Diözese auf. Antisemitische Traditionen wie der Anderl-Kult erfreuten sich seines besonderen Wohlwollens. Sein Priesterseminar wurde dadurch zum Anziehungspunkt für zahlreiche ebenfalls extrem konservative junge Männer aus ganz Europa.

Ich bekam indirekt mit dem Skandal von St. Pölten zu tun, und das nicht nur durch meine Lehrtätigkeit am Seminar der »Diener Jesu und Mariens«, wo ich in jenem Jahr noch Arbeiten von Studenten betreute. Am Nachmittag des 11. Juli 2004 erreichte mich die E-Mail eines namentlich nicht identifizierbaren Absenders mit der Aufforderung, mir die angehängten Fotos anzusehen und zu überlegen, ob solch ein Mitarbeiter für die Zeitschrift *Theologisches* noch tragbar sei.

Insgesamt waren der seltsamen Nachricht vier Fotografien angehängt. Die ersten beiden zeigten einen Mann, einmal mit T-Shirt, einmal mit römischem Priesterkragen, der einem jüngeren, aber erwachsenen Mann in Zivilkleidung in den Schritt fasste. Beide Männer waren mir unbekannt. Später erfuhr ich, dass es sich bei dem aktiven Herrn um den damaligen Regens des Priesterseminars von St. Pölten und Propst des Stiftes Eisgarn handelte, der sich sonst eher sehr fromm im vollen Barockornat mit Mitra fotografieren ließ.

Auf den anderen beiden Fotos waren zwei Männer in Priesterkleidung zu sehen, die sich einmal umarmten und auf der anderen Fotografie einen innigen Zungenkuss gaben. Einen der beiden Geistlichen kannte ich. Er war einer der wichtigen Autoren von *Theologisches*, zu jener Zeit Subregens des Priesterseminars der Diözese St. Pölten und enger Vertrauter Bischof Krenns. Schon bei meinem Amtsantritt hatten mir die Herren der Fördergemeinschaft nahegelegt, dessen Mitarbeit an der Zeitschrift zu fördern. Spielte er doch nicht nur eine zentrale Rolle in der Diözese St. Pölten, sondern hatte auch beste Beziehungen in die Ewige Stadt, wo er bei einem guten Freund und Professor an der Opus-Dei-Universität in Kirchenrecht promoviert hatte. Dessen Name sagte mir damals noch nicht viel: Er hieß Georg Gänswein, war Mitarbeiter bei der Glaubenskongregation und schon zu der Zeit hauptsächlich privater Sekretär von Joseph Ratzinger.

Ich wunderte mich natürlich sehr, dass die sonst weniger naiv wirkenden geistlichen Regenten solche Fotos zugelassen hatten – später fanden Kriminalbeamte bei einer Hausdurchsuchung im Seminar dann mehr als 40 000 schwule Pornobilder und Kindersexdateien. Allerdings habe ich in keinem Pressebericht darüber gelesen, dass die beiden geistlichen Herren auch dort abgebildet waren. Diese Dateien befanden sich auf einem öffentlich zugänglichen Computer. Ihre genaue Herkunft ist bis heute ungeklärt, so dass auch eine juristische Klärung ausblieb. Im weiteren Verlauf des Skandals spielten die Kindersexdateien erstaunlicherweise kaum noch eine Rolle. Dafür wurden die beiden Seminarleiter in Medienberichten stark belastet. Mir hatte Kardinal Scheffczyk schon ein Jahr zuvor von den einschlägigen Sorgen berichtet, die er sich im Hinblick auf St. Pölten mache, zumal wegen der Zustände im dortigen Priesterseminar. Er erwähnte auch, dass er Bischof Krenn, seinen langjährigen Kampfgefährten für eine traditionelle Kirche, mehrmals darauf angesprochen habe. Dieser mache aber einen kranken Eindruck, sei in der Sache völlig beratungsresistent und wolle sich nicht von den Verantwortlichen im Seminar trennen. Auch der damalige Kardinal Ratzinger muss schon lange vorher von solchen Problemen gewusst haben, die er aber offenbar diskret lösen wollte, indem er sich – Krenn zufolge – Ende 2003 um einen Rücktritt Krenns von seinem Bischofsamt bemühte. Wäre Ratzinger damals mit seiner Strategie des Unter-den-Teppich-Kehrens erfolgreich gewesen, wäre der Diözese vermutlich der Skandal erspart geblieben, eine echte Lösung der Probleme hätte man freilich dadurch noch weniger erreicht.

Eine Reaktion meinerseits auf die Fotos war nicht nötig, denn schon am nächsten Vormittag hatten viele andere

Medien sie ebenfalls bekommen, und die österreichische Zeitschrift *Profil* brachte eine umfangreiche Reportage zu den Vorgängen in St. Pölten. Kurz darauf berichtete die ganze europäische Presse von dem Sexskandal im Seminar von Kurt Krenn, dem österreichischen Lieblingsbischof des Papstes.

Obwohl die Sache also in konservativen Kirchenkreisen, besonders auch an führenden Stellen im Vatikan, längst bekannt war, zeigte man erst, nachdem sich der Fall zum öffentlichen Skandal ausgewachsen hatte, erkennbare Reaktionen. Von Rom wurde rasch eine Untersuchung der Vorgänge angekündigt, der Fall aber der Zuständigkeit Krenns entzogen. Dieser sah in den Handlungen seiner engsten Vertrauten nur belanglose »Buben-Dummheiten«,[44] die man nicht so hoch hängen solle. Krenn, der über viele Jahrzehnte in der katholischen Kirche Karriere gemacht hatte, wird gewusst haben, dass es sich bei den Vorfällen um seine Vertrauten nicht um irgendwelche Ausnahmen handelte, sondern um etwas, das unter katholischen Klerikern sehr verbreitet ist – und nun dummerweise fotografiert und publik gemacht worden war.

Früher wurden in solchen Fällen die Dominikaner von der Inquisition beauftragt, heute sind dafür die Opus-Dei-Leute zuständig. So wurde der Feldkircher Bischof Klaus Küng eifrig tätig und untersuchte zusammen mit dem Kirchenrechtler Alexander Pytlik, damals Vizeoffizial von Bischof Mixa in Eichstätt, die Vorgänge. In der Sprache des Kirchenrechts nennt sich eine solche Untersuchung »Visitation«. Pytlik gilt in Kirchenkreisen als Fachmann für derart delikate Aufgaben; im Sommer 2010 begleitete er auch Bischof Mixa zur Audienz bei Benedikt XVI., die dessen Rückzug endgültig besiegelte.

---

[44] www.spiegel.de/panorama/0,1518,308553,00.html

Obgleich der Visitationsbericht zu den Vorgängen in St. Pölten streng geheim war, wurden wichtige Teile daraus durch Indiskretionen bekannt. Die sonst eher auf der Seite Bischof Krenns stehende Zeitschrift *Der 13.* berichtete nach Abschluss der Visitation am 13. Dezember 2004, was mir erst jüngst aus erster Hand ausdrücklich als zutreffend zitiert bestätigt wurde: »Es gibt eine Unmenge Dekrete und Verwarnungen Küngs, die zum Teil ihren Weg sogar in die Öffentlichkeit gefunden haben.« Die beiden Priester wurden demnach ermahnt, ihre »kirchlichen Amtshandlungen nicht durch Unklugheit in den Dienst homosexueller Beziehungen zu stellen«. Die Ermahnung verlange auch, »keine homoerotisch wirkenden Dinge beziehungsweise ein zweideutig unkluges Verhalten gegenüber anderen Männern zuzulassen«, oder verbiete gar, »eine homosexuelle Beziehung fortzuführen oder zu beginnen oder homosexuelle Lokale zu besuchen«. Die Ermahnten sollten außerdem eine gewählte Alltagssprache pflegen, und diese Sprache sollte immer von der Liebe zum Nächsten getragen sein.

Auch wenn es sich hier nur um jugendfreie Ausschnitte aus dem nach Rom gegangenen Visitationsbericht handelt, lassen sich daraus sehr gut Rückschlüsse auf das ziehen, was sich in jenen Jahren im Priesterseminar St. Pölten zugetragen hat.

Als Folge des Skandals musste das zuvor noch als enorm erfolgreiches und zugleich konservativstes katholisches Priesterseminar Europas gefeierte und von Papst Johannes Paul II. lobend erwähnte Haus geschlossen werden. Krenn wurde in seinem Bischofsamt durch den Visitator Klaus Küng abgelöst, der eine der beiden beschuldigten Seminarleiter wurde seines Amtes enthoben, und auch der andere erhielt »endgültig« Berufsverbot. Oder in der Sprache des katholischen Kirchenrechts, er wurde suspendiert.

Die Fördergemeinschaft von *Theologisches* beschloss

darüber hinaus, dem betroffenen Autor ein Publikationsverbot für die Zeitschrift zu erteilen. So wertvoll seine Mitarbeit unter inhaltlichen Aspekten immer gewesen sei, als suspendierter Priester sei er unter keinen Umständen mehr als Autor tragbar. Federführend bei der Durchsetzung dieses Publikationsverbotes waren erwartungsgemäß aus dem Opus Dei stammende Mitglieder der Fördergemeinschaft. Ich enthielt mich damals bei der nicht geheimen Abstimmung der Stimme, weil ich der Überzeugung bin, dass man Inhaltliches von Persönlichem gerade in der Wissenschaft streng trennen sollte.

Verschwörungstheorien als Feigenblatt

Nun könnte man meinen, die beiden Herren auf den Fotos hätten angesichts der unzweideutigen Situation einfach einräumen sollen, Fehler gemacht zu haben, und erklären können: »Unsere Veranlagung ist aber kein Verbrechen und wir bemühen uns in Zukunft, unserer Verantwortung gerecht zu werden.«

Doch nichts dergleichen geschah: Während der ehemalige Regens sich in ein Stift zurückzog und es im kirchlichen Milieu sehr still um ihn wurde, beschritt der Gänswein-Freund einen etwas anderen Weg. Er wies alle Vorwürfe entschieden zurück und bezeichnete die Interpretation der Fotografien als Missverständnis. Der Eindruck, es handle sich um einen innigen Zungenkuss, beruhe auf einer optischen Täuschung; in Wirklichkeit zeige das Foto den Austausch eines »Pax«, wie er in kirchlichen Kreisen – zumal unter jüngeren Männern – in und außerhalb der Liturgie weithin üblich sei. Auch die These, das Foto sei eine Fotomontage, brachte der Subregens zeitweise ins Gespräch. Die Orte, an denen er sich öfter in Zivilkleidung aufgehalten habe, ein von den Visitatoren für einen Homosexuellentreffpunkt gehaltenes Fitnessstudio sowie der Wiener Westbahnhof, habe er aus ehrenwerten Gründen der körperlichen Ertüchtigung oder kultureller Aktivitäten aufgesucht.

Die kirchlichen und zivilen Richter scheint diese Argumentation allerdings nicht überzeugt zu haben. Seine Versuche, gegen die Interpretation der Fotos sowie die anderen Enthüllungen der Medien zivilrechtlich und gegen die Beschlüsse der Visitation, besonders seine Suspendierung, kirchenrechtlich vorzugehen, scheiterten.

Und doch gelang es, eine Wende in seinem Fall herbeizuführen, und zwar, indem man sich einer ganz anderen, immer wieder erfolgreichen Methode bediente: Die Enthüllung sowie die nachfolgende Visitation wurden vom konservativen Freundeskreis des promovierten Kirchenrechtlers als Komplott liberaler Kirchenfürsten gegen den streitbaren, authentisch katholischen und papsttreuen Kurt Krenn und sein sehr erfolgreiches Priesterseminar umgedeutet. Mit Hilfe falscher Unterstellungen habe man St. Pölten liquidieren wollen. Zu dem Zweck sei Krenn schon im Vorfeld ausgiebig bespitzelt worden.

Hinter den Kulissen des Kampfes gegen die angebliche modernistische Verschwörung setzte bei einigen der von der Visitation der Homosexualität »Beschuldigten« ein auffälliger Sinneswandel ein. Der promovierte Kirchenrechtler und die Seinen hatten zu einem extrem homophoben Umfeld gehört, und nun machte sich die Erkenntnis breit, dass die Homophobie auch auf die Homophoben selbst zurückfallen kann. Einer, der den Fall aus nächster Nähe kannte, schrieb mir damals: »Man muss feststellen, dass es bei der Causa St. Pölten überhaupt nicht um Homosexualität geht, denn in beiden Fronten finden sich zahlreiche Schwule. Letztlich wäre das gar nicht weiter bemerkenswert, wenn sich Homosexualität aufgrund der derzeitigen Stimmung in der Kirche nicht perfekt als Waffe eignen würde, um unliebsame Leute abzuschlachten.« Und dann erstaunlich moderate Töne, wie sie zuvor in diesem Milieu noch als Andienen an den Zeitgeist abgelehnt worden wären: »Ob jemand homosexuell ist oder nicht, ist meines Erachtens objektiv ohne Interesse und Belang. Worauf es ankommt, ist vielmehr, ob jemand Charakter, Anstand und Disziplin hat, ob er treu, hilfsbereit und barmherzig ist, und schließlich, ob er im Umgang mit seinem Nächsten – unabhängig von dessen Rasse, Religion, sexueller Vorliebe oder was auch immer – dem Beispiel Jesu zu folgen sucht.«

In der Öffentlichkeit wurde aber natürlich gerade nicht so argumentiert. Das wäre sonst vielleicht ein wirklicher Befreiungsschlag geworden. Stattdessen hieß es, im Gegensatz zum offiziellen kirchlichen Urteil, aus dem ultrakonservativen Umfeld des promovierten Kirchenrechtlers, an den Vorwürfen sei in keiner Weise etwas dran. Wie könne man so frommen und traditionsgetreuen Priestern unterstellen, homosexuell zu sein? Das sei doch schlicht undenkbar! Wenn es so etwas wie homosexuelle Priester überhaupt gebe, dann höchstens bei den Liberalen, aber doch nicht bei denen, die sich immer so klar gegen alles, was mit Homosexualität zusammenhänge, ausgesprochen hätten!

Beim Umgang gewisser Kreise mit dem Skandal von St. Pölten fühlte man sich immer wieder an Christian Morgenstern und sein Gedicht über Palmström erinnert, das literarische Paradigma des Spießers schlechthin:

>»Und er kommt zu dem Ergebnis:
>›Nur ein Traum war das Erlebnis.
>Weil‹, so schließt er messerscharf,
>›nicht sein k a n n , was nicht sein d a r f.‹«

Besonders die bereits erwähnte Verlegerin des Komm-Mit-Verlags, Felizitas Küble, reagierte sehr schnell und verbreitete in ihrem *Pressedienst* in diese Richtung gehende Thesen. Es folgte der pensionierte Studienrat Reinhard Dörner, den ich von den Herrenabenden kannte und der zusammen mit Frau von Stockhausens Sekretärin, Dr. Gabriele Waste, in einem im Selbstverlag erschienenen Buch mit dem Titel *Der Wahrheit die Ehre* das Panorama einer anti-konservativen Verschwörungstheorie gegen Bischof Krenn und seine engsten Mitarbeiter entwarf.

Dass manche dabei die Ereignisse so verbogen, dass sie in das Verschwörungskonzept passten, und zu dem Zweck auch schwere Unrichtigkeiten in Kauf nahmen, zeigte kurz darauf der (ebenfalls konservative und Krenn nahestehende) Moraltheologe Josef Spindelböck auf.

Auch der promovierte Kirchenrechtler mutierte vom eher gemäßigt Konservativen zum überzeugten Anhänger der traditionalistischen Liturgie und publizierte in extrem konservativen Blättern wie der *Una Voce-Korrespondenz*. Das half ihm, seinen »integren Ruf« wiederzuerlangen. Selbst die zuvor noch so ablehnend eingestellte Fördergemeinschaft von *Theologisches* ließ sich von dieser Entwicklung und seinem kirchenpolitisch hervorragend ins Konzept passenden Status als Märtyrer des Antimodernismus überzeugen. Man hob das Schreibverbot für den promovierten Kirchenrechtler auf, der mir nun auch wieder eifrig Artikel zuschickte. Dieser Publikationsort, der auch im Vatikan aufmerksam und mit Sympathie verfolgt wurde, dürfte für seine Rehabilitation von entscheidender Bedeutung gewesen sein.

Schon im Herbst 2008 ließ man das nur wenige Jahre zuvor vom Vatikan ausdrücklich bestätigte und als »endgültig« bezeichnete Berufsverbot für den promovierten Kirchenrechtler still und heimlich fallen, und der Gänswein-

Vertraute tauchte in der ehemaligen Diözese des heutigen Papstes als Geistlicher in der Seelsorge wieder auf, wo er bis heute tätig ist.

Der Sexskandal von St. Pölten wurde hier so ausführlich geschildert, weil er die erste bedeutende Frucht der eingangs erwähnten römischen Weisung zum Thema Homosexualität und Priesteramt ist. An ihm werden die Folgen, die eine solche Weisung nicht nur für Kleriker, sondern auch für homosexuelle Laien in der Kirche hat, in allen Facetten deutlich.

Die Kirche verstößt in diesem neuen Dokument gegen ihre offizielle, noch 1993 im Weltkatechismus formulierte Doktrin, dass homosexuell veranlagten Menschen »mit Takt zu begegnen« sei und sie in »keiner Weise ungerecht zurückzusetzen« seien. Die Diskriminierung homosexuell veranlagter Priester und die daraus folgende »ungerechte Zurücksetzung« aller schwulen Männer wird in dem Dokument von 2005 geradezu zum Programm erhoben. Entweder hat die Kirche ihre Position bezüglich einer für sie offensichtlich zentralen Frage innerhalb weniger Jahre grundlegend geändert (was ihrem eigenen Traditionsverständnis widerspräche), oder die Toleranz des Weltkatechismus war pure, strategisch begründete Scheinheiligkeit, die nicht das wirkliche Denken der Kirche spiegelte.

Was im Vorfeld des St. Pölten-Skandals auch immer abgelaufen sein mag, ob es tatsächlich eine geplante Aktion war, um Krenn loszuwerden, oder nicht – Tatsache ist, dass das vatikanische Dokument wie kein zweites dazu geeignet ist, unliebsame Personen wegzumobben. Damit steht es in der unseligen Tradition der *Hexenbulle* Papst Innozenz' VIII. sowie des *Hexenhammers*; das im 15. Jahrhundert erschienene Buch diente zusammen mit der Weisung des Papstes über Jahrhunderte zur Legitimation der Hexenverfolgung.

Die Verfasser und Unterzeichner dieser Instruktion zum Thema Priesteramt und Homosexualität wissen natürlich genau, wie viele schwule katholische Priester und Priesteramtskandidaten es gibt. Wer den hungrigen und durstigen Gästen an einem reich gedeckten Tisch nicht nur das Essen und Trinken streng verbietet, sondern auch schon das Bedürfnis nach Speise und Trank unter Strafe stellt, wird immer zahlreiche »Verbrecher« zur Auswahl haben. Wenn einer dieser vielen Priester seinen Vorgesetzten, aus welchem Grund auch immer, unangenehm auffällt, haben diese durch die neue kirchliche Rechtsprechung alle Machtmittel in der Hand, um den Renitenten gefügig zu machen und ihm die Möglichkeit zur Selbstverteidigung zu nehmen. Ohne dass er jemals eine homosexuelle Handlung ausgeführt haben muss, genügen bereits seine bloße Veranlagung oder seine Sympathien für eine aus solcher Veranlagung entstandene Kultur, um ihm ganz klar zu sagen: »Du hast gar kein Recht, Priester zu sein! Du bist ein nicht abzuschätzendes Sicherheitsrisiko für unsere Kirche!«

Diese düstere Ausgangslage ist die Basis für die kirchenamtlich umfangreich praktizierte Bigotterie. Dem heiligen Schein zufolge gibt es offiziell keine homosexuellen Priester mehr. In diesem Zusammenhang erinnere ich mich an ein Gespräch mit einem hohen Kirchenfürsten, der mich kurz nach Publikation des römischen Dokuments zum Tee eingeladen hatte, um mich in meiner Arbeit als Herausgeber von *Theologisches* zu bestärken. Irgendwann kamen wir auf das Thema »Homosexualität und Priestertum« zu sprechen. Dabei versicherte er mir voller Pathos, er lege seine Hände dafür ins Feuer, dass er noch niemals einen homosexuell veranlagten Mann zum Priester geweiht habe. Es sei ihm ein zentrales Anliegen, genauestens darauf zu achten, dass die Priester seiner Diözese gesunde und natürliche Männer seien, die unter anderen Umständen auf jeden Fall eine Familie gegründet hätten.

Ich kannte etliche Priester, die von ihm geweiht worden waren, wusste daher auch, dass der Anteil homosexuell Veranlagter unter ihnen genauso erstaunlich hoch war wie in anderen europäischen Diözesen auch.

Anfangs hielt ich den Bischof einfach nur für naiv, je mehr ich mich aber mit den Priestern seiner Diözese über seine Art zu regieren unterhielt, desto klarer wurde mir: Der schöne Schein diente hier, wie in den meisten anderen Fällen auch, dem Machterhalt der herrschenden Autorität. Wer in dieser Märchenwelt mitspielt, wird dadurch belohnt, dass er unbehelligt bleibt, selbst wenn er sich gewisser Vergehen schuldig macht – sofern er kirchenpolitisch richtig eingeordnet ist.

Die bei konservativen Bischöfen verbreitete Haltung, Homosexualität in der Kirche zu negieren, erinnert an Gepflogenheiten in diktatorischen Gottesstaaten wie dem Iran oder im faschistischen Italien unter Benito Mussolini. Als der iranische Präsident Ahmadinedschad bei einem Besuch in New York vor einigen Jahren auf die Verfolgung von Homosexuellen in seinem Land angesprochen wurde, antwortete er, so etwas gebe es dort nicht, und zwar ganz einfach deshalb, weil es keine Homosexuellen gebe. Ähnlich hatte sich viele Jahre zuvor der »Duce« ausgedrückt: »In Italien gibt es nur echte Männer!« Besagter Bischof hatte das Wort »echt« lediglich durch »gesund« ersetzt.

Warum also hätten die Priester aus St. Pölten ehrlich ihre homosexuelle Veranlagung einräumen sollen, wenn dies doch das Ende ihres Berufes und damit aller wirtschaftlichen Sicherheit bedeutet hätte? Ist es nicht verständlich, dass sie es vorzogen, dem Wunsch nach oberhirtlich verordneter Illusion nachzugeben und einfach mitzuspielen?

Welcher junge Mann, der unbedingt Priester werden möchte, wird angesichts dieser Lage noch offen mit seinen Ausbildern reden, um mit ihnen speziell auf ihn zugeschnittene Wege zu suchen, wie er den Zölibat leben kann? Welcher Priester, der homosexuell veranlagt ist, wird sich seinem Bischof oder anderen Mitbrüdern anvertrauen, damit diese ihm helfen können, mit seiner Homosexualität verantwortungsvoll umzugehen?

Wer klug ist und wem sein Beruf etwas bedeutet, der wird es unter den derzeitigen Umständen nicht tun. Stattdessen wird er die Strategien der Vertuschung und Verheimlichung nach außen und der Sublimierung im Privaten weiter verfeinern. Das Verhältnis von Klerikern untereinander und zu den ihnen anvertrauten Gläubigen baut so auf einer prinzipiellen Unredlichkeit auf und steht von Anfang an unter dem Vorzeichen der Lüge, die die theologische Tradition als die Mutter aller Sünden bezeichnet.

Dass durch diese Scheinheiligkeit und die damit einhergehende Vertuschungstaktik erst die »negativen Folgen« entstehen, die das römische Dokument durch homosexuelle Priester gegeben sieht, ist offensichtlich. Hier gibt es dann doch einen Zusammenhang zwischen dem kirchlichen Umgang mit Homosexualität auf der einen und Kindesmissbrauch auf der anderen Seite, auch wenn er sich ganz anders darstellt, als es die Kirchenfürsten bei ihrer Suche nach Sündenböcken gerne hätten: Beide Probleme werden durch Vertuschung und Heimlichtuerei enorm verstärkt.

So wie die Vertuschung von Homosexualität seit 2005 direkt gefördert wird, so war sie bezüglich des Missbrauchs von Schutzbefohlenen in der katholischen Kirche seit 2001 ausdrücklich vorgeschrieben. In dem Jahr veröffentlichte die vatikanische Glaubenskongregation ein von Kardinal Ratzinger verfasstes Schreiben an die katholischen Bischöfe in aller Welt,[45] in dem Missbrauchsfälle grundsätzlich unter das Gebot päpstlicher Geheimhaltung gestellt werden. Das bedeutet: Die Bischöfe durften solche Fälle unter schwerster kirchlicher Strafandrohung weder veröffentlichen noch an ein weltliches Gericht weitergeben, sondern nur direkt im geheimen kirchlichen Kreis klären lassen.[46] Dahinter steht das mittelalterliche Denkmodell, nach dem ein Kleriker nur von höher gestellten Klerikern, niemals aber von Laien, seien sie nun Bundeskanzler oder Staatsanwalt, gerichtet werden darf.

Dazu passt dann auch, dass das Schreiben den sexuellen Missbrauch von Kindern auf eine Stufe stellt mit der Weihe von Frauen zu Priestern. Auch wenn die deutschen Bischöfe inzwischen unter dem Druck der Öffentlichkeit eigene Richtlinien erlassen haben, ist es interessant, dass Papst Benedikt noch immer ganz in dem Denken von damals verhaftet ist. In seinem Brief an die irische Kirche vom 19. März 2010,[47] in dem er sich zu den Missbrauchsfällen äußert, fordert er nun zwar zu einer Zusammenarbeit mit den staatlichen Stellen auf, sieht das größte Problem aber darin, dass durch das Bekanntwerden der Vergehen die Kirche in Irland Schaden genommen habe und der Respekt vor den kirchlichen Autoritäten gesunken sei.

---

[45] »Brief an die Bischöfe der ganzen katholischen Kirche und an andere Bischöfe und Hierarchen, die es angeht, über die der Glaubenskongregation vorbehaltenen schweren Straftaten«, 18. Mai 2001, nachzulesen auf: www.uni-tuebingen.de/uni/ukk/nomokanon/quellen/023.htm

[46] Vgl. etwa www.zeit.de/gesellschaft/zeitgeschehen/2010-03/missbrauch-papst-vorwuerfe-dokumente

[47] »Hirtenbrief des Heiligen Vaters Benedikt XVI. an die Katholiken in Irland«, nachzulesen auf: www.vatican.va/holy_father/benedict_xvi/letters/2010/documents/hf_ben-xvi_let_20100319_church-ireland_ge.html

Zusammenfassend lässt sich feststellen: Das Problem der katholischen Kirche sind nicht homosexuell veranlagte Priester, sondern die Tatsache, dass sie gezwungen werden, ihre Homosexualität krampfhaft zu verheimlichen, und dass noch die unheiligsten Taten systematisch mit einem heiligen Schein überklebt werden.

»Ich bin doch nicht schwul!«

Besonders fatal wirkt sich diese Scheinheiligkeit der katholischen Kirche in der öffentlichen Wahrnehmung dadurch aus, dass sie für unverbildete Laien, die sonst nicht viel mit Klerikern zu tun haben, allzu leicht durchschaubar ist. Und das nicht nur, wenn wieder einmal ein besonders spektakulärer Fall durch die Medien geht. Der Publizist und Friedensforscher Peter Bürger stellte dazu im Dezember 2005 in einem Beitrag für die Internetseite der »Initiative Kirche von unten« fest: »Schon jetzt spekulieren bei öffentlichen Medienauftritten viele Zuschauer, welche Kleriker denn besonders ›feminin‹ auftreten oder mit eitlen Bekleidungsgewohnheiten das Klischee des homophil-klerikalen ›Ästheten‹ bedienen.«[48]
Ich verzichte hier auf Spekulationen und erlaube mir, auf eigene Erfahrungen zurückzugreifen: Wenn ich mit offensichtlich homosexuell veranlagten Klerikern zusammentreffe, fallen mir an ihnen des Öfteren Verhaltensweisen auf, die mich an effeminierte Schwule aus den 50er und 60er Jahren erinnern, wie ich sie eigentlich nur noch aus

[48] Peter Bürger: »Rom will offiziell keine schwulen Priesteramtskandidaten – und übt sich beim Thema ›Homosexualität‹ in Unmäßigkeit«, zitiert nach: www.ikvu.de/html/archiv/ikvu/texte/buerger-homosexuelle-priester.html

Büchern oder Filmen und ein wenig aus meiner Jugend in einer nordbayerischen Kleinstadt kenne. Das Verhalten dieser Homosexuellen aus unserer Eltern- oder Großelterngeneration war Ausdruck des restaurativen, verklemmten Klimas der Adenauerära. Um nur ja nicht aufzufallen, versuchten sie, mit einer Überfülle an Plüsch und der Imitation heterosexuellen Verhaltens die bürgerlichen Wertvorstellungen sozusagen in überspitzter Form selbst zu leben – und fielen gerade dadurch auf. Das damals noch verbotene Ausleben ihrer Sexualität sublimierten sie häufig durch biedere Opern- und Schlagerseligkeit, beruflichen Ehrgeiz sowie feine Kleidung.

Während diese Mechanismen allgemein aus der schwulen Kultur seit vielen Jahren weitgehend verschwunden sind, leben sie bei vielen katholischen Priestern, die ich kennengelernt habe, fort: Diese Männer geben ein Vermögen für klerikale Kleidung, Körperpflege oder Perücken aus. Sie gehen zur Maniküre und lassen sich die Nägel lackieren. Ihr Ehrgeiz, eine neue römische Ernennung zu ergattern, ist enorm, auch weil dies mit neuen Kleiderprivilegien verbunden ist: von violetten Quasten auf dem Birett und seidenen Schärpen bis hin zu den Pontifikalinsignien Mitra und Krummstab im Gottesdienst.

Da man in Rom natürlich keine Titelinflation herbeiführen möchte, erfanden manche traditionelle Gruppierungen wie das »Institut Christus König und Hoherpriester« des Monsignore Schmitz eigene Kleiderordnungen, die jene Roms an Farbigkeit und Pracht noch übertreffen und jede Drag Queen kurz vor dem Christopher Street Day zu Neidausbrüchen veranlassen müssten.

Gerne suchen diese Kleriker die Nähe starker Frauen, die zumeist eine mütterlich-dominante Rolle übernehmen und die ihre Entsprechung in den »Fag Hags« der Schwulenszene finden. Der bei Kleinstadtschwulen früher sehr beliebte

Brauch, sich gegenseitig weibliche Spitznamen zu geben, ist auch unter homosexuellen Klerikern weit verbreitet: Da hat Heidi ein neues Buch geschrieben, Wilhelmine ihm in ihrer legendären Bibliothek einen Ehrenplatz eingeräumt, Lady Prandy hat sich mit einem Kardinal getroffen, die ehrwürdige Schwester Anna Schäfer in Rom ein Abendessen gegeben, Trautl einen Autounfall weitgehend heil überstanden usw. Die Geschichten von Bischof Mixa, der sich von seinem Freund Monsi nennen ließ und ihn Hasi rief, wenn sie ihr von Spendengeldern gekauftes Heimsolarium benutzten, diese Geschichten, die im Frühjahr 2010 zur Belustigung der deutschen Bevölkerung in den Medien die Runde machten und die Mixa später euphemistisch als »kultiviert-konservativen Katholizismus« bezeichnete, nehmen sich in meinen Ohren nur als Light-Version dessen aus, was ich über viele Jahre in Klerikerkreisen gesehen und gehört habe.

In diesem Zusammenhang konnte ich es im Jahr 2008 nicht lassen, einen Geistlichen, der in der Fördergemeinschaft von *Theologisches* wirkte, zu einer Besprechung in das Kölner Café »Rico« einzuladen, das fast ausschließlich von schwulen Männern, darunter auch bekannteren Politikern, frequentiert wird. Fast zwei Stunden dauerte die Besprechung, bei der wir unter lauter schwulen Männern saßen, von denen sich nicht wenige auch so verhielten, dass ihre sexuelle Orientierung unübersehbar war. Dies geschah ganz offen, ohne dass es dem Geistlichen als irgendwie außergewöhnlich aufgefallen wäre. Der atmosphärische Unterschied zu einer Zusammenkunft mit seinen Mitbrüdern dürfte eben nicht sehr groß gewesen sein! Vielmehr bemerkte er, als wir das Café verließen, dass das Flair dort »sehr angenehm« gewesen sei und er solche Lokalitäten in der Kleinstadt, wo er Pastor war, schmerzlich vermisse. Von da an traf ich mich oft mit Geistlichen in dem Café. Bis auf eine Ausnahme fühlten sie sich dort alle sehr wohl ...

Interessant ist auch eine Anekdote aus St. Pölten, die mir einer der Betroffenen erzählte, die später auf Basis schriftlicher Mitteilungen von Bischof Küng aber auch durch die Medien ging. Der von Rom beauftragte Opus-Dei-Visitator sollte nach dem Skandal um die beiden Priesterseminarleiter in der Ausbildungsstätte Homosexuelle oder homosexuell Veranlagte ausfindig machen, um so die vermeintliche Verschwörung von Schwulen auffliegen zu lassen. Nun ist es nicht ganz einfach, so etwas herauszufinden, zumal die Foltermethoden, derer sich die Kirche in früheren Zeiten befleißigte, auf wenig Gegenliebe bei der Öffentlichkeit gestoßen wären. Folglich entwickelte der Visitator, ein studierter Mediziner, zusammen mit seiner Equipe eine Vorgehensweise, die offenkundig auf Klischees der heterosexuellen Welt vor 1970 beruhte. Die Homosexuellen sollten erstens an der Vorliebe für bestimmte Farben, vor allem Violett und Rosa, zweitens an dem Bedürfnis, Fotos von sich selbst aufzuhängen, drittens an einem bestimmten Geruch und schließlich viertens an feuchten Händen und einem zu weichen Händedruck erkannt werden.

Tatsächlich machte der Visitator mittels dieses Verfahrens etliche Personen ausfindig, doch die wiesen eine derartige Veranlagung größtenteils entrüstet zurück. In der säkularisierten Welt wurden die Methoden des Opus-Dei-Visitators mit Humor aufgenommen. »Gut, dass er katholischer Bischof geworden und nicht Arzt geblieben ist. Die armen Patienten, wenn er so seine Diagnosen gestellt hätte«, meinte mein damaliger Hausarzt.

Hätte man einen der Geistlichen, mit denen ich zum Beispiel im Café »Rico« war, gefragt, ob er schwul sei – so wie der Filmemacher Rosa von Praunheim es gewohnheitsmäßig tut –, hätte er dies vehement zurückgewiesen, denn schwule Priester darf es ja seit 2005 nicht mehr geben. Wahrscheinlich wäre er sogar noch weiter gegangen. Gerade von Geistlichen, die sich auffällig effeminiert-homosexuell benahmen, hörte ich häufig homophobe Äußerungen. Diese richteten sich vor allem gegen offen und selbstbewusst ihre sexuelle Identität lebende Männer, darunter besonders gegen jene, die damit auch noch publikumswirksam an die Öffentlichkeit traten. Der Mechanismus, der im Zusammenhang mit meiner Polemik gegen Rahner und Vorgrimler ausgeführt wurde, greift offensichtlich auch hier: Eigene Probleme werden auf andere projiziert, um sie dort zu bekämpfen.

Der Aspekt der Projektion lässt sich noch um eine Dimension erweitern, auf die Peter Bürger in dem erwähnten Beitrag auf der Internetseite der »Initiative Kirche von unten« hingewiesen hat: »Viele kirchliche Komplikationen beim Thema Homosexualität wurzeln in dem Versuch, die eigene ›Männlichkeit‹ rechtfertigend unter Beweis zu stellen.« Da das Bild der Männlichkeit in konservativen Kreisen stark vom Wertekanon einer patriarchalen Gesellschaft bestimmt ist, spielt bei der Bekämpfung eigener homosexueller Neigungen das aggressive Durchsetzen von Machtansprüchen eine zentrale Rolle. Dass gerade Kirchenmänner, die dem Verdacht vorbeugen wollen, sie seien schwul, innerhalb der Hierarchie nach oben buckeln, um nach unten umso fester zu treten, ist allbekannt. Ebenso wie die Tatsache, dass die Bereitschaft zum aggressiven Machtstreben – neben der Linientreue – ein entscheidendes Kriterium ist, um in der katholischen Kirche Karriere machen zu können.

Erstaunt war ich, als mir ein Geistlicher klarzumachen versuchte, man müsse bei der Verachtungswürdigkeit der Homosexualität noch einmal zwischen Homosexuellen, die beim Geschlechtsverkehr aktiv seien, und solchen, die passiv seien, unterscheiden. Auf der untersten Stufe stehe dabei derjenige, der sich »nach Art einer Frau« dem anderen hingebe. Ich hielt das zunächst für einen Spleen des Paters, doch dann fand ich diese ganz offensichtlich aus einer Minderbewertung der Frau herrührende Theorie in dem Werk *Homo Apostolicus* des wichtigsten Moraltheologen der katholischen Kirche, des heiliggesprochenen Alfons von Liguori, wieder, und mir wurde klar, dass es sich dabei um die offizielle Position der katholischen Moraltheologie handelte.

Die traditionelle katholische Moraltheologie bietet homosexuellen Klerikern noch ein weiteres Feigenblatt, das ebenfalls eine nicht unbedeutende Rolle spielen dürfte. Ich erinnere mich lebhaft an ein Gespräch mit einem Benediktinerfrater, der während meines Studiums mein Mentor war. Von einem guten Freund wusste ich, dass er mit diesem eine Liaison angefangen hatte. Ich sprach ihn daraufhin an, dass er ja auch schwul sei, was er entsetzt zurückwies. Nur den aktiven und passiven Analverkehr, den er abstoßend finde, zähle die katholische Moraltheologie zu den homosexuellen Handlungen, alles andere falle nicht darunter.

Solche und ähnliche Feigenblatt-Strategien scheinen sich überall dort prächtig zu entwickeln, wo eine rigide Sexualmoral Menschen gegen ihre Natur einengt. Dies sieht man auch daran, dass sich ähnliche Argumentationsmuster bei amerikanischen Teenagern finden, die sich am Programm »Kein Sex vor der Ehe« beteiligen. Man kann das Versprechen leicht halten, wenn man einfach sehr frei festlegt, was man überhaupt unter Sex verstehen will. Anders ist das Ergebnis der »National Longitudinal Study of Adolescent Health« aus dem Jahr 2008 kaum zu erklären, nach dem amerikanische Teenager, die dieses Gelübde ablegen, sich häufiger Geschlechtskrankheiten zuziehen als ihre gleichaltrigen, nicht an ein Gelübde gebundenen Mitschüler.

Mit diesen durch die traditionelle Moraltheologie ver-
bürgten Ansichten über Homosexualität geht fast immer
eine euphorische Verklärung von (heterosexueller) Ehe
und Familienleben einher, die sich gerade aus dem Mund
von zölibatär Lebenden besonders paradox ausnimmt.
Wenn die Ehe die heiligste Lebensform ist, die man sich
vorstellen kann, da sie in der »Familie der Dreifaltigkeit«
(Vater, Sohn und Heiliger Geist) und der heiligen Familie
von Nazareth (Maria, Josef, Jesus) ihr Urbild und sittlich
verpflichtendes Vorbild habe, stellt sich die Frage, warum
katholische Priester dann nicht heiraten dürfen. Während
eines Besuchs des Rektors der römischen Opus-Dei-Universität, Pater Lluis Clavell, in unserer Kölner Wohnung,
erklärte mir der bekannte Philosoph, der inzwischen zum
Präsidenten der Päpstlichen Thomas-Akademie aufgestiegen ist: »Gerade dadurch, dass wir im Zölibat auf Ehe und
Familie verzichten, drücken wir unsere Hochachtung für
diese Institutionen aus.«

Wir haben gesehen, wie die katholische Kirche systematisch eine für erwachsene Menschen unwürdige Situation
schafft, in der sie ihre sexuelle Identität dauernd verschämt
leugnen müssen. Dies kam mir erneut in Erinnerung, als die
Süddeutsche Zeitung am 20. Juni 2010 die Aussage eines
jungen Priesters veröffentlichte, der einen Dialog Bischof
Mixas mit einem anderen jungen Priester belauscht hatte.
Mixa war mit den beiden Geistlichen in Urlaub gefahren
und hatte einen der beiden – am Tag nach einem abend-
lichen Zusammentreffen im »Überschwang der Gefühle«
– angeblich erneut heftig bedrängt und, als der junge Mann
sich zurückziehen wollte, gesagt: »Bleib da, ich brauche
deine Liebe.« Darauf der Bedrängte: »Ich bin doch nicht
schwul.« Und wieder Mixa: »Ich doch auch nicht!«

Traditionalistische Internetpräsenzen

Mit Beginn des neuen Jahrtausends gewann das Internet auch im kirchenpolitischen Bereich immer mehr an Bedeutung. Dabei fällt auf, dass offiziell gestartete Internetaktionen kaum Erfolg hatten, während private Initiativen große Aufmerksamkeit auf sich ziehen konnten. Unter diesen wiederum sind es gerade konservativ-katholisch ausgerichtete Webpräsenzen, die die größten Erfolge erzielen.

Was reale Netzwerke wie die Piusbruderschaft, die Düsseldorfer Herrenabende oder der Kreis um die Zeitschrift *Theologisches* noch im Rahmen persönlicher Begegnung, aber hinter verschlossenen Türen praktizierten, das findet nun im weltweiten Netz statt und erreicht einen viel größeren Personenkreis. So wurde die »benedettinische Wende« schon mehrere Jahre vor der Wahl Joseph Ratzingers zum Papst in der deutschen Öffentlichkeit durch das Internet wirkungsvoll vorbereitet. Die komplizierten, über viele Jahrhunderte entwickelten Reglements, die heute in Rechtsstaaten eine unverzichtbare Rolle für die journalistische Berichterstattung spielen, kommen dabei allerdings kaum mehr zum Zuge.

Als erste bekanntere katholische Internetpräsenz nahm die Seite *kath.net* mit Unterstützung Bischof Krenns im Jahr 2001 von Österreich aus ihren Betrieb auf. Betrieben wird sie bis heute von einer Gruppe jüngerer Katholiken, Laien und Priester, die einen dezidiert kämpferischen Katholizismus, verbunden mit einer eigenen, an Medjugorje ausgerichteten Marienfrömmigkeit vertreten. Subventioniert wird die Seite vor allem von dem päpstlichen Hilfswerk »Kirche in Not«, das offensichtlich im Hinblick auf die Finanzierung extrem konservativer Initiativen in ganz Europa eine Schlüsselrolle spielt. Die knapp achtzig Millionen Euro Spendengelder, die das direkt dem Vatikan unterstelle und mit dem Spendensiegel des Deutschen Zentralinstituts für soziale Fragen (DZI) versehene Werk etwa im Jahr 2007 einnahm, werden freilich nicht mit dem klaren Hinweis auf solche Zwecke gesammelt, sondern mit dem harmlos klingenden Ziel, weltweit verfolgten, bedrängten und notleidenden Christen zu helfen.

Im Zentrum der Arbeit von *kath.net* steht aber nicht – wie man aufgrund des finanziellen Engagements von »Kirche in Not« annehmen könnte – die Hilfe für »bedrängte Christen« oder eine Vertiefung christlicher Frömmigkeit und des Glaubens. Vielmehr hat man sich fundamentalistisch-konservatives Engagement in kirchen- und gesellschaftspolitischen Fragen auf die Fahnen geschrieben. Besonders gerne werden Geistliche an den Pranger der Internetöffentlichkeit gestellt, die in ihren Pfarreien eine an den Menschen orientierte Pastoral praktizieren. Aber auch gegen moderne Kunst und Liturgiegestaltung, gegen die Zulassung wiederverheirateter Geschiedener zur Kommunion, gegen einen fairen Dialog mit anderen Religionen, gegen die Gleichberechtigung homosexueller Menschen, gegen künstliche Verhütung und gesetzlich erlaubten Schwangerschaftsabbruch geht man entschieden vor.

Es sind nicht nur zahlreiche konservative Bischöfe, die die Arbeit von *kath.net* immer wieder lobend hervorheben, auch der Papst hat inzwischen erkannt, dass er mit dieser Nachrichtenagentur einen wichtigen Verbündeten in seinem Kampf gegen die »Diktatur des Relativismus« hat. Einem Bericht der Internetseite zufolge ließ Papst Benedikt am 9. Juni 2010 die *kath.net*-Mitarbeiterin Verena Mayer bei einer kleinen Privataudienz nach der Generalaudienz wissen: »Ich freue mich sehr, dass es kath.net gibt und dass kath.net über das Aktuelle in der katholischen Kirche berichtet.«[49]

---

[49] Zitiert nach: www.kath.net/detail.php?id=27001

Auch ich teilte anfangs diese Freude und gab *kath.net* mehrere Interviews zu aktuellen theologischen Fragen oder verfasste Beiträge für die Seite. Besonders ein kritisches Interview zu Karl Rahner publizierte man dort mit großer Genugtuung. *Kath.net* machte auch indirekt Werbung für *Theologisches*, aber nur so lange, bis ich einen kritischen Artikel zu den angeblichen Marienerscheinungen von Medjugorje veröffentlichte.

Da die Verantwortlichen der Seite *kath.net*, die zeitweise auch Zuschüsse aus Kirchensteuermitteln bekam, namentlich bekannt sind, legt man sich dort die Zügel des Euphemismus und der indirekten Rede an, wo man aufgrund seines antimodernen Katholizismus mit dem Gesetz in Konflikt kommen könnte.

Die Macher einer anderen Internetseite haben daraus ihre Konsequenzen gezogen: Im Herbst 2004 ging die Seite *kreuz.net* an den Start, die sich, von einigen Namensbeiträgen abgesehen, in der Anonymität versteckt und so in der Lage ist, die Grenzen des Rechts und menschlichen Anstands zu überschreiten.

Wenn der existentiellste Kampf der Gegenwart jener um die Aufmerksamkeit ist, können sich die Internet-Kreuzritter durchaus sehr erfolgreich fühlen. Im April 2008 registrierte *kreuz.net* knapp acht Millionen Seitenaufrufe pro Monat und rühmte sich, etwa dreimal so viele Leser zu verzeichnen wie sämtliche anderen katholischen Online-Medien im deutschen Sprachraum zusammen. Eine genauere Beschäftigung mit *kreuz.net* ist aber nicht nur aus diesem Grund nötig, sondern auch, weil dort in aller Öffentlichkeit gesagt wird, was entgegen der Annahme der Berliner *Tageszeitung* vom 19. März 2009 eben nicht nur beim »braunen Bodensatz der katholischen Traditionalisten« gilt.

Mit missionarisch-sektiererischem Eifer wird hier genau das verbreitet, was erzkonservative Katholiken bis in höchste Ämter hinein denken, aber nur im privaten Gespräch mit gleichgesinnten Kampfgenossen hinter verschlossenen Türen zum Besten geben. Ein Bischof, den ich auf die Problematik von *kreuz.net* ansprach, antwortete mir: »Was haben Sie mit der Seite für Probleme? Wir beide wissen doch, dass die recht haben!« Und die von der katholischen Kirche mitfinanzierte Seite *kath.net* unterscheidet sich, wie bereits erwähnt, von der anonymen Konkurrenzseite hauptsächlich dadurch, dass sie die gleichen katholischen Radikalismen einfach etwas vorsichtiger formuliert und sich damit schmücken kann, dass sogar Bischöfe als Autoren der Seite auftreten.

Daher verwundert es auch nicht, dass die katholische Kirche bislang offiziell nichts Nachhaltiges gegen *kreuz.net* unternommen hat. Es blieb im Wesentlichen bei der kurzen Bemerkung des Sprechers der Deutschen Bischofskonferenz im Februar 2009, dass man sich von *kreuz.net* distanziere und die Internetseite kein offizielles Unternehmen der katholischen Kirche sei. Ähnliche Äußerungen kamen auch von den österreichischen und Schweizer Bischöfen. Konsequente zivilrechtliche Versuche der katholischen Kirche, gegen die Seite vorzugehen, sind bisher ebenso ausgeblieben wie kirchenrechtliche Sanktionen gegen deren Macher. Diese könnte man auch ganz allgemein aussprechen, ohne die konkreten Personen namentlich zu nennen. Warum exkommuniziert man nicht einfach in Rom die hinter *kreuz.net* stehenden Personen? Dies wäre eine unzweideutige und glaubhafte Distanzierung der Amtskirche, die auch auf die Autorenschaft und die Fans der Seite nicht ohne Eindruck bliebe. Stattdessen macht man genau das Gegenteil: Man hebt ohne Not die Exkommunikation eines Bischofs auf, der nahezu alle Thesen von *kreuz.net* auf ähnlich aggressive Weise vertritt.

In anderen Fällen ist man mit kirchlichen Strafen wesentlich großzügiger: So wurde etwa der Saarbrücker Theologieprofessor und Priester Gotthold Hasenhüttl 2003 vom Heiligen Stuhl endgültig suspendiert, weil er auf dem Berliner Ökumenischen Kirchentag zusammen mit evangelischen Christen einen gemeinsamen Abendmahlgottesdienst gefeiert hatte. Und er ist nur ein Beispiel von vielen, bei denen mit äußerster Härte gegen modern ausgerichtete Priester und Theologen vorgegangen wird.

Wie die Hersteller der billigen Turnschuhe, die man unter Markennamen wie »Dadidas« oder »Niker« auf türkischen Touristenmärkten kaufen kann, hat *kreuz.net* sein Webdesign von der damals noch größeren Schwester *kath.net* gestohlen. Deshalb wirkt die Internetseite auf den ersten Blick nicht nur technisch professionell gemacht, sondern erweckt auch den Anschein, von frommen, gottesfürchtigen Menschen betrieben zu werden. Im kardinalsroten Kopf-Frame prangt ein liegendes Kruzifix, von dem der gekreuzigte Jesus den Betrachter leidend anblickt. Daneben plakativ in Großbuchstaben der Name der Seite, versehen mit dem Untertitel »Katholische Nachrichten«.

»Homos und Kastraten – ab in die Hölle!«

In Wirklichkeit ist *kreuz.net* alles andere als fromm und gottesfürchtig. Nicht nur gegen das zehnte Gebot »Du sollst nicht stehlen« haben die Betreiber der Seite verstoßen, sie verbreiten auch offenkundige Lügen und fordern sogar dazu auf, das Tötungsverbot zu brechen. Der vermeintlich heilige Zweck dieses kämpferischen Katholizismus scheint wirklich alle Mittel zu heiligen.

So wie die Produktpiraterie in unseren Geschäften keine Chance hat und sich deshalb am Rande Europas abspielt, so hatte sich *kreuz.net* wohlweislich einen Server in den

USA und ein Phantasie-Impressum besorgt. Dahinter stand offenbar die Absicht, dem deutschen Rechtssystem zu entgehen. Da die Internetpräsenz aber aufgrund der vielen Protestschreiben aus Europa und des Engagements amerikanischer Bürgerrechtler wie David Vickrey[50] selbst in den USA Probleme mit dem ursprünglichen Provider bekam, der fundamentalistischen Hasspredigern kein Forum mehr bieten wollte, musste sie sich im Dezember 2008 einen neuen Server suchen, der sich dann schließlich in Kanada fand. Als Vorbild hatte man sich bei der Wahl der neuen Heimat die deutschsprachigen Rechtsradikalen und Neonazis genommen, die ihre Internetpräsenzen häufig in Kanada hosten, wenn ihnen selbst die USA mit ihrer nahezu unbegrenzten Meinungsfreiheit zu eng werden.

Auch um das Copyright für Fotografien und Textmaterial kümmert man sich wenig: Publiziert wird – meist entsprechend der Aussageabsicht gekürzt und ausgewählt –, was ins Konzept passt. Selbst vor der Erfindung von Nachrichten und Dokumenten schreckt man nicht zurück, wenn man sie kirchenpolitisch gebrauchen kann. So gab der Vatikansprecher Pater Lombardi im Dezember 2009 bekannt, dass ein Dokument, das *kreuz.net* kurz zuvor als Schreiben der Vatikanischen Gottesdienstkongregation verbreitet hatte, nicht von dieser stamme.

Doch welches ideologische Konzept steht nun hinter *kreuz.net*? Vielleicht lässt es sich am ehesten mit dem von meinem Doktorvater Thomas Ruster geprägten Diktum »Wie man Katholik, aber nicht Christ sein kann« zusammenfassen. Der Dortmunder Professor wählte diese Charakterisierung für Julius Langbehns 1890 erschienenes Werk *Der Rembrandtdeutsche*, über das er in seiner Habi-

---

[50] www.dialoginternational.com/dialog_international/2009/09/
kreuznet-and-volksverhetzung-.html

litationsschrift urteilt: »Es enthielt alle die Ressentiments und Vorurteile, die ein halbgebildeter und zutiefst reaktionärer Mensch des ausgehenden 19. Jahrhunderts gegen die modernen Zeiten haben konnte.« Besonders falle in diesem Werk der mit »arisch-rassistischen Vorstellungen angereicherte Naturalismus«[51] und Antisemitismus auf.

Kreuz.net kommt wie die aktualisierte Neuauflage des »Rembrandtdeutschen« daher, wobei das Werk aus dem 19. Jahrhundert, verglichen mit dem Niveau von *kreuz.net*, noch geradezu anspruchsvoll erscheint. Die Juden und Freimaurer wurden als Feindbilder beibehalten. Immer wieder werden Beiträge veröffentlicht, die Existenz und Dimensionen der Shoah leugnen oder liberalen Bischöfen die Mitgliedschaft in Freimaurerlogen andichten. Wer dieser Geschichtsdeformation widerspricht, wird kurzerhand zum »homoverseuchten Judas« erklärt. Wegen des Antisemitismus der Seite hat sich in Insiderkreisen die Bezeichnung »Hakenkreuz.net« oder »Hetz.net« eingebürgert.

Als Feindbild hinzugekommen sind die (interessanterweise nur männlichen) Homosexuellen, die meist als »Sodomiten« bezeichnet werden. Der Auseinandersetzung mit ihnen widmet man, neben der überschwänglichen Begeisterung für die tridentinische Messe, den meisten Raum. Der Hass auf alles, was mit Homosexualität zu tun hat, kennt keine Grenzen und kein Tabu und erhält gerade dadurch etwas Verräterisches. Zwei Psychologen, mit denen ich *kreuz.net* genauer analysierte, sind der festen Überzeugung, dass hinter solchen Äußerungen nur Menschen stecken können, die, vermutlich aufgrund der rigiden kirchlichen Sexualmoral, massive Probleme mit ihrer eigenen Sexualität haben. Die Beobachtung, dass die extremste Homophobie unter Katholiken zumeist von zölibatär

[51] Thomas Ruster: *Die verlorene Nützlichkeit der Religion*, S. 62

eingeengten Homophilen ausgeht, scheint auch hier zuzutreffen.

In ihrem geradezu pathologischen Hass stützen sich die von klerikaler Homophobie Getriebenen auf zwei einander widersprechende Theorien: Die erste Theorie besagt, dass es sich bei der »Homo-Unzucht« um eine schwere Krankheit handele, die therapierbar sei. Auch wenn die Gefahr bestehe, dass die zu Therapierenden zum Beispiel bei einer Elektroschockbehandlung stürben, dürfe man zum Schutze der Gesellschaft nichts unversucht lassen und müsse solche Unfälle im Sinne eines höheren Interesses notfalls als Kollateralschaden hinnehmen.

Jedenfalls in Bezug auf den Ausgangspunkt dieser Argumentation können sich die Homophoben auf den langjährigen »Gesundheitsminister« des Vatikans berufen. Der aus Mexiko stammende Kurienkardinal Javier Lozano Barragán ließ im Dezember 2009 kurz nach seiner Emeritierung verlauten, Homosexualität sei keineswegs angeboren, sondern eine schwere, erworbene psychische Krankheit. Die Gesellschaft habe ein Recht darauf, vor solchen Menschen geschützt zu werden. Da Staaten dies nur in seltenen Fällen gewährleisten, blieb dem Kardinal nichts anderes übrig, als mit der Hölle zu drohen: Unternehme der Kranke nichts für seine Heilung, so sei dessen Verdammung in die Hölle nach seinem Tod sicher. *Kreuz.net* jubelte am 2. Dezember 2009, endlich traue sich ein Kardinal, die Wahrheit zu sagen: »Homos und Kastraten – ab in die Hölle!« Ganz ähnlich argumentiert im deutschen Sprachraum der Salzburger Weihbischof Andreas Laun, der Schwulen zwar nicht mit der Hölle droht, aber die Überzeugung vertritt, Homosexualität sei eine sündige Krankheit, die therapierbar sei.

Die zweite Theorie geht von der Vorstellung aus, dass die gleichgeschlechtliche sexuelle Veranlagung die schlimmste und verachtenswerteste aller Sünden darstelle. Insofern gelte hier auch nicht die alte christliche Regel, dass die Sünde zwar zu hassen, der Sünder aber zu lieben sei. Es sei geradezu heilige Pflicht eines Katholiken, den so Veranlagten, selbst wenn er diese Veranlagung nicht ausübe, aus ganzem Herzen zu hassen.

Dass diese beiden Theorien unvereinbar sind, scheint man nicht zu bemerken. Einig ist man sich mit einigen extremistischen Muslimen jedoch darin, dass der verstärkte Konsum von Schweinefleisch, die moderne Erziehung sowie die Europäische Union die Homosexualität fördern und Aids die gerechte Strafe für ein solches Verhalten darstellt.

Wo die Strafe Gottes nicht sofort greift, fühlen sich die *kreuz.net*-Katholiban berufen, am Werk Gottes mitzuwirken. Am 30. Juli 2010 war auf ihrer Internetseite zu lesen: »Wo die Staatsgewalt versagt, muss das Christentum überbrücken, bis eine gottgefällige Regierung in Amt und Würden ist. Darum ist die Gewaltausübung gegen Homosexuelle nicht nur das Recht eines jeden Christen, sondern sogar seine Pflicht.«

Seit der Diskussion über die kirchlichen Missbrauchsskandale und die in diesem Zusammenhang geäußerten Thesen Kardinal Bertones und anderer Bischöfe setzt man in den *kreuz.net*-Artikeln Homosexualität und Pädophilie systematisch gleich. Offenbar hofft man, über diesen semantischen Trick doch noch breitere Unterstützung für die eigene extreme Homophobie zu finden, die bei weniger als fünf Prozent der westlichen Welt auf Einverständnis stoßen dürfte.

Lustvolles Entsetzen

Betrachtet man die auf *kreuz.net* publizierten Artikel zum Thema Sexualität, stellt man fest, dass die Macher der Seite auf geradezu pubertäre Art und Weise irgendwo zwischen Faszination und Ekel zu schwanken scheinen. Sehr anschaulich zeigen dies die vielen Details über diverse Sexualpraktiken, die man voyeuristisch ausbreitet. So wurde am 7. März 2007 in aller Ausführlichkeit aus dem Interview mit einem Schauspieler zitiert, in dem es hieß: »Ich war noch nie in einem Darkroom und habe mir immer vorgestellt, dass es nur ein dunkler Raum ist. Tatsächlich ist dieser Darkroom wie ein kleines Labyrinth, und in Schwanzhöhe sind überall in die Wände Löcher gebohrt.« Mehr als drei Jahre später suhlt man sich noch immer genüsslich im Verbotenen. So hieß es am 25. August 2010 in einem Artikel über das »wahre Gesicht der staatlich hofierten Homo-Schweinereien«: »Dann muss die unschuldige Zahnbürste daran glauben. Sie soll als Werkzeug zur Sodomisierung herhalten. Der Entartung nicht genug: Selbst Zahnpasta wird von manchen gerne als Schmiermittel verwendet: Colgate-Fans schwören auf den kühlen und leicht brennenden Effekt. Letzterer ist ein Vorgeschmack auf die für die Homosexuellen bestimmte Endstation.«

Auch die zahlreichen, oftmals von Nachrichtenagenturen oder anderen Internetseiten gestohlenen Fotografien, die spärlich bekleidete Menschen auf CSD-Umzügen zeigen und die meisten »Homo-Unzuchts«-Beiträge der »frommen« Seite gleich als ganze »Photomeile« schmücken, sprechen für sich.

Die redaktionellen Kommentare unter den Fotos bilden den Gipfelpunkt klerikaler Bigotterie: »Ein Bild des Menschen, der zum geschändeten Sklaven seiner unbeherrschten Triebe geworden ist« (25. 3. 2008), oder: »Der Bademeister führt seit Jahren ein Doppelleben zwischen Familie und finsteren Homo-Höhlen in Hamburg« (7. 3. 2007), oder: »Perversions-Priester Paul zwischen zwei widernatürlichen Prostituierten in einer Homo-Hölle in Rom« (23. 7. 2010). Teils erinnert das an die Titel von Billigpornos, teils an die seufzenden Kommentare von alten Damen, die sich am Rande eines FKK-Strandes niedergelassen haben, von dort aus mit einem Opernglas alles ganz genau beobachten und mit lustvollem Entsetzen kommentieren. Mit jenem moralischen Entsetzen, das jedem Kundigen die stille Trauer verrät, nicht an dem Treiben teilhaben zu dürfen.

Wie bereits angedeutet, hat man bei *kreuz.net* eine besondere Vorliebe für den Islamismus, in dem man den wichtigsten Kampfgefährten gegen das Weltjudentum, den »Blut- und Homopräsidenten« der Vereinigten Staaten und die westliche Dekadenz sieht. Immer wieder werden einschlägige Reden des iranischen Diktators Ahmadinedschad in Übersetzung publiziert oder Beiträge von der bereits erwähnten Seite *muslim-markt.de* übernommen. Unter den Autoren der nicht anonym veröffentlichten *kreuz.net*-Beiträge sind ein wegen Volksverhetzung Verurteilter und ein Mann, der sich als österreichischer »Pornojäger« bezeichnet, sowie »Deutschlands führende Homophobe« (so das Urteil des Historikers und Publizisten Hans-Georg Stümke über die betreffende Dame).

Aber auch so manche Persönlichkeit aus dem Düsseldorfer Herrenabend-Netzwerk taucht hier als Autor wieder auf, manche sogar unter ihrem Klarnamen. Selbst Tote lässt man als Autoren wiederauferstehen. So brachte *kreuz.net* im Januar 2009 eine Rede Heinrich Himmlers, in der dieser die massenhafte Vernichtung der Juden als Notwehr des deutschen Volkes zu rechtfertigen sucht. Solche Artikel geben, ausgestattet mit bestimmten Signalen, jeweils den Anstoß für die Leser, im Forum völlig unkontrolliert ihre Meinungen zu posten. Gelöscht wird in diesem Bereich von der Redaktion fast nur Kritik an Persönlichkeiten und Organisationen aus dem rechtskatholischen Spektrum. Besonders auffällig ist dabei, dass Lesermeinungen, die sich kritisch zur »Gesellschaft zum Schutz von Tradition, Familie und Privateigentum« (TFP) äußerten, nicht selten schon innerhalb weniger Minuten von den Administratoren gelöscht werden. Nur ein Zufall?

Die Aufrufe zur Gewaltanwendung, ja sogar zum Mord an modernen Geistlichen, bekennenden Homosexuellen oder Feministinnen lässt man dagegen schon mal stehen, selbst wenn sie mit der Privatadresse der »Feinde des Glaubens und der guten Sitten« versehen sind. Interventionen von Seiten der Betroffenen mit der Aufforderung, diese Aufrufe zu löschen, bleiben in den meisten Fällen erfolglos und häufig sogar unbeantwortet.

In den Leserkommentaren auf *kreuz.net* wird auch gern der Iran als Musterland dargestellt, denn dort sei man nicht von den verrückten Ideen des Liberalismus angesteckt und wisse noch, was mit unzüchtigen Menschen zu tun sei: »Schafft die Baukräne ran! Die Relativisten, die säkularen Staaten sind eure Todfeinde. Die Muslime stehen uns hundertmal näher als jedes ungläubige Homoschwein!« (22. April 2009) Angespielt wird hier auf die Hinrichtung von zwei minderjährigen Jungen im Iran, die im Juli 2005 wegen angeblicher homosexueller Handlungen zum Tode verurteilt und an Baukränen erhängt wurden.

Dieser Kommentarteil, der bisweilen an die tausend Posts zu einem Artikel umfasst (!), zieht geradezu magisch alle möglichen ideellen Exhibitionisten des rechtskatholischen Spektrums an, die ihre radikalen Äußerungen in anderen Organen nicht veröffentlichen können oder nicht den Mut haben, mit ihrem Namen dafür einzustehen, und die hier nun auf ein größeres Publikum hoffen.

Ein erschreckendes Beispiel hierfür ist ein Kommentar, der am 28. Juli 2010 nach dem Unglück bei der Love-Parade in Duisburg auf *kreuz.net* zu lesen war: »Die Love-Parade als Selbstverherrlichungs-Orgie der Verdammten aus der Unterschicht gehört in den Orkus der Geschichte. Solche Dinge passieren üblicherweise, wenn 60 bis 70 Jahre Frieden das Unkraut im Volk hochschießen lässt. Kondome und Pille taten in den letzten Jahrzehnten ihr Übriges dazu bei, dass sich dieser Menschenmüll auf beispiellose Weise vermehren konnte. Es ist Zeit, es ist allerhöchste Zeit, dass dieser Unrat von der nächsten Sintflut aus den Straßen gewaschen wird.«

Jeder Insider weiß natürlich, dass diese Internetseite besonders im Hinblick auf ihren Sprachstil und ihren Radikalismus nicht die offizielle katholische Position wiedergibt, von der Öffentlichkeit wird sie dennoch nicht selten so wahrgenommen. Und daran ist die katholische Kirche nicht ganz unschuldig. Schließlich kam die offizielle Distanzierung auch der deutschen Kirche sehr spät, und zwar erst, als die großen Medien im Zusammenhang mit dem Fall Williamson auf *kreuz.net* aufmerksam geworden waren. Zu diesem Zeitpunkt war die Seite schon fast vier Jahre überaus aktiv und hatte die Zahl ihrer Leser innerhalb dieses Zeitraums enorm steigern können.

Auch wenn ich manches, was in ultrakonservativen katholischen Kreisen falsch lief, erst später durchschaute, habe ich schon sehr früh vor dem Imageschaden gewarnt, der der gesamten katholischen Kirche in Deutschland durch *kreuz.net* droht. Allerdings stieß ich damit auf keinerlei Resonanz bei der katholischen Amtskirche. Stattdessen wurde meine Person zu einem Hassobjekt der Internetseite – eine Aversion, die bis heute anhält und ausgiebig ausgelebt wird. Diese Aversion hat sich dann aufgrund der großen Beliebtheit von *kreuz.net* bei konservativen Katholiken sehr schnell auch auf andere Kreise ausgeweitet.

Im Grunde ist es müßig, darüber zu rätseln, wer hinter *kreuz.net* steht. Die Medien haben dies bereits ausführlich getan und dabei die Nähe zu Umgangston und Positionen von »ehrenwerten Gesellschaften« konstatiert, die hier bereits angemessen »gewürdigt« worden sind. Entscheidend ist vielmehr, dass *kreuz.net* sehr erfolgreich und ohne diplomatische Rücksichten lediglich die Signale umsetzt und konsequent überspitzt, die seit einigen Jahren der Papst, viele der von ihm favorisierten Kirchenfürsten und natürlich die von ihm umworbenen konservativen Kreise aussenden. Was bei *kreuz.net* »Rechtsholocaust« heißt, das nennt Benedikt etwas diplomatischer »Diktatur des Relativismus«.

Die gemeinsame Marschroute von *kreuz.net* und konservativen Teilen der Amtskirche zeigt sich ebenfalls deutlich am Beispiel der zitierten Tirade gegen die Opfer der Love-Parade. Dass der von einem tiefen Menschenhass geleitete *kreuz.net*-Schreiber hier gar nicht so weit von der Position konservativer Bischöfe entfernt war, lässt sich an einem Kommentar ablesen, den kurz darauf, am 5. August 2010, der österreichische Bischof Andreas Laun auf *kath.net* veröffentlichte: Das Unglück von Duisburg sei eine Strafe Gottes für eine Veranstaltung, die gegen die Schöpfungsordnung verstoße und zur Sünde einlade. Gott liebe die Menschen so sehr, dass er sie mit solchen Aktionen auf den rechten Weg zurückführen wolle. Und dann klagt Laun: »Man weigert sich anzuerkennen, dass die Love-Parade, abgesehen von ihrem krankhaften Erscheinungsbild, auch mit Sünde zu tun haben könnte und darum, folgerichtig, auch mit dem richtenden und strafenden Gott!«

Es ließen sich noch viele andere Beispiele für die erschütternde Tatsache anführen, dass *kreuz.net* lediglich das holzschnittartig bis karikaturenhaft verzerrte Bild einer kirchlichen Ideologie spiegelt, wie sie offensichtlich seit einigen Jahren immer mehr auch von Rom gewollt ist und durch Männer wie Laun, der ein devoter Gefolgsmann Benedikts XVI. ist, in der Öffentlichkeit verbreitet wird. Wie am Zitat Launs und an den permanenten Sintflut- und Höllendrohungen bei *kreuz.net* deutlich wird, hat hier die Frohbotschaft des Evangeliums einer schroffen Drohbotschaft und einem extrem pessimistischen Menschenbild Platz gemacht.

So verwundert es nicht, dass der General der Piusbruderschaft, der vom Papst vor zwei Jahren ebenfalls rehabilitierte Bischof Bernard Fellay, aus seinen Sympathien für *kreuz.net* kein Hehl macht. Er stehe – obgleich die Piusbruderschaft für das »Machen« der Seite nicht verantwortlich zeichne – hinter dem dort sichtbar werdenden »Bemühen, irgendwie eine traditionellere oder konservativere Linie zu verteidigen in der Kirche, gerade im deutschen Sprachraum«, sagte der Piusbischof in einem Interview für das *kreuz.net* nahestehende Internetportal *Gloria.tv* am 1. Dezember 2009.

Damit stellt sich der Oberste der Piusbrüder ganz auf die Seite der immer einflussreicher werdenden Kräfte im Vatikan. Oder besser gesagt, das vatikanische Denken ist zunehmend in Richtung der Positionen der zweifelhaften Bruderschaft und des sie umgebenden erzreaktionären Milieus abgerutscht. Ja, man hat den Eindruck, dass sich dieses Abrutschen nach dem Prinzip der schiefen Ebene in den letzten zwei Jahren immer mehr beschleunigt und intensiviert hat.

In diesem Zusammenhang schrieb mir ein Pfarrer aus Nordrhein-Westfalen, der in seinem Bistum wegen seines Einsatzes für die alte Liturgie und seiner freundschaftlichen Nähe zur Piusbruderschaft bekannt ist: »Unabhängig davon, dass *kreuz.net* natürlich eher mit dem Image der Bildzeitung kompatibel ist als mit dem der F.A.Z., die Seiten werden gelesen. Und auch ungeachtet von manchen Abseitigkeiten in Berichten und Leserkommentaren, die Verbreitung vieler wichtiger Kritikmomente wird dort ungebremst an den Leser gebracht – auch in vatikanischen Büros, von denen ich weiß, dass in ihnen morgens erst einmal nach dem Öffnen der Fensterschläge bei *kreuz.net* nachgeschaut wird, was es Neues gibt.«

Der Vulgärtraditionalismus schlägt zurück

Wie gut sich moderne Medien à la *kreuz.net* oder *kath. net* eignen, um Kirchenpolitik zu betreiben, musste ich bald am eigenen Leib erfahren. Wenige Wochen nachdem *kreuz.net* seine Arbeit aufgenommen hatte, erhielt ich von der Redaktion eine E-Mail mit der Bitte um generelle Mitarbeit als Journalist und um die Genehmigung, einen bereits in *Theologisches* erschienenen Beitrag von mir auf der Internetseite veröffentlichen zu dürfen.

Meine wiederholte Nachfrage nach den Verantwortlichen der Seite blieb unbeantwortet. Das war mir suspekt, und so lehnte ich ab. Ich hatte in anderen Zusammenhängen mehrmals erlebt, wie mit ähnlich zweifelhaften Strategien Projekte gestartet worden waren.

Als *kreuz.net* nach ersten harmlosen, nichtssagenden Nachrichten anfing, sich in hasserfüllter Demagogie gegen alle Neuerungen in der katholischen Kirche, gegen Homosexuelle und Juden, die Demokratie als Staatsform, die USA und den Staat Israel zu verlieren, protestierte ich erstmals Anfang 2006 öffentlich gegen eine solche Art von konservativem Katholizismus.

Dabei sah ich damals die größeren Zusammenhänge noch nicht. Auch konnte ich noch nicht wissen, für wie viel Aufregung der *kreuz.net*-Katholizismus in den nächsten Jahren sorgen sollte. Mir ging es vielmehr darum, den konservativen Katholizismus nicht durch Fanatiker in Misskredit bringen zu lassen. Deshalb beschloss ich, für meine Bedenken keines der Foren des fortschrittlichen Katholizismus zu wählen, denn der wurde in konservativen Kreisen per se des geheimen Kampfes gegen die katholische Kirche verdächtigt. Für viel wirkungsvoller hielt ich es, wenn meine Kritik direkt aus dem mehr oder weniger eigenen Lager käme und klar aufzeigte, dass sich *kreuz.net* zu Unrecht auf den neuen Papst berief.

Da mir bekannt war, dass fast alle Verantwortlichen von *kath.net* keinen wissenschaftlich-theologischen Hintergrund hatten und wenig über tiefere kirchenpolitische Zusammenhänge wussten, bot ich ihnen ein Interview zur Piusbruderschaft an und lockte sie mit dem Hinweis, dass sich die von der Kirche damals noch ausgeschlossene Bruderschaft in letzter Zeit durch Kritik an der geplanten Seligsprechung Papst Johannes Pauls II. und den Marienerscheinungen von Médjugorje hervorgetan hatte. Die Verantwortlichen bissen an, und ich nutzte das Interview dann auch, um umfangreiche Kritik am zunehmenden Erstarken eines fanatischen Traditionskatholizismus zu üben. Dass diese Entwicklung durch die Wahl Ratzingers zum Papst einen entscheidenden Aufschwung erhalten hatte, wollte ich damals noch nicht sehen.

Im Zusammenhang dieses Interviews prägte ich auch den Begriff »Vulgärtraditionalismus«, der von da an gebräuchlich wurde. Im extrem konservativen Spektrum müsse man die sehr kleine Gruppe sehr gut gebildeter und differenzierter argumentierender Traditionalisten von der großen Gruppe der sich selbst als ›Traditionalisten‹ bezeichnenden Gläubigen unterscheiden. Letztere seien es, die traditionalistische Institutionen finanzierten sowie das Personal für öffentliche Kundgebungen stellten, folglich entsprechend in Stimmung gehalten werden müssten. Zu diesem Zweck werde von den Meinungsführern des konservativen Katholizismus ein Traditionalismus auf Stammtischniveau gepflegt, den man auch als »Vulgärtraditionalismus« bezeichnen könne. Dazu gehöre es, dass man echte oder vermeintliche Skandale im kirchlichen Umfeld im Stile des Vulgärjournalismus künstlich hochkoche.

Häufig würden bewusst Gerüchte oder Verschwörungstheorien in die Welt gesetzt und Vorurteile sowie Halbwahrheiten in Kauf genommen. Da Letzteres juristische Folgen haben könne, bleibe man anonym oder wähle Pseudonyme (wodurch zudem die schmale Personaldecke kaschiert werde), und als Medium nutze man meistens das Internet, über das man seine demagogische Berichterstattung einer größeren Öffentlichkeit präsentiere. Das Internet sei dann auch der Ort, an dem sich der Vulgärtraditionalismus in seiner fanatischsten Form zeige.

In meiner Kritik am Vulgärtraditionalismus nannte ich bewusst keine Namen. Die erste öffentliche Reaktion gab es auf der *kreuz.net*-Website, deren Verantwortliche sich von meinem Vorwurf demagogischer Berichterstattung auch durchaus angesprochen fühlen durften. Die Verteidigung ihrer frommen Kulisse übernahmen nun allerdings nicht die *kreuz.net*-Betreiber selbst. Statt ihrer meldete sich der bereits im Zusammenhang mit den Herrenabenden erwähnte Pro-NRW-Politiker Christoph Heger.[52] Er warf mir vor, ich hätte durch meine Kritik am *kreuz.net*-Traditionalismus den »frommen Glaubenssinn« aller guten und wahren Katholiken beleidigt. Also, so darf man diesen Vorwurf wohl verstehen, übelste Nestbeschmutzung betrieben.

---

[52] Christoph Heger: »›Vulgärtraditionalismus‹ – Verunglimpfung des Glaubenssinnes«, 24. 3. 2006, auf: www.kreuz.net/article. 2922.html

Einige Zeit später meldete sich auch die Piusbruderschaft zu Wort, die offensichtlich am Ausdruck »fanatischer Vulgärtraditionalismus« Anstoß nahm. Deren damaliger Distriktsoberer für Deutschland, Pater Nikolaus Pfluger, der für seine Interviews mit der rechtskonservativen *Jungen Freiheit* bekannt und inzwischen zum ersten Generalassistenten der gesamten Bruderschaft aufgestiegen ist, erwies *kreuz.net* am 29. Mai 2006 die Ehre eines Exklusivinterviews – obwohl die Seite mit der Piusbruderschaft angeblich in keinster Weise etwas zu tun hat. Darin äußerte er sich überrascht, dass der Angriff auf den »Traditionalismus auf Stammtischniveau«, den er bezeichnenderweise als »Rundumschlag gegen die Piusbruderschaft« interpretierte, ausgerechnet von einem »Bonner Theologen« komme, in den man so große Hoffnung gesetzt habe.

Umständlich verteidigte er die rigide Ablehnung der Religionsfreiheit durch seine Vereinigung, um dann sogleich ein Beispiel für die von mir kritisierte demagogische Berichterstattung abzuliefern. *Kreuz.net* gab die Vorlage mit der Frage: »Vielleicht verfolgt Berger mit dem Interview andere Ziele als eine Förderung der fachlichen Diskussion.« Daraufhin Pfluger: »Das vermuten wir auch. Nur hätte das nichts mehr mit Thomismus zu tun – auch nicht mit Theologie. Wir verstehen sehr wohl, dass David Berger sich nach den Würden einer Universitätsprofessur sehnt. Wenn er meint, dieser dadurch näher zu kommen, dass er derartige Interviews gibt, ist das seine Sache. Unser Weg ist ein anderer. Scherzhaft habe ich gesagt: Dann doch lieber Vulgärtraditionalismus als Vulgärtheologie.« Mit Blick auf den durch Ratzingers Wahl zum Papst eingetretenen Stimmungswandel in Rom fügte der gleichermaßen erzürnte wie siegessichere Pater hinzu, ich solle mir die neuen »Kräfteverhältnisse besser ansehen«, wenn ich Karriere machen wolle.

Abgesehen davon, dass der mit mir persönlich nicht bekannte Piusbruder im Hinblick auf mein Karrieredenken etwas vermutete, mit dem er ebenso falsch lag wie mit meiner Einordnung als »Bonner Theologe« (in Bonn habe ich weder studiert noch je gewohnt), sind seine Äußerungen exemplarisch für die Art, wie im konservativ-katholischen Milieu mit Leuten umgegangen wird, die nicht so »spuren«, wie man sich das vorgestellt hat. Ihnen wird unterstellt, sie übten Kritik nur, um ihre Karriere zu befördern, und dann weist man sie mehr oder weniger dezent darauf hin, dass das ein Fehler sei, denn Rom sei ja gerade dabei, sich zum Traditionalismus der Piusbruderschaft zu bekehren. Dass Pfluger mit seiner Einschätzung des gegenwärtigen innerkirchlichen Zeitgeistes nicht ganz unrecht hatte, macht seine implizite Drohung nicht besser.

Dass Menschen nachdenken, Argumente für und wider eine Frage abwägen und dann ohne Rücksicht auf ihre Karriere zu Ergebnissen kommen, die eventuell vom konservativen Dogma abweichen, ist im frömmlerischen Klima eines starren Traditionalismus und kirchenpolitischen Machiavellismus anscheinend undenkbar. Tradition wird hier nicht als lebendiger Prozess verstanden, sondern als Konservierung eines bestimmten (freilich längst obsolet gewordenen) Zustands der katholischen Kirche sowie der dazugehörigen inhaltlichen Positionen. Wer es wagt, über den Tellerrand zu schauen und sich kritisch mit dem kirchlichen Denksystem auseinanderzusetzen, übt heimtückischen Verrat und muss zur Ordnung gerufen werden.

»Wir können auch anders. Wir haben
noch mehr Material.«

Von da an brachte *kreuz.net* immer wieder demagogische
Artikel über mich – inzwischen sind es über dreißig –, die
ihre Wirkung nicht verfehlten. Verärgerte ehemalige Autoren sowie einige Verantwortliche der Zeitschrift *Theologisches* sahen nun ihre Stunde gekommen, um Einfluss
auf meine Herausgeberschaft zu nehmen.

Die nötige Vorlage lieferte wieder *kreuz.net*, das alle
vermeintlich negativen Informationen über meine Person
begierig und ohne sie zu überprüfen aufgriff und veröffentlichte. Nachdem ich die extreme Homophobie der Internetseite kritisiert hatte, bezeichnete man mich in einer Schlag-
zeile vom 23. Mai 2007 als »Sothomistischen Theologen«,
eine Wortschöpfung aus »Thomist« und »Sodomit«, was
in der Sprache von *kreuz.net* bekanntlich Homosexueller
bedeutet.

Über Umwege fand ich heraus, dass *kreuz.net* einen
schwulen Informanten hatte, der mir viele Jahre zuvor in
Köln einmal über den Weg gelaufen war. Er hatte offenbar sehr viel Zeit, und so durchforstete er zum Beispiel das
Internet und gab auf diese Weise gewonnene Informationen an *kreuz.net* weiter oder verbreitete sie selber in di-
versen Internetforen für konservative Hitzköpfe. Später
wurde ich von einem Bekannten darauf aufmerksam gemacht, dass dieser Mann über sein Facebook-Profil mit
sehr vielen Personen, die sich im konservativ-katholischen
Lager tummelten, verlinkt war und dort ebenfalls ein reger
Datenaustausch stattfand. Bei unserem einmaligen Zusammentreffen in Köln hatte ich mich länger mit dem Mann
unterhalten, was sich schließlich als Fehler herausstellte,
denn er interpretierte meine Freundlichkeit falsch, und ich
war gezwungen, seine darauf folgenden Annäherungsver-

suche zurückzuweisen. Das muss ihn sehr verletzt haben, denn später gab er Informationen weiter, die er in unserem Gespräch gesammelt und danach phantasievoll ausgeschmückt hatte. Die Weitergabe erfolgte allerdings erst, nachdem er mir vergeblich angeboten hatte, sie gegen Zahlung einer beträchtlichen Geldsumme »zu vergessen« und nicht zu veröffentlichen.

Dass kirchennahe oder auch andere Medien auf zwielichtige Methoden wie die Nutzung von Informanten aus dem »homosexuellen Milieu« zurückgreifen, um Theologen zu outen, hat sicher mit der Zunahme der Homophobie in der katholischen Kirche zu tun. Der katholische Publizist Peter Bürger hat in seinem Internetbeitrag für die Bewegung »Initiative Kirche von unten« festgestellt: »Die gleichgeschlechtlichen Sex-Skandale von Würdenträgern gehen regelmäßig einher mit scharfen Diskriminierungsattacken der Kirchenleitung gegen alle Homosexuellen.« Das Interesse der Medien werde durch diese Attacken erst geschürt: »Sicher ist, dass jede neue antihomosexuelle Kirchenkampagne die Medien noch stärker für interne Vorgänge sensibilisieren wird.«

So berichtet die Internetzeitung *Der Westen* am 9. August 2010 von einer »Hexenjagd auf Schwule« im Priesteramt. Anlass war, dass zum zweiten Mal innerhalb kürzester Zeit im Bistum Essen ein Priester aufgrund eines Profils beim Internetportal *Gayromeo* vom eingangs erwähnten Bischof Overbeck beurlaubt wurde. Da man davon ausgehen muss, dass der Bischof selbst dort kein Profil besitzt, liegt es nahe, dass es Informanten gibt, die sich in dem Portal eine persönliche Seite zulegen, um dann systematisch nach im kirchlichen Dienst tätigen Personen zu suchen. Dass man nach seinem Auftritt bei *Anne Will* offenbar verstärkt in der Diözese Overbecks suchte, verwundert nicht.

Auf ähnliche Weise kam es auch zu dem römischen Sexskandal, der im Juli 2010 nicht nur in der Diözese des Papstes für Furore sorgte. Reporter der italienischen Zeitschrift *Panorama* hatten Kontakt mit schwulen Geistlichen aufgenommen, darunter auch mit mehreren, die im Vatikan tätig sind, und die daraufhin inszenierten Sexorgien mit versteckter Kamera fotografiert, um sie wenige Tage später in ihrer Zeitschrift zu veröffentlichen. Der erstaunte Vertreter des Papstes, Kardinal Vallini, kündigte als Reaktion ein strenges Durchgreifen gegen die Priester an.

Die E-Mail des schwulen Informanten mit dem Angebot, die Informationen über mich nicht weiterzugeben, hatte ich mehr als zwei Jahre vor der Publikation auf *kreuz.net* erhalten, so dass ich annehmen muss, dass *kreuz.net*-Verantwortlichen die Informationen schon längere Zeit vorlagen. Sie wurden jedoch erst zu dem Zeitpunkt ausgepackt, als ich in ihren Augen zur Gegenseite übergelaufen war.

Hatten die Internet-Kreuzritter aus dem Vorgehen der Kirchenführer im Fall St. Pölten gelernt? Vielleicht, aber womöglich taten sie instinktiv einfach etwas, das in der katholischen Kirche eine lange Tradition hat. Informationen über die eigenen Mitarbeiter werden in »schwarzen Personalakten« eifrig gesammelt und erst dann aktiviert, wenn man sie nutzbringend einsetzen kann.

Eine auffällige Informationspolitik ließ sich auch im Fall Mixa beobachten: Als der ehemalige Augsburger Bischof in den Augen von Mitbrüdern nicht mehr tragbar war, räumte man etwas naiv ein, man wisse schon lange von seinen schweren Alkoholproblemen. Warum man sich jetzt erst dazu äußerte, blieb offen. Auch von einem ominösen Dossier war die Rede, das der vatikanische Nuntius dem Papst vorgelegt habe. Bestimmte, wenig konkrete Punkte daraus wurden sogar der Presse zugespielt. So etwa die Behauptung, Mixa habe Kontakte zu einem »Milieu«

in Rom, mit dem man einen Bischof besser nicht in Zusammenhang bringen sollte. Das dürfte der »Abwicklung« Mixas förderlich gewesen sein.

Als Mixa dann den Rücktritt von seinem Rücktritt bekanntgab und wieder in sein Bischofspalais in Augsburg einzog, zündete man die zweite Stufe. Der Pressesprecher des Erzbistums München ließ die Öffentlichkeit und Bischof Mixa wissen: »Nicht zuletzt zum Schutz von Bischof Emeritus Mixa sehen wir davon ab, Einzelheiten öffentlich auszubreiten.«[53]

Mehr Material über mich hatte *kreuz.net* zwar nicht. Aber nachdem die Verantwortlichen der Internetseite von ihren längere Zeit im Wartestand gehüteten Informationen Gebrauch gemacht hatten, griff der bereits erwähnte, in Frankreich lebende Arzt und Möchtegern-Autor von *Theologisches* (der eben bei Gericht eine Niederlage gegen mich hatte einstecken müssen) auf die Unterstellungen zurück und behauptete am 26. Juli 2007 in einem Beitrag für *kreuz.net*, ich würde »dem Homosexuellenmilieu nahestehen«. Dass hier wieder der Ausdruck »Milieu« gewählt wurde, war sicher kein Zufall und hat mit dem Milieubegriff der Soziologie nichts zu tun. Vielmehr wurden dadurch – ganz im *kreuz.net*-Stil – Assoziationen geweckt zu schmuddeligen Bars und zwielichtigen Gegenden, die von Prostitution geprägt sind. Einem solchen Milieu stand ich allerdings nie nahe.

Dennoch stießen die »Enthüllungen« von *kreuz.net* vielerorts auf offene Ohren. Nicht nur, dass ich Mails von allen möglichen konservativen Katholiken erhielt, die mich baten, die Vorwürfe schnellstmöglich zu dementieren. Sie hätten mich immer für einen herausragenden konservati-

---

[53] Zitiert nach: »Kirche stellt ehemaligen Bischof als krank dar«, in: *Augsburger Allgemeine* vom 16. 6. 2010

ven Theologen gehalten und wüssten jetzt nicht mehr, was sie von mir denken sollten. Ich müsse schon klar sagen, zu welchem Lager ich gehörte, ob ich ihr Freund oder ihr Feind sei. Die Schreiber dieser Briefe waren keineswegs einfache Seelen, wie man annehmen könnte. Auch der bereits erwähnte Lektor des Sankt Ulrich Verlags, Michael Widmann, mailte mir in diesem Sinne, da er fürchtete, solche Vorwürfe könnten sich nachteilig auf den Verkauf meines Buches auswirken.

Die Fördergemeinschaft von *Theologisches* sah nun ebenfalls die Notwendigkeit zu handeln. Im Umgang mit der nun mehr oder weniger öffentlich gewordenen Vermutung um meine Veranlagung bildeten sich dort zwei Fraktionen heraus.

Die einen, die mich ohnehin schon lange loswerden wollten, sahen jetzt ihre Stunde gekommen: Nachdem nun auch noch der Schein des untadeligen Herausgebers gründlich zerstört sei, müsse man im Interesse der Zeitschrift handeln und mich schleunigst ablösen. Nicht auszudenken, wenn »die vermeintliche Schwulheit unseres Herausgebers ... allgemein bekannt würde bei den Beziehern von *Theologisches* wie Kardinal Meisner!«, hieß es in dem offenen Brief eines einflussreichen Mitglieds der Fördergemeinschaft an deren andere Mitglieder. Auch einige Dauergäste der Düsseldorfer Herrenabende wurden nun aktiv. »Ja, wir müssen dringend handeln«, schrieb ein mit »Cavaliere di Onore« (Ritter der Ehre) unterzeichnender Professor in einem Fax an seinen »ritterlichen Mitbruder in Christo«. Das einzig annähernd Argumentative, was der ritterliche Mitbruder in dem vorausgegangenen Brief an den Ehrenritter vorgebracht hatte, war, dass meine Sprache »sexuell abwegig angehaucht« sei. Was darunter zu verstehen ist, bleibt mir bis heute ein Rätsel. So einigte man sich auf ein Treffen, um das »weitere Vorgehen« zu koordinieren und einen neuen

»unverbrüchlich-vulgärtraditionalistischen« Herausgeber zu finden. Ein Mitglied der Fördergemeinschaft, das zugleich für *kreuz.net* arbeitete, schlug den von Erzbischof Haas zum Priester geweihten Reto Nay vor. Dass die Wahl auf Nay fiel, war sicher kein Zufall.

Der 1962 geborene Nay ist ein typischer Vertreter einer neuen Generation »vagierender« Traditionalistenpriester. Diese wählen sich vornehmlich Diözesen aus, in denen besonders reaktionäre Bischöfe regieren. So begab sich Nay, nachdem Erzbischof Haas wegen seines reaktionären Katholizismus »strafversetzt« worden war, von Chur nach St. Pölten in die Obhut Krenns. Als es wegen des Sexskandals eng um Krenn wurde, zog Nay wiederum weiter, diesmal sehr weit weg. Der Priester, der als Dozent für Bibelauslegung eine Zeitlang am Priesterseminar der »Diener Jesu und Mariens« mein Kollege war, war von 2002 bis 2006 Pfarrer in Moldawien, was für einen Schweizer ungewöhnlich scheint.

Aber genau dieser außergewöhnliche Standort am äußersten Rand Südosteuropas bot ihm die Möglichkeit, die TV-Version von *kreuz.net*, den Internetfernsehkanal *Gloria.tv*, zu gründen. Moldawien gilt im Hinblick auf das Internet als »wilder Westen«. Von hier aus kann man sich, ohne Furcht vor ernsthaften juristischen Folgen, in bewegten Bildern ähnlicher Methoden wie *kreuz.net* bedienen. Das tut *Gloria.tv* denn auch ganz hemmungslos, aber so unprofessionell, dass seine Bedeutung noch lange nicht an *kreuz.net* heranreicht.

Obwohl der Vorschlag, Nay zu meinem Nachfolger zu machen, nicht nur bei besagtem Mitglied der Fördergemeinschaft, sondern auch bei einigen anderen im Dunstkreis von *Theologisches* auf Gegenliebe stieß, war vor allem einigen Mitgliedern des Opus Dei und den eher gemäßigten Mitgliedern der Fördergemeinschaft die ganze

Sache zu riskant. Denn der seriöse Ruf der Zeitschrift sollte unbedingt gewahrt werden – so gerne man auch in dieser Gruppe wieder einen geistlichen Herrn an der Spitze gesehen hätte. Ein anderer geeigneter Kandidat war aber nicht in Sicht, und so beschloss man am Ende, die fromme Kulisse nach außen hin aufrechtzuerhalten und das Wissen um den nicht ganz so »untadeligen« Ruf des Herausgebers zugleich in seinem Sinne zu nutzen.

»Eine Homo-Seite: dort publizieren Sie doch nicht!?«

Die Strategie dieser zweiten Fraktion, die den heiligen Schein wahren wollte, wurde mir zum ersten Mal ganz deutlich, als ich im Mai 2007 eine kritische Glosse über *kreuz.net* veröffentlichte. Ich wählte dazu die sich als ironische Antwort auf *kreuz.net* verstehende Gegenseite *kreuts.net*, da ich deren Macher persönlich kannte und ihren selbstlosen Einsatz gegen Fundamentalisten aller Couleur schätzte.

Im Impressum von *kreuz.net* heißt es: »›kreuz.net‹ ist die Initiative einer internationalen privaten Gruppe von Katholiken in Europa und Übersee, die hauptberuflich im kirchlichen Dienst tätig sind. ›kreuz.net‹ akzeptiert ohne Namen eingereichte Informationen und betrachtet es als Ehrensache, die strikte Anonymität seiner Informanten zu wahren.«

Im sarkastischen Kontrast dazu schreibt *kreuts.net* in seinem Impressum: »›kreuts.net‹ ist die Initiative einer internationalen privaten Gruppe in Europa und Übersee, bestehend aus Schwulen, Lesben, Juden, Moslems, Christen und noch vieles mehr.«

Ein Wort in diesem kleinen Text wirkte auf die geistlichen Herren der Fördergemeinschaft wie der heranschleichende Fuchs auf den Hühnerstall. Unglaublich, da stand tatsächlich »Schwule«! Dass ich in meiner Glosse den Papst, positive Aspekte der Liturgiereform und das Zweite Vatikanische Konzil gegen Ultrakonservative und Rechtsradikale verteidigte und für einen kultivierten und toleranten Konservativismus plädierte, spielte, nachdem man das »böse Wort« entdeckt hatte, keine Rolle mehr. Inhaltlich konnte man gegen meine Ausführungen offiziell ja nichts sagen, auch wenn man von der Sache her eigentlich eher auf der Seite von *kreuz.net* stand.

Erst im Nachhinein, als man sich langsam daranmachte, mein Outing aufzuarbeiten, schrieb der Philosoph Walter Hoeres, über zwanzig Jahre Mitarbeiter von *Theologisches*, im Mai 2010 in eben dieser Zeitschrift, letztlich sei mein nicht zu billigender »engagierter Kampf gegen den Vulgärtraditionalismus und auch gegen die Piusbruderschaft« das eigentliche Problem gewesen.

So biss man sich also am Impressum der Seite fest, auf der ich die Glosse veröffentlicht hatte, und übernahm in nicht zu überbietender Naivität die Deutung, die *kreuz.net* zuvor geliefert hatte, nämlich dass es sich bei *kreuts.net* um eine »Sodomitenseite« handle.

Zunächst kam in den Gesprächen, die man daraufhin mit mir führte, der indirekte Vorschlag auf, so zu tun, als sei mir dieser Text von böswilligen Menschen nur untergeschoben worden, um mir und *Theologisches* zu schaden. Etwa so: »Der Text stammt doch nicht von Ihnen! Den haben Ihnen doch Feinde untergeschoben!« Als ich auf diesen Vorschlag nicht einging, versuchte man es mit der Variante: »Aber den hat doch diese Homo-Seite ohne Ihre Erlaubnis veröffentlicht! Sie publizieren doch nicht auf Seiten, auf denen auch Homosexuelle schreiben! Oder?« Als ich auch auf diesen zweiten Versuch der Wahrung des heiligen Scheins nicht einging, herrschte große Empörung unter den geistlichen Herren der Fördergemeinschaft. So etwas dürfe nicht mehr vorkommen, auf keinen Fall dürfe ich auf solchen Seiten publizieren. Sonst müsse ich mich nicht wundern, wenn unappetitliche Dinge über mich an die Öffentlichkeit kämen, und sei als Herausgeber von *Theologisches* nicht mehr tragbar. Generell sollte ich am besten zu *kreuz.net* keine Stellung mehr beziehen.

Im Interesse der Zeitschrift ging ich auf diese Beschränkungen zunächst ein und gelobte Besserung. Im Nachhinein stellte sich das natürlich als Fehler heraus, denn ab dem Zeitpunkt war den Herren klar: Wir müssen nur mit der Fahne Homosexualität winken, und schon haben wir unseren Herausgeber wieder unter Kontrolle. Das nutzte man dann auch ein ums andere Mal, wenn ich etwas getan oder geschrieben hatte, was nicht in das Welt- oder Kirchenbild der Fördergemeinschaft passte. Seit ich auf den Vorschlag, eine große Artikelserie zum Thema Freimaurerei in *Theologisches* zu bringen, äußerst skeptisch reagiert hatte, betrachtete man mich außerdem als kirchenpolitisch unzuverlässig. Die Artikelserie sollte die verderblichen Einflüsse geheimer freimaurerischer Verschwörungen in der katholischen Kirche aufdecken. Diese Stoßrichtung entsprach genau den abstrusen Verschwörungstheorien, wie sie nicht nur in rechtsradikalen Kreisen, sondern auch in der Piusbruderschaft Hochkonjunktur haben – und interessanterweise von katholischen Bischöfen zunehmend auf die Homosexuellen übertragen werden. Es sei nur an den St. Pöltener Bischof Klaus Küng und die von ihm immer wieder beschworene Gefahr geheimer homosexueller Verschwörungen in Priesterseminaren und Klöstern erinnert.

Ob ich nun in einem Editorial von *Theologisches* Internetseiten aus dem konservativ-katholischen Milieu öffentlich aufforderte, keine Verlinkungen zu *kreuz.net* zuzulassen, ob ich eine Petition zugunsten des Zweiten Vatikanischen

Konzils und gegen die Rehabilitierung des Holocaustleugners Williamson unterschrieb oder ob ich einen Artikel verfasste oder publizierte, der nicht ins neokonservative Weltbild passte – stets wurde ich nun zu einem ernsten Gespräch einbestellt, durch das ich wieder auf den rechten Kurs gebracht werden sollte. Zur Sicherheit waren immer zwei Geistliche anwesend, davon meistens einer aus dem Opus Dei. Bisweilen wurde auch ein führender Vertreter der Fördergemeinschaft mittels Telefonkonferenz hinzugezogen. Diese Zuschaltungen wurden aber kurz gehalten, da dieser Mann fast immer, wenn es um Homosexualität ging, so stotterte, dass man ihn kaum verstehen konnte.

Zunächst wurde mir immer wieder indirekt angeboten, die betreffende Angelegenheit als Irrtum oder als Teil einer Verschwörung auszugeben. Eine Petition, die zum Beispiel auch feministische Theologinnen oder Verfechter der Priesterweihe für Frauen unterschrieben hätten, könne ich doch unmöglich unterzeichnet haben; sicher sei mir die Unterschrift von progressistischen Kreisen nur untergeschoben worden, um Verwirrung zu stiften! Dies müsse man dann unbedingt so schnell wie möglich öffentlich richtigstellen.

Immer wurden in diesen Gesprächen auch Andeutungen zum Thema Homosexualität gemacht. Beispielsweise hieß es, da hätten auch »Homo-Ideologen« unterschrieben, oder ob ich nicht wisse, dass derjenige, den ich da in einer Fußnote oder einem Lexikonartikel lobend erwähnt hätte, homosexuell sei? Oder auch: »Sicher wussten Sie das nicht, aber so geht das nicht, da müssen Sie sich vorher informieren!«

Bei homosexuellen Beziehungen dürfe ich nicht »Lebenspartner« schreiben, das müsse dann heißen »Unzuchtspartner«, auch »Homosexualität« sei zu neutral, stattdessen solle ich besser von »widernatürlicher Unzucht« sprechen, ließ mich allen Ernstes ein emeritierter Dogmatikprofessor wissen, der einen meiner Lexikonartikel für das *Biographisch-Bibliographische Kirchenlexikon* bereits seiner fachmännischen Zensur unterworfen hatte.

Oft wurden solche Andeutungen aber auch gemacht, ohne dass sie sich aus dem Zusammenhang ergeben hätten, so etwa bei einem Treffen mit zwei Dogmatikprofessoren aus der Fördergemeinschaft. Das Gespräch war recht kurz ausgefallen, die geistlichen Herren waren hungrig, und wir beschlossen, essen zu gehen. Das Treffen hatte in einem vom Opus Dei verwalteten Haus in der Kölner Südstadt stattgefunden, daher schlug ich vor, in irgendein Lokal am nahe gelegenen Rudolfplatz zu gehen. Die Idee löste zu meiner Überraschung große Bestürzung aus. Das gehe auf keinen Fall, das sei eine der »schmuddeligsten Ecken« von Köln, dort würden auch sehr oft Schwule essen gehen, ereiferte sich einer der Professoren, der sonst eher einen phlegmatischen Eindruck machte. Wir landeten dann in einem Kölschen Brauhaus; die uns bedienenden Kellner kannte ich, beide waren schwul.

Spätestens ab diesem Zeitpunkt konnte ich die Mitglieder der Fördergemeinschaft nicht mehr so recht ernst nehmen, und die Zusammenarbeit zwischen uns wurde zu einer Art Katz-und-Maus-Spiel. Bisweilen provozierte ich die Herren ganz bewusst, wohl wissend, dass sie Informanten hatten, die das Internet und allerlei Zeitschriften zu meiner Person durchforsteten und bei jedem kleinsten Verdachtsmoment sofort Meldung erstatteten. Gleichzeitig wusste ich ganz genau, wie die Verantwortlichen der Fördergemeinschaft reagieren und welche beschwichtigenden Erklärungen und Kompromisse bei der Herausgabe der Zeitschrift sie von mir erwarten würden. Immer seltener ging ich darauf ein, denn meine Lust, die Zeitschrift weiter herauszugeben, ließ immer mehr nach.

Das ist übrigens keine singuläre Erfahrung. Immer wieder habe ich Geistliche oder andere kirchliche Bedienstete getroffen, die ihren Beruf anfangs mit großem Enthusiasmus und entsprechenden Erfolgen in der Pastoral ausgeübt hatten. Durch dauernde Bevormundung, Misstrauen oder restriktive, unsinnige Maßnahmen ihrer Vorgesetzten wurde diese Motivation im Laufe der Jahre allmählich zerstört und wich irgendwann einem Überlebenspragmatismus. So empfanden gerade diejenigen homosexuell veranlagten Priester, die sich aufrichtig um Einhaltung des Zölibatsversprechens bemühen, das Dokument des Vatikans zum Ausschluss Homosexueller vom Priesteramt als fatales Signal. Ein älterer, sehr frommer und auch papsttreuer Priester sagte mir damals mit Tränen in den Augen: »Das ist also nun der Dank des Heiligen Vaters für jahrzehntelanges aufopferungsvolles Wirken für die Kirche!«

Aufgrund meiner zunehmenden Resignation bot ich der Fördergemeinschaft über Jahre hinweg immer wieder meinen Rücktritt an. Das Erstaunliche war, dass man mich trotz der Bedenken bezüglich meiner Person jedes Mal inständig bat weiterzumachen, zuletzt noch einmal im Oktober 2009. Anscheinend funktionierte das Spiel, das sich zwischen uns eingebürgert hatte, einfach zu gut.

Dass ich mich immer wieder bereit erklärte, weiterzumachen, hatte vor allem mit meiner Überzeugung zu tun, die Fortsetzung meiner Herausgeberschaft sei das kleinere Übel. Lange Zeit glaubte ich, so das Schlimmste verhindern zu können, nämlich die offensichtlich angestrebte Übernahme der Zeitschrift durch die hinter *kreuz.net* stehende Organisation und damit deren vollständige Instrumentalisierung für einen antimodernen, menschenverachtenden und unchristlichen Katholizismus.

Mit aller Macht stemmte ich mich, meist erfolgreich, etwa gegen die Veröffentlichung homophober, frauenfeindlicher oder antisemitischer Beiträge, die mir in wachsender

Zahl zur Publikation eingereicht wurden. Später führte der Vorsitzende der Fördergemeinschaft, Professor Manfred Hauke, in einem Artikel in *Theologisches*[54] meinen diesbezüglichen Widerstand als Beweis dafür an, dass ich aufgrund meiner »Veranlagung« zur Herausgabe einer katholischen Zeitschrift nicht geeignet sei. Mit meinem Rücktritt im April 2010 sei ich nur »einem Rauswurf von Seiten der Fördergemeinschaft zuvorgekommen«. Meine Ablehnung der Homophobie im Namen des Christentums sei eine »Bemäntelung der Sünde« gewesen, die von einer dem Papst verpflichteten Zeitschrift nicht akzeptiert werden könne. Womit Hauke nach meinem Verständnis nichts weniger tat, als indirekt zu bestätigen, dass er Homophobie und – wie sich aus seiner Verurteilung meiner Zurückweisung derartiger Artikel erahnen lässt – wohl auch Antisemitismus und Frauenfeindlichkeit als besondere Insignien des Katholischen, den Kampf dagegen jedoch als Sünde betrachtet. Besonders beim Thema Frauenfeindlichkeit wird dies niemanden wundern, gilt Hauke doch als bekanntester und eifrigster Gegner des Feminismus und des Frauenpriestertums in der katholischen Kirche. Außerdem hatte er wesentlichen Einfluss auf das Machtwort des Papstes, mit dem der unter Berufung auf seine Unfehlbarkeit die Priesterweihe der Frau für immer verbot. Davon, dass sich Hauke offensichtlich von der *kreuz.net*-Homophobie hatte anstecken lassen, war ich allerdings, der ihn jahrelang persönlich kannte, doch sehr überrascht.

Bei all dem darf man nicht vergessen: Hauke ventiliert solche Ansichten nicht nur im stillen Kämmerlein, sondern hat in der katholischen Kirche Ämter inne, die es ihm erlauben, Einfluss auf junge Menschen auszuüben. So ist er nicht nur Professor für Dogmatik an der theologischen

---

[54] *Theologisches* 40 (2010), S. 131

Hochschule in Lugano, die eng mit der von Don Luigi Giussani, einem engen Freund Ratzingers, gegründeten und in Italien auch politisch einflussreichen Bewegung »Communione e liberazione« verbunden ist, Hauke betätigt sich auch als Studienpräfekt im Luganer Priesterseminar San Carlo, ist also für die wissenschaftliche und charakterliche Ausbildung zukünftiger Pfarrer verantwortlich. Neben allem anderen wird man sich fragen müssen, inwieweit diese Tätigkeiten mit seinen öffentlich geäußerten Vorstellungen vereinbar sind, schließlich ist die Diskriminierung aufgrund von Lebensformen laut Artikel 8 der schweizerischen Bundesverfassung verboten.

Auf der anderen Seite kann sich Haùke, der einer der ergebensten Verehrer Benedikts XVI. ist, nicht nur durch die Nähe seiner Universität zur politischen Rechten Italiens, sondern auch durch den im Zuge der Williamson-Rehabilitierung sichtbar gewordenen kirchenpolitischen Kurs gestärkt fühlen.

Nur ein Beispiel: Wer es gegenwärtig in der katholischen Kirche wagt, über die Frauenordination auch nur laut nachzudenken, muss mit härtesten Strafen rechnen. Wer dagegen wie Williamson neurotischen Frauenhass an den Tag legt, wird von Rom hofiert. Dazu passen die fortwährenden Mahnungen hoher Kirchenfürsten vor einer »Feminisierung« unserer Gesellschaft. Wenn Kardinal Ratzinger ein Jahr vor seiner Wahl zum Papst in einem offiziellen Schreiben der Kongregation für die Glaubenslehre die Rolle der Frau lobt, da sie wie Maria »auf einzigartige Weise dazu beiträgt, das wahre Antlitz der Kirche, der Braut Christi und der Mutter der Gläubigen, zu offenbaren«,[55] kann man das dann nur noch als Ausdruck

---

[55] Kongregation für die Glaubenslehre: *An die Bischöfe der katholischen Kirche über die Zusammenarbeit von Mann und*

des taktisch aufrechterhaltenen heiligen Scheins der Kirche werten.

Mitarbeiter der Inquisition?

Entweder hatten sich die Enthüllungen von *kreuz.net* nicht bis in den Vatikan herumgesprochen (was nach dem, was wir bereits wissen, sehr unwahrscheinlich ist), oder man setzte bewusst auf Mitarbeiter, die aus Sicht der katholischen Kirche »Leichen im Keller« haben. Wie dem auch sei: Am 2. Mai 2009 erfolgte meine Ernennung zum Lektor der römischen Glaubenskongregation, der früheren Inquisition. Bis zum heutigen Tag hat diese Institution den Auftrag, Andersdenkende in der katholischen Kirche aufzuspüren, ihnen den Prozess zu machen und sie zur Umkehr zu bewegen oder zu verurteilen. Die innerkirchliche Macht der Glaubenskongregation gründet sich auch darauf, dass sie nicht nur aus offiziellen, in der Kirche namentlich bekannten, sondern ebenfalls sehr vielen nach außen nicht in Erscheinung tretenden, diskret agierenden Mitarbeitern außerhalb des Vatikans besteht. Die Lektoren gehören zu dieser zweiten Gruppe.

Unterzeichnet ist meine Ernennungsurkunde vom amerikanischen Kurienerzbischof Joseph Augustine di Noia aus dem Dominikanerorden, der unter dem gegenwärtigen Papst eine steile Karriere gemacht hat und eines meiner Bücher über Thomas von Aquin, das auch in den USA erschienen ist, außerordentlich schätzte.

Als eine Art »inoffizieller Mitarbeiter« bekam ich zu-

Frau in der Kirche und in der Welt, zitiert nach: www.vatican.va/roman_curia/congregations/cfaith/documents/rc_con_cfaith_doc_20040731_collaboration_ge.html

nächst die Aufgabe, zwei deutschsprachige theologische Zeitschriften zu überwachen, darunter die von den sehr fortschrittlichen Innsbrucker Jesuiten herausgegebene *Zeitschrift für katholische Theologie*, und eventuell auftauchende Abweichungen von der traditionellen Lehre der Kongregation diskret und ausführlich begründet zu melden.

Zur Denunziation eines »Ketzers« bei der Glaubenskongregation durch mich kam es jedoch nicht mehr. Zu weit hatte ich mich innerlich schon von dem dahinterstehenden System des Integralismus entfernt, der die vollständige und kompromisslose, ungeschichtliche Konservierung der Tradition des Katholizismus als höchstes Gut des Christentums betrachtet. Der Ernennung zum Lektor hatte ich nur zugestimmt, um mehr über die Arbeit der geheimnisumwobenen Institution zu erfahren, der unser jetziger Papst über mehr als zwei Jahrzehnte vorstand. Aber auch dazu kam es nicht mehr.

Ohnehin bekannt ist, dass die römische Glaubenskongregation und auch andere vatikanische Institutionen auf Denunziationen primär aus dem konservativ-katholischen Lager setzen, um so die Gesinnungskontrolle über die nationalen Teilkirchen zu verstärken. Der Jesuit und Professor Wolfgang Seibel, langjähriger Herausgeber der renommierten, eher progressiv orientierten Zeitschrift *Stimmen der Zeit*, bemerkte schon am 12. Februar 1999 in einem Interview mit dem Bayerischen Rundfunk, die Tendenz zur Denunziation in Rom, aber auch bei den Ortsbischöfen nehme immer mehr zu: »Zunächst ist es richtig, dass die Bischöfe geradezu überschwemmt werden von solchen Briefen, die auf angebliche Missstände aufmerksam machen, auch von Denunziationen. Das hat es immer gegeben und das wird man nie ausrotten können, aber das Entscheidende ist, wie man darauf reagiert. Es ist sehr schlimm in der Kirche, dass diese Denunziationen vor allem in Rom heute ernstgenommen werden und gewissermaßen als die Stimme des gläubigen Volkes betrachtet werden.«

Meine Erfahrungen haben gezeigt, dass sich diese Tendenz weiter verstärkt hat, und es verwundert nicht, dass dabei die Sexualität – neben Abweichungen vom übrigen kirchenpolitischen Kurs Roms – eine Schlüsselrolle spielt. Die Theologin Uta Ranke-Heinemann wird im *Spiegel* vom 23. September 2005 mit der Bemerkung zitiert: »Gegenseitige Denunziation von Priestern ordnete schon die Synode von St. Pölten 1284 an. Damals ging es gegen Priester, die eine heimliche Konkubine hatten. Inzwischen geht es gegen Priester, die heimlich einen männlichen Partner haben. Man sieht den Fortschritt der katholischen Kirche, der die Frauenvertreibung restlos geglückt ist.«

Noch ein Beispiel zur Illustration: Der Vorsitzende des konservativen »Priesternetzwerks«, das sich selbst als »Notwehrgemeinschaft« gegen eine Modernisierung der Kirche versteht, der Mainzer Pfarrer Hendrick Jolie, bestätigte am 16. August 2010 in einem *kath.net*-Interview, dass seinem Netzwerk die »Dokumentation« – man könnte auch sagen: Denunziation – liturgischer und pastoraler »Sonderwege« im deutschsprachigen Raum ein zentrales Anliegen sei. Ein Anliegen, bei dem das Netzwerk von höchster Stelle ermutigt werde, so etwa im Frühjahr 2009, als Benedikt XVI. die Sprecher des Netzwerkes zu einer halbstündigen Privataudienz empfing.

Zwei Begegnungen waren es, die meine innere Abkehr vom konservativen Katholizismus entscheidend vorantrieben. Die erste fand an einem sonnigen Frühlingstag 2009 im Kölner Volksgarten statt. Der Hund eines alten Herrn spielte mit meinem Hund, und so kamen wir ins Gespräch. Als ich sagte, ich sei Lehrer für katholische Religion, fing der alte Herr an, von sich zu erzählen. Er habe das Dritte Reich als junger Katholik jüdischer Abstammung in der Schweiz erlebt, und sein Respekt vor dem, was Papst Pius XII. auch für die Juden getan habe, sei ebenso groß wie seine Zustimmung zu dem vom Zweiten Vatikanischen Konzil initiierten jüdisch-christlichen Dialog. Dies alles verblasse nun aber angesichts der Tatsache, dass der jetzige Papst einen Antisemiten wie Bischof Williamson wieder in die Kirche aufgenommen habe. Trotz seines hohen Alters und einer tiefen Verbundenheit mit dem katholischen Brauchtum sei er einige Tage nach dieser Entscheidung des Papstes aus der Kirche ausgetreten.

An diesem Punkt ging mir auf, dass es bei den Kämpfen, die ich in den letzten Jahren ausgefochten hatte, nicht nur um akademisches Geplänkel und persönliche Eitelkeiten ging. Schlaglichtartig wurde mir bewusst, welch immensen Schaden die extrem konservativen Kreise in der katholischen Kirche dem Christentum zufügen. Was im engen Kreis der Herrenabende vor knapp einem Jahrzehnt noch diskret ausgetauscht worden war, schien nun zur offiziellen Doktrin der katholischen Kirche geworden zu sein. Der in aller Welt mit großer Aufmerksamkeit verfolgte Fall Williamson war der Wendepunkt im gegenwärtigen Pontifikat, an dem die Stimmung zuungunsten der katholischen Kirche umschlug. Die Missbrauchsskandale, die danach folgten, noch mehr aber der Umgang der gegenwärtigen Hierarchien mit diesen Vorfällen, führten dazu, dass sich dieser Wendepunkt zur größten Krise der Kirche seit der Reformation auswuchs.

Die zweite richtungweisende Begegnung hatte ich mit dem Berliner Filmemacher Rosa von Praunheim. Er war eigentlich zu einem Filminterview mit einem »konservativen katholischen Theologen« für eine Dokumentation über die Hölle zu mir gekommen. Zunächst zeigte er sich erleichtert, dass ich die katholische Doktrin ohne Beschönigung darstellte und nicht um eine verschleiernde Interpretation bemüht war. Ab einem gewissen Punkt war auch die Einstellung der Kirche zur Sexualität Thema, und im Anschluss an das Interview entwickelte sich ein sehr persönliches Gespräch. Von Praunheim erzählte, wie er 1991, auf dem Höhepunkt der Aids-Krise in Deutschland, nach US-amerikanischem Vorbild begonnen hatte, Personen des öffentlichen Lebens zu outen. So umstritten die Aktion war, so habe sie doch die gesellschaftliche Anerkennung der Homosexualität in Deutschland grundlegend zum Besseren verändert. Auch vom jahrzehntelangen Kampf seiner Generation für die Gleichberechtigung Homosexueller war die Rede.

In diesem Gespräch wurde mir auf einmal klar, dass ich bisher die von Rosa von Praunheim und anderen erkämpfte Freiheit immer nur genossen hatte, ohne selber etwas für deren Erhalt zu tun. Im Gegenteil, ich war Teil einer zutiefst antidemokratisch und antiliberal ausgerichteten Gruppe, die genau diese Rechte wieder rückgängig machen wollte.

Dieser Zwiespalt begann nun, in meinem Gewissen zu rumoren, und ich zog mich noch deutlicher als zuvor zurück. Wenn ich noch etwas veröffentlichte, waren es streng wissenschaftliche Aufsätze, die keinerlei Berührungspunkte mehr mit dem kirchenpolitischen Zeitgeschehen hatten.

Ich darf nicht länger schweigen

Wenn man innerlich so weit auf Distanz gegangen ist, wie ich es Anfang 2010 bereits getan hatte, genügt als letzter Anstoß für den endgültigen Abschied oft schon ein im Grunde unspektakuläres Ereignis. In meinem Fall gab es zwei solche Ereignisse, die zufällig auch noch zeitlich zusammenfielen: Zunächst war da die bereits erwähnte Fernsehsendung *Anne Will* vom 11. April 2010, in der Bischof Overbeck sich zu seinen radikalen, weit über die offizielle kirchliche Lehre hinausgehenden Äußerungen zur Homosexualität hinreißen ließ.

Der zweite Vorfall betraf mich unmittelbarer: Etwa eine Stunde vor der Fernsehsendung erhielt ich einen Anruf von dem Priester, der mich gut sieben Jahre zuvor in meiner Kölner Wohnung aufgesucht und zur Übernahme der Herausgeberschaft von *Theologisches* überredet hatte. »Man«, d. h. er und ein Monsignore des Opus Dei aus Köln, müsse im Auftrag der Fördergemeinschaft dringend mit mir sprechen, am besten gleich am nächsten Tag. Die Angelegenheit sei von größter Brisanz.

Auf meine Frage, worum es denn gehe, antwortete er, die Sache sei so ungeheuerlich, dass er am Telefon nicht mit mir darüber sprechen könne, da unbedingte Diskretion geboten sei. Erst nach hartnäckigem Drängen bekam ich dann die vage Auskunft, Professor Hauke habe in den

Osterferien etwas im Internet über mich entdeckt, was »Facelook« oder so ähnlich heiße. Wahrscheinlich stamme es gar nicht wirklich von mir, sondern jemand anders habe die Seite unter meinem Namen eröffnet, um mir und der guten Sache zu schaden. Aber genau darüber müssten wir wegen der Ungeheuerlichkeit des im Raume stehenden Verdachts persönlich reden, und dann müsse ich schnellstmöglich für die Bereinigung dieser unappetitlichen Sache sorgen. Zu genaueren Aussagen sehe er sich am Telefon außerstande.

Diese Gesprächssituation ist typisch für den kirchlichen Umgang mit Homosexualität. Wenn es um eine konkrete Person und deren homosexuelle Veranlagung geht, sagt man nicht einfach: »Er ist schwul.« Stattdessen nimmt man Zuflucht zu sprachlichen Bemäntelungen wie: »Er hat mit dem Ehesakrament Probleme«, »Er befindet sich auf Abwegen«, »Er scheint schwer krank zu sein«. Oder wie es in der Begründung für die Versetzung eines Priesters in der Diözese Essen, die am 8. August 2010 während der Sonntagsmesse in Oberhausener Kirchen verlesen wurde, noch verquaster hieß: Es gebe »Anschuldigungen, die ihn hinsichtlich der Erfüllung der priesterlichen Lebensform in Frage stellen«.[56]

Schon im Spätmittelalter bürgerte sich in kirchlichen Kreisen für homosexuelle Praktiken der Begriff »unaussprechliche Sünde« ein. Dahinter steckte damals die Vorstellung, diese Sünde sei so schlimm, dass man sie nicht einmal benennen dürfe. Heute, da Homosexualität zu einem gesellschaftlich weithin anerkannten Phänomen

[56] Zitiert nach: »Pfarrer wegen Partnersuche im Internet beurlaubt«, *Der Westen* vom 9. 8. 2010. http://mobil.derwesten.de/dw/staedte/oberhausen/Pfarrer-wegen-Partnersuche-im-Internet-beurlaubt-id3483596.html?service=mobile

geworden ist und die Kirche sie – solange es nur um die nicht praktizierte Veranlagung geht – zumindest offiziell nicht mehr als Sünde auffasst, liegen die Gründe für das innerkirchliche Sprachtabu eher in einem grundsätzlich verklemmten Umgang mit Sexualität und der damit verbundenen leib-seelischen Unerfülltheit vor allem bei zölibatär lebenden Geistlichen. Je direkter ein Thema jemanden auch persönlich betrifft, desto verklemmter wird sein Umgang damit sein und desto mehr wird er um den heißen Brei herumreden.

Ab diesem Punkt des Telefonats mit dem Pastor war mir klar, dass man im Dunstkreis von *Theologisches* wieder auf die Suche nach belastendem Material aus meinem Privatleben gegangen war. Im Grunde wunderte mich das nicht, denn in den vorausgegangenen Ausgaben der Zeitschrift hatte ich immer wieder auch Kritik an wichtigen Überzeugungen und Strategien der Traditionalisten veröffentlicht, hatte den Abdruck menschenverachtender Beiträge verweigert und auch im Kreis der Fördergemeinschaft klar gesagt, dass ich die Rückholung extremistischer Katholiken in die Gemeinschaft der Kirche für einen schweren Fehler des Papstes halte.

Es spricht vermutlich für mein unspektakuläres Privatleben, dass man nur mein Facebook-Profil fand, wobei mir zwei Dinge sofort seltsam vorkamen: Zum einen ist dieses Profil in keinster Weise anstößig. So handelt es sich bei mehr als zwei Dritteln der verlinkten Personen, die Zugriff auf alle Bereiche haben, um meine Schüler und Schülerinnen und um deren Eltern. Unchristliches, Religionsfeindliches oder irgendwie Ehrenrühriges lässt sich in dem Profil nicht entdecken.

Zum Zweiten hatte Professor Hauke das Profil aufgetan. Obwohl wir uns seit meiner Habilitationsfeier duzten, war ich nie mit ihm bei Facebook verlinkt. Ja, bis zu dem Zeitpunkt wusste ich gar nicht, dass auch er dort ein Profil hat, über das er unter anderem mit dem in diesem Buch erwähnten suspendierten Subregens aus St. Pölten und anderen Protagonisten des heiligen Scheins öffentlich »befreundet« ist. Hauke muss also einen enormen Zeitaufwand auf sich genommen haben, um die vielen Profile, die es zu meinem Namen bei Facebook gibt, zu durchsuchen.

Erst im Nachhinein erfuhr ich aus der Presseerklärung der Fördergemeinschaft, was man Skandalöses entdeckt hatte: Unter meinen vielen Verlinkungen war auch eine zu den Kölner »Gay Games« zu finden. Bei den Gay Games handelt es sich um eines der weltweit größten Breitensportturniere vor allem für Homosexuelle; 2010 fanden die Spiele in Köln statt und wurden von Außenminister Guido Westerwelle eröffnet.

Da ich ähnliche Vorladungen bereits mehrmals erhalten hatte, ahnte ich schon, wie das geplante Inquisitionsverfahren auch diesmal wieder ablaufen würde. Zuerst das wohlfeile Angebot, alles als eine Fälschung oder ein Missverständnis auszugeben und das Skandalprofil löschen zu lassen. Der katholische Schein sollte schließlich auch jetzt noch unter allen Umständen gewahrt werden, vor allem im Eigeninteresse der Mitglieder der Fördergemeinschaft und der Zeitschrift. Dann die weitergehende Forderung, dass ich kritische Äußerungen zum konservativen Katholizismus und besonders zum gegenwärtigen Kurs des Papstes unterlassen solle. Andernfalls werde man Dinge wie mein Facebook-Profil gegen mich verwenden.

Zu dem Gespräch kam es jedoch nicht mehr, denn an diesem Abend beschloss ich, dass ich mich schon viel zu lange auf dieser Spielwiese der Scheinheiligkeit getummelt hatte. Nicht zuletzt auch wegen des Unheils, das jahrzehntelange Heimlichtuerei und Vertuschung bei den vielen Fällen sexuellen Missbrauchs in der katholischen Kirche angerichtet hatten, wollte ich an diesem Kult des falschen Heiligenscheins nicht länger teilnehmen. Ich dachte an ein Wort aus dem Johannesevangelium (8,32), das der Lieblingsjünger Jesu, der beim letzten Abendmahl an seiner Brust liegen durfte, verfasst hat: »Die Wahrheit wird euch frei machen!«

Noch in derselben Nacht legte ich in einem Brief an die Mitglieder der Fördergemeinschaft mein Amt als Herausgeber und Chefredakteur von *Theologisches* nieder. Zur Sicherheit mailte ich den Brief gleichzeitig an einige Nachrichtenagenturen; damit wollte ich einer entstellenden Darstellung der Vorgänge durch die Verantwortlichen der Fördergemeinschaft zuvorkommen. Wenige Stunden später brachten das *Münsteraner Forum für Theologie und Kirche* sowie *kath.net* die Nachricht. Als Grund für meinen Rückzug gab ich an, dass ich eine »Einmischung in mein Privatleben durch die Fördergemeinschaft auf den Zuruf bigotter Seelen hin« nicht länger hinnehmen wolle. Ich hielt die Begründung bewusst so allgemein, da mir ja nicht genau gesagt worden war, was man mir vorwarf. Zudem wollte ich meinem nächsten Schritt, den ich schon seit längerem ins Auge gefasst hatte, nicht zu viel Wind aus den Segeln nehmen: Am nächsten Tag begann ich, einen Artikel zu verfassen, in dem ich mich öffentlich outete und zugleich die Hintergründe dieses Schrittes näher erläuterte. Der Text erschien am 23. April 2010 unter der Überschrift »Ich darf nicht länger schweigen« in der *Frankfurter Rundschau*, einen Tag später, etwas gekürzt, im *Kölner Stadtanzeiger*.

»Unverfroren das Licht der Öffentlichkeit gesucht«

Die erste offizielle Reaktion auf meinen Rücktritt kam schon am übernächsten Tag, also etwa zehn Tage bevor mein Outing-Artikel in den Zeitungen erschien. Ein befreundeter Geistlicher, der der Fördergemeinschaft nahesteht, hatte am Tag zuvor erfolglos versucht, eine Eskalation im Sinne einer öffentlichen Auseinandersetzung zu verhindern. Doch der Schock der Fördergemeinschaft über meinen Schritt an die Öffentlichkeit war zu groß, als dass man sich jetzt auf Kompromisse oder vornehmes Schweigen eingelassen hätte. Nachdem die erste Schreckstarre verflogen war, meldete sich zuerst Professor Hauke, der sich im Übrigen zu keinem Zeitpunkt der Auseinandersetzung um ein klärendes Gespräch mit mir bemüht hatte, öffentlich zu Wort, und zwar zunächst am 13. April 2010 auf der Internetseite *kath.net*. Im Mittelpunkt des Artikels stand die Aussage, ich sei mit meinem Rücktritt nur einem »Hinauswurf« seitens der Fördergemeinschaft zuvorgekommen. Schon lange habe man den Verdacht gehegt, dass ich mich in meinem Privatleben nicht um einen »kirchlichen Wandel« bemühe. Neue Nahrung habe diese schlimme Annahme dadurch bekommen, dass ich eine Petition für das Zweite Vatikanum und gegen die Rehabilitation des Holocaustleugners Williamson unterzeichnet hätte. Endgültige Gewissheit habe Hauke freilich erlangt, als er »am 25. März 2010 auf Bergers Internetauftritt bei Facebook stieß, der für alle registrierten Nutzer des sozialen Netzwerkes zugänglich ist (also für über 400 Millionen Personen). Die dort feststellbaren Einzelheiten bekunden eindeutig das Verwurzeltsein in einem homosexuellen Milieu.«

Am meisten schockierte ihn jedoch etwas ganz anderes: »Erstaunlich ist freilich die Unverfrorenheit, mit der er selbst das Licht der Öffentlichkeit gesucht hat ... Wir hätten ihm sonst die Chance gegeben, nach einem Rücktritt diskret von dem Milieu Abstand zu nehmen, von dem sein Auftritt bei Facebook ein trauriges Zeugnis ablegt, und sich auf seinen verantwortungsvollen Stand als habilitierter Theologe neu zu besinnen.«

Einen ähnlichen Text schickte er an die kleine konservative Zeitung *Tagespost*, für die ich jahrelang als freier Mitarbeiter tätig war. Die Zeitung druckte ihn in seinem Sinne ab, ohne mit mir vorher in irgendeiner Form Rücksprache gehalten zu haben.

Zwei Aspekte sind es, die Haukes Reaktion höchst aufschlussreich für unsere Thematik machen: Erstens gründet seine gesamte Argumentation auf einem sehr allgemeinen Verdacht, nämlich einer Facebook-Verlinkung zu den Gay Games, die ihm auch nicht mehr an die Hand gab als das reichlich diffuse »Verwurzeltsein im homosexuellen Milieu« und die damit einhergehenden, nicht hinnehmbaren »Verhaltensweisen« – Begriffe, die er offensichtlich von den Demagogen bei *kreuz.net* übernommen hatte. Immerhin ist er dann aber so ehrlich, in einem Nebensatz die wahren Gründe offenzulegen, warum er mit seinen Informationen jetzt an die Öffentlichkeit geht. Schon lange habe es Verdachtsmomente gegeben, man habe jedoch immer im »Zweifel für den Angeklagten« urteilen wollen. Erst als ich die genannte Petition für eine dem Zweiten Vatikanum verbundene Kirchenkonzeption unterschrieb, habe man die Notwendigkeit erkannt, mit dem Verdacht nach außen zu treten, um einen »Hinauswurf« begründen können.

Dass die katholische Kirche bei linientreuen homosexuellen Laien, die nach außen hin ein heterosexuelles Leben führen, auch anders kann, zeigte im Herbst 2009 der Fall Boffo. Demonstrativ stellte sich das päpstliche Staatssekretariat samt Chef, dem sonst nicht so schwulenfreundlichen Kardinal Bertone, hinter den äußerst papst- und kurientreuen Chefredakteur der katholischen Zeitung *L'Avvenire*, Dino Boffo. Und das, obwohl er zuvor von der Zeitung *Il Giornale* als homosexuell geoutet worden war. Obgleich Boffos »sexuelle Präferenzen in Rom ein offenes Geheimnis sind«, wie die *Frankfurter Allgemeine Zeitung* am 11. Dezember 2009 schrieb, hielt ihm der Vatikan energisch die Stange. Der Grund: Man konnte Boffo, der sich stets streng an die Regeln des heiligen Scheins hielt, als unermüdlichen Verteidiger der kirchlichen Sexuallehre und Kämpfer gegen die moralische »Diktatur des Relativismus« gut gebrauchen. Wäre er nicht wenige Tage später von sich aus von seinem Amt zurückgetreten, wäre er jetzt wohl noch Herausgeber von *L'Avvenire*.

Auch in Deutschland gibt es einen verhältnismäßig prominenten katholischen Journalisten, der in kirchennahen Kreisen Karriere gemacht hat und noch macht, nach außen eine traditionelle Ehe führt und durch große Papstbegeisterung sowie sein Engagement gegen Abtreibung und eingetragene Partnerschaften für gleichgeschlechtliche Paare glänzt, und der gleichzeitig seinen eigentlichen sexuellen Bedürfnissen noch bis vor kurzem sehr diskret in den schwulen Szenen von Köln und Berlin nachgegangen ist.

Weniger tolerant zeigte sich die Kirche gegenüber dem Journalisten und katholischen Priester Michael Broch, der im August 2010 auf Intervention von Kardinal Meisner und des Vatikans von seinem Amt als Leiter des katholischen »Instituts zur Förderung des publizistischen Nachwuchses« zurücktreten musste. Der Grund: Broch hatte laut gesagt, was in der Kirche derzeit fast alle denken, aber kaum einer auszusprechen wagt, nämlich dass sich die Kirche durch ihre antiquierte Sexualmoral und klerikale Bunkermentalität zunehmend ins Abseits manövriert. Matthias Drobinski bemerkte dazu in der *Süddeutschen*

Zeitung vom 23. August 2010, der Vorgang zeige, »welch geringen Wert das freie Wort derzeit in der katholischen Kirche hat – und warum die Kirchenkrise auch eine Kommunikationskrise ist«.

Als *kreuz.net* Professor Hauke aufgrund seiner eigenen Aussagen den Vorwurf machte, er habe mich ja jahrelang gedeckt und wir seien Bundesgenossen gewesen, weswegen auch sein Stuhl als Vorsitzender der Fördergemeinschaft wackele, ging bei *Theologisches* erneut die Angst um. Zumal Hauke nicht nur Vorsitzender bleiben wollte, sondern – wie sich später herausstellte – auch Ambitionen hatte, neuer Herausgeber zu werden. So erhielt ich einige Tage später einen offiziellen Brief des Vorstands der Fördergemeinschaft, in dem es, bezugnehmend auf meine in der *Frankfurter Rundschau* und im Kulturmagazin *west.art* des WDR-Fernsehens geäußerte Vermutung, die Fördergemeinschaft habe schon längere Zeit um meine homosexuelle Veranlagung gewusst, heißt: »Wir ersuchen Sie, diesbezügliche schriftliche oder mündliche Äußerungen nicht zu wiederholen, da sie tatsachenwidrig und geschäftsschädigend sind.«

Der konservative Kirchenjurist Alexander Pytlik, der schon im Fall St. Pölten zahlreiche Erfahrungen sammeln konnte, äußerte am 13. April 2010 auf der Internetseite *kathnews.de* im Zusammenhang mit dem Verhalten wichtiger Protagonisten der Fördergemeinschaft in meinem Fall eine ähnliche Vermutung: »Da hat ›jemand‹ mit einer bestimmten Gruppe eventuell Interesse, ›Theologisches‹ zu übernehmen und sich durch die öffentliche Abservierung von David Berger definitiv reinzuwaschen, nach dem Motto: ›*Wir distanzieren uns offiziell vom ganzen Homomilieu und nützen die ›Ehrlichkeit‹ Bergers auf Facebook dazu brutal aus, damit man uns allen abnimmt, dass wir rein und absolut gar nichts mit Homomilieus jemals zu tun hatten*‹.«

Der zweite Aspekt, der Haukes Vorgehen symptomatisch für unser Thema macht, ist sein Entsetzen darüber, dass ich das »Licht der Öffentlichkeit« nicht gescheut habe. Er interpretiert meinen Schritt sogar als »Unverfrorenheit«, denn dadurch hätte ich der Fördergemeinschaft die Möglichkeit genommen, die Sache wie üblich zu handhaben, außerdem hätte ich die Chance auf eine Fortsetzung meiner Karriere in der Kirche verspielt.

Als Homosexueller in der katholischen Kirche hat man sich eben diskret zu verhalten, man muss im Dunkeln bleiben oder sich dahin zurückziehen, wenn der untadelige Ruf angekratzt wurde. Das heißt dann wohl auch, dass man sich schweigend in die »Besinnung« verzieht und am theologischen Diskurs und am kirchlichen Geschehen vorerst nicht mehr teilnimmt.

Das ist genau die Taktik, die auch im Fall St. Pölten zur Anwendung kam. Bischof Klaus Küng nahm den beiden betroffenen Geistlichen alle einflussreichen Ämter und verordnete ihnen den Rückzug in eine heilende »Zeit der Besinnung« an einem der Öffentlichkeit unbekannten Ort. Jeder in der katholischen Kirche weiß natürlich, was die frommen Worte in Wirklichkeit bedeuten: Sie sind die vornehme Umschreibung für einen Schuldspruch. So ist es sicher kein Zufall, dass der erwähnte Subregens nach dem entscheidenden Gespräch mit dem Bischof einen Schwächeanfall erlitt und wenige Stunden später stark alkoholisiert aus dem Fenster seiner Wohnung fiel.

Zum einen liefert Hauke in seiner Reaktion auf meinen Rücktritt indirekt das perfekte Rezept, um Gegner mundtot zu machen und – zwecks Verfolgung eigener Interessen – von ihren Ämtern freizustellen. Zum anderen zeigt sich hier wieder die allgegenwärtige Strategie bigotter Scheinwahrung in der katholischen Kirche, die unter anderem zu den vielen schweren Missbrauchsfällen geführt hat: Statt offen über das Vorgefallene und die konkrete Situation der Täter zu sprechen, um dann nicht nur kirchenrechtliche Schritte einzuleiten, sondern auch strafrechtliche und psychiatrische, macht man die Dinge zumeist »diskret« unter sich aus, mit höchsten Weihen aus Rom. Man schiebt die Täter aus dem Licht der wissenden Öffentlichkeit, indem man sie auf eine andere Pfarrstelle versetzt. Auch wenn dort die Gefahr besteht, dass sie rückfällig werden, kann man sich einer entscheidenden Sache sicher sein: Ein vor dem weltlichen Arm vorerst geschützter, aber jederzeit an die staatliche Justiz auslieferbarer Priester wird nicht gegen seinen Bischof oder den Papst aufbegehren. Er wird genau so handeln, wie es seine vorgesetzten Mitwisser von ihm verlangen.

Diese Strategie wird im Übrigen nicht nur bei Fällen sexuellen Missbrauchs angewandt, sondern generell bei allem, was mit Sexualität zu tun hat. Es gibt unter dem Aspekt der Machtausübung nichts Praktischeres für den Papst und die Bischöfe, als wenn sie diskretes Wissen über intime Verfehlungen besitzen, die die »Übeltäter« um jeden Preis geheim halten möchten. Je verwerflicher diese Verfehlungen in den Augen der Kirche sind, desto größer ist die Gehorsamsleistung, die man erwarten kann – bis hin zur völligen Selbstaufgabe. So erklärt sich auch, dass man mit der wachsenden Zahl sich ihrer Homosexualität bewusster Priester die Homosexualität zur schlimmsten aller Sünden »aufwerten« musste.

Im Hinblick auf diese Vertuschungsstrategie gibt es natürlich nichts Schlimmeres, als wenn ein Betroffener seine vermeintlichen sexuellen Verfehlungen selbst öffentlich macht. Einerseits verliert die Kirche dadurch die Kontrolle über die Person, andererseits wird ihr aber auch die Möglichkeit genommen, den heiligen Schein halbwegs zu wahren.

Genau diese Indiskretion sah ich in meinem Fall für geboten an. Am 16. April 2010 hatte *kreuz.net*, auf Aussagen Haukes zurückgreifend und auch hierin ganz dem kirchlichen Denken verpflichtet, den »Fall David Berger« für abgeschlossen erklärt. Nachdem die Internet-Kreuzritter ihr Ziel erreicht hatten und ich als Herausgeber von *Theologisches* entsorgt war, rechnete man damit, dass ich mich nun verschämt zurückziehen würde.

Eine Woche später, am 23. April 2010, erschien mein Outing-Artikel in der *Frankfurter Rundschau*.

Kampf gegen ein »tödliches Krebsgeschwür«

Mein Schritt an die Öffentlichkeit hatte unglaublich viele positive Reaktionen zur Folge. Im privaten Bereich, zumal an meiner Arbeitsstelle, bekam ich – sieht man von einer einzigen Ausnahme ab – nur zustimmende Rückmeldungen. Kurz zuvor hatte der WDR eine Reportage über Schwulenfeindlichkeit an deutschen Schulen ausgestrahlt, und so freute es mich besonders, dass ich gerade von Schülern und Eltern so viel positive Resonanz erfuhr.

Auch aus kirchlichen Kreisen erhielt ich eine Flut von Briefen, Anrufen und E-Mails. Die meisten stammten von schwulen katholischen Priestern und Priesteramtskandidaten, vor allem aus Deutschland, aber auch aus anderen europäischen Ländern und den Vereinigten Staaten. Ein Geistlicher, der längere Zeit im Vatikan tätig war, schrieb mir, meine Schätzung, dass etwa fünfzig Prozent der Priester in der deutschen Kirche schwul sind, sei noch untertrieben, wahrscheinlich seien zwei Drittel zumindest homosexuell veranlagt. Um diese Zahlen wisse man auch im Vatikan sehr genau.

Viele Briefeschreiber brachten mir gegenüber ihre Dankbarkeit zum Ausdruck, und immer wieder hieß es: Endlich sagt einer von uns mal offen, was Sache ist. Ein sehr konservativer Priester schrieb mir: »Als ich Ihren Text gelesen habe, ist es mir wie Schuppen von den Augen gefallen. Das ist ja genau die Taktik, mit der man mich seit Jahren gefügig macht und unter Kontrolle hält. Ich glaube, ich wollte das bisher einfach nicht wahrhaben, weil es so ungeheuerlich ist.« Und ein Priester aus Frankreich, der einer traditionalistischen Gemeinschaft angehört: »Sie haben es auf den Punkt exakt getroffen. Es ist schon lange keine Frage der Moral mehr, sondern nur noch der Macht!«

Zugleich spürte ich bei vielen eine große Resignation. So etwa bei einem jungen Priester, der mir über Facebook schrieb, wo er sich mit römischem Priesterkragen und Talar präsentiert: »Hallo, guten Abend! Ich melde mich einfach mal auf diesem Wege bei Dir: ich bewundere Dich für den mutigen Schritt, Dich zu outen und die Konsequenzen zu tragen. So mutig bin ich nicht, ich muss es sagen. Als Priester lebe ich in und mit der scheinbar selbstverständlichen Doppelmoral. Der Artikel über Dich hat mir viel zu denken gegeben.«

Häufig zeigt sich die Resignation auch darin, dass man sich mit dem eigenen Los pragmatisch arrangiert hat. So nutzen viele homosexuelle Priester die Möglichkeit der anonymen, schnellen Triebbefriedigung in der schwulen Szene. Das ist unauffällig und wahrt in ihrem eigenen Wirkungskreis und gegenüber ihren Vorgesetzten den heiligen Schein des keuschen Priesters. Es gibt aber auch Geistliche oder Ordensleute, die mir berichteten, sie lebten seit Jahren mit einem anderen Priester der Diözese oder mit jemandem aus ihrer Ordensgemeinschaft in einer Art Partnerschaft zusammen. Immer wieder bekam ich zu hören: Das machen doch eh alle! Oder: Natürlich wissen die im Ordinariat davon, aber solange nichts nach außen dringt und wir uns gegenüber der Kirche loyal verhalten, tun sie so, als ob sie es nicht wüssten.

Auch zahlreiche engagierte Laien aus gewöhnlichen katholischen Pfarreien begrüßten meinen Schritt als mutig und vorbildlich, jedoch nicht ohne darauf hinzuweisen, dass man an der katholischen Basis mit Homosexuellen generell keinerlei Probleme habe, auch nicht mit homosexuell veranlagten Priestern, die mit sich und ihrer Veranlagung im Reinen seien. Häufig zeigten solche Priester sogar das größere pastorale Einfühlungsvermögen, und man könne mit ihnen sehr offen über seine Probleme sprechen. Die angeblichen Probleme mit homosexuellen Priestern würden von den Konservativen, den vielen Bischöfen und besonders vom Vatikan künstlich hochgekocht.

Eine Beobachtung, die von Deutschlands bekanntestem katholischem Moraltheologen, dem Freiburger Professor Eberhard Schockenhoff, in gewissem Sinne bestätigt wurde. In einem Interview, das die *Frankfurter Rundschau* am 26. April 2010 veröffentlichte, wurde er gefragt: »Der homosexuelle Theologe David Berger hat sich am 23. April in der FR geoutet und der katholischen Kirche Bigotterie vorgeworfen: Nach außen bekämpfe sie Homosexualität, nach innen würden homosexuelle Geistliche und Mitarbeiter mit subtilem Druck gefügig gemacht. Teilen Sie seine Beobachtung?« Darauf antwortete er: »In extrem konservativen Kreisen mag das so sein. Die Pfarrgemeinden sind zumeist durchaus aufgeschlossen gegenüber Homosexuellen.«

Was man allerdings nicht übersehen darf, ist die Tatsache, dass diese »extrem konservativen Kreise« in der katholischen Kirche zunehmend das Ruder übernehmen und die allgemeine Stimmung immer mehr in Richtung ihrer Homophobie verschieben.

So waren die Reaktionen auf mein Outing natürlich auch nicht ausnahmslos freundlich. Die erste Rückmeldung, die ich aus dem Lager der extrem Konservativen erhielt, war eine anonymisierte Nachricht an meine von *kreuz.net* veröffentlichte E-Mail-Adresse: »Homofäkalsau verrecke! Wir bringen dich um, Verräter!« Damit war die Grundstimmung klar, die mein Schritt in den Kreisen ausgelöst hatte.

Ansonsten herrschte erst einmal ungewohnte Funkstille im traditionell katholischen Lager. Die bereits erwähnte Felizitas Küble erklärte schließlich in einer Pressemeldung des »Christoferuswerkes« vom 28. April 2010, woran das lag: Alle seien schockiert, dass ihr ehemaliger Vorzeigetheologe »ein Outing in der linksgerichteten ›Frankfurter Rundschau‹ hinblättert, das in der neueren Kirchengeschichte seinesgleichen sucht«.

Kreuz.net, das neue Informationen über mich sonst innerhalb weniger Stunden publizierte, brauchte diesmal ganze drei Tage, um zu reagieren. Der Kommentar, der dann erschien, bildet das Pendant zu der Morddrohung und gibt ohne diplomatische Beschönigungen wieder, wie man in »gut katholischen Kreisen« über meinen Schritt an die Öffentlichkeit dachte: Ich sei, angestachelt von der Stimme Satans, durchgedreht und hätte offen gesagt, dass ich schwul sei, meldete man entrüstet – nachdem man seit zwei Jahren nichts anderes über mich kolportiert hatte. Die Kirche müsse sich endlich von dem »tödlichen Krebsgeschwür der Homosexuellen« befreien. Meine Erfahrung, dass Homosexualität gerne dazu benutzt wird, Priester und Gläubige gefügig zu machen, sei eine »Lügenlitanei« und zwanghaft »Homo-Erbrochenes« eines von »der Homo-Verderbnis zerfressenen« Neurotikers.[57]

Im ganzen Artikel ergeht man sich in wutschäumenden Hasstiraden, um dann zu dem Schluss zu kommen, all das »schreie nach Rache«. Entsprechend reagierten die treuen

[57] www.kreuz.net/article.11054.html

kreuz.net-Anhänger in ihrem Forum, wo man unter dem wohlwollenden Auge der Redaktion darüber beriet, wie man der »Kotze Satans« am besten ein grausames Ende bereiten könnte: »Baseball-Schläger besorgen und dann bei nächster Gelegenheit in die schwule Fresse klopfen, bis wir die Homo-Kotze auf den Sondermüll entsorgen können«, wurde da etwa von jemandem mit einem sehr fromm klingenden Nicknamen vorgeschlagen.

Auch die Piusbruderschaft meldete sich zu Wort, diesmal über eine ihrer Vorfeldorganisationen, das »Civitas-Institut«. Das unter der Aufsicht des geistlichen Beirats der Piusbruderschaft, Pater Franz Schmidberger, von dem Philosophen Raphael Hüntelmann geleitete Institut versteht sich als ein Werk der politischen und sozialen Aktion im Sinne der Piusbruderschaft. Ziel ist die Rechristianisierung Deutschlands bzw. der Kampf gegen die »Diktatur des Relativismus« und für einen katholischen Gottesstaat, in dem solche Torheiten wie demokratische Grundrechte keinen Platz mehr haben. Unter der Überschrift »David Berger verkauft sich an die Linken« lässt der anonyme Autor die Leser am 23. April 2010 wissen: »Dr. theol. habil. David Berger braucht eine neue Einkunftsquelle, nachdem er seinen Job als Herausgeber der neokonservativen Zeitschrift *Theologisches* verloren hat. Deshalb veröffentlicht er in der linksradikalen *Frankfurter Rundschau* einen Gastbeitrag, in dem er sich zum Fürsprecher aller Homosexuellen in der Kirche macht.« Dass ich mich selber zur Homosexualität bekannt hätte, sei einfach nur verrückt. Mein ganzer Artikel sei »eine sehr traurige Rechtfertigung eines Menschen, der jeden Halt in der Wahrheit verloren hat«.[58]

---

[58] Nachzulesen auf: www.civitas-institut.de/index.php?option=com
_content&view=article&id=1004%3Adavid-berger-verkauft-sich-
an-die-linken&Itemid=26

Auch hier konnte man sich meine Ehrlichkeit nicht anders erklären als mit monetären Interessen – dass meine Arbeit für *Theologisches* über sieben Jahre ehrenamtlich erfolgte und ich auch für meinen Gastbeitrag in der *Frankfurter Rundschau* kein Honorar erhalten hatte, spielt in einem Klima, in dem die Ideologie und der Kampf für das Privateigentum (TFP) bestimmen, was Wahrheit ist, keine Rolle mehr.

Die Internetseite *kath.net* blieb angesichts meiner »Unverfrorenheit« sprachlos. Untätig blieb man allerdings nicht: Obwohl mich der Chef der Internetseite, Roland Noé, noch zwei Wochen vorher gebeten hatte, doch wieder öfter bei *kath.net* mitzuarbeiten, wurden alle meine früheren Beiträge und Interviews kommentarlos von der Seite gelöscht. Mich erinnerte das an die aus der Antike bekannte »damnatio memoriae«: War eine Person besonders verachtet oder verhasst, tilgte man ihren Namen aus allen schriftlichen Aufzeichnungen, und niemand durfte ihn in Zukunft auch nur erwähnen. Mehrere Anfragen bei Herrn Noé, was denn mit meinen Beiträgen passiert sei, blieben unbeantwortet. Noés Vorgehen war aber auch so äußerst durchsichtig. Er lieferte damit ein schönes Beispiel dafür, wie man den heiligen Schein einer von schwulen Theologen unbefleckten Kirche respektive katholischen Internetseite wiederherstellen kann, indem man sich selbst und seinen Lesern kräftig in die Tasche lügt.

Mit deutlicher Verspätung äußerte sich auch Hauke, der inzwischen die Herausgeberschaft von *Theologisches* übernommen hatte. Mein Rücktritt sei nur einem notwendigen Rauswurf im Sinne einer »gerechten Diskriminierung« zuvorgekommen, wiederholte er im Editorial der neuen Ausgabe der Zeitschrift vom Juni 2010. In dem Text kommt deutlich seine Verbitterung zum Ausdruck, dass ich durch meinen Rücktritt der gerechten Strafe zuvorgekommen bin.

Theologisches habe als Aufgabe »die Profilierung des Katholischen gegenüber der fast überall dominierenden ›Diktatur des Relativismus‹«, heißt es da. Die »Umstände des persönlichen Lebens von Dr. Berger« seien dagegen Ausdruck der derzeitigen »Krise des Glaubens und der Moral« in der katholischen Kirche. Auch hier begegnet uns wieder der Stil von *kreuz.net*, wenn Hauke schreibt, mit dem offenen Bekenntnis zu meiner Homosexualität zeigten sich die »Giftstoffe des moralischen Verfalls« besonders deutlich.

Dass die Krise der Kirche nicht durch schwule Laien, die ehrlich zu ihrer Veranlagung stehen, verursacht wurde, sondern durch pädophile Geistliche und weit mehr noch durch den Kult des heiligen Scheins mit seinen Vertuschungsstrategien, übersieht Hauke geflissentlich. Deshalb auch das Lamento über meinen »Gang an die Öffentlichkeit«. An ihm werde eine Verwirrung ansichtig, die »für manche theologische Milieus im deutschen Sprachraum nicht untypisch« sei. Gegen diese Verwirrung werde man in Zukunft bei *Theologisches* mit größter Entschiedenheit antreten.

Genau das, was ich befürchtet hatte und was mich die letzten Jahre als Herausgeber der Zeitschrift trotz allem hatte durchhalten lassen, trat bereits kurz darauf ein. Die beiden Themen, die *kreuz.net* seit Jahren umtreiben, bestimmten die zwei nächsten Ausgaben der Zeitschrift: der scheinheilige Kampf gegen die Homosexualität und der Kampf für die alte Liturgie. Hinzugekommen ist noch der enge Schulterschluss mit reaktionären evangelikalen Kreisen, die eine fundamentalistische Bibelauslegung propagieren.

Gott ekelt sich, und der Vatikan zeigt sich bestürzt

Da mein freiwillig erfolgter Rücktritt nicht nur Hauke, sondern das gesamte ultrakonservative Milieu um seine Rache gebracht hatte, waren die diesbezüglichen Lüste noch ungezügelt. In Internetforen, aber auch in privaten Kreisen des Netzwerkes zeigte man sich überzeugt, dass angesichts der Schwere des Vergehens weiterer Handlungsbedarf bestehe. Zwei Ansatzpunkte boten sich an: zum einen meine kirchliche Lehrerlaubnis (Missio canonica), zum anderen mein Titel als korrespondierender Professor der Päpstlichen Akademie des hl. Thomas von Aquin.

Solche Racheakte, häufig verbunden mit Denunziationen, sind in konservativen Kirchenkreisen äußerst beliebt. Erreicht man einen theologischen Gegner argumentativ oder organisatorisch nicht (mehr), so bemüht man sich darum, die eigenen Interessen bei einer in der Kirchenhierarchie höheren Instanz durchzusetzen. Wichtigstes Mittel ist dabei in Deutschland die Missio canonica. Obwohl Theologieprofessoren und Religionslehrer vom Staat bezahlt werden, benötigen sie eine kirchliche Lehrerlaubnis, die ihnen nur vom jeweiligen Ortsbischof ausgestellt werden kann. Damit ist den Mächtigen in der Kirche ein wichtiges Instrument in die Hand gegeben, mit dem sie unliebsame Personen gefügig halten können.

Der jüngste, sehr prominente Fall einer solchen Maßregelung war der Entzug der kirchlichen Lehrerlaubnis für Professor Michael Schulz, Ordinarius für Dogmatik an der Universität in Bonn, in den man in konservativen Kreisen große Hoffnungen gesetzt hatte und den ich bei meinem Besuch an der Gustav-Siewerth-Akademie persönlich kennengelernt hatte. Schulz wurde 2009, kurz nachdem Benedikt XVI. ihn in die Internationale Theologenkommission berufen hatte, die Missio entzogen. Grund war, dass er öffentlich eingeräumt hatte, die priesterliche Ehelosigkeit nicht mehr leben zu können. Darauf folgten sehr rasch die Suspendierung vom Priesteramt und der Entzug der kirchlichen Lehrerlaubnis.

Einen ersten Erfolg konnten die Eiferer einige Monate später bei der Päpstlichen Akademie des hl. Thomas von Aquin verbuchen. Die langjährige Tradition, diese Institution von Dominikanern leiten zu lassen, wurde von dem sonst so traditionsorientierten Papst Benedikt mit der Ernennung von Luis Clavell zum Präsidenten der Akademie im Jahr 2009 beendet. Der Philosophiedozent Clavell ist einer der wichtigsten Vertreter des Opus Dei weltweit. Er hat den Gründer der Vereinigung noch persönlich kennengelernt und war mehrere Jahre Rektor der Opus-Dei-Universität in Rom. Als er sich 2003 ein halbes Jahr lang zu Studienzwecken in Köln aufhielt, verweilte er gerne in unserer Kölner Wohnung zum nachmittäglichen Tee.

Von Pater Clavell ist ein offizielles Schreiben der Päpstlichen Thomas-Akademie unterzeichnet, das mich Ende Juli 2010 als Einschreiben erreichte. Darin wird mir mitgeteilt, dass man mit großem Schmerz und Schrecken von meinem »Wandel im Hinblick auf einige Punkte der katholischen Moral« und meine neue Einstellung erfahren habe. Besonders bei den Professoren der Akademie habe diese schlimme Nachricht für Entsetzen gesorgt. Auch Clavell selbst missfalle außerordentlich, was er höre, und er bitte Gott um meine Bekehrung.

Das Vertrauen des Paters in die Allmacht Gottes war dann aber doch nicht so groß, wie die fromme Kulisse seiner Worte vermuten lässt. In demselben Brief heißt es, der erweiterte Vorstand der Akademie habe beschlossen, meine Mitgliedschaft in der Akademie sei nicht länger tragbar. Man teile mir deshalb mit Datum der Unterzeichnung meine Entlassung aus der päpstlichen Institution mit in der Hoffnung, dass ich mich wieder zum Guten wende.

Die mit äußerst vagen Andeutungen begründete Entlassung löste nicht nur in Deutschland, sondern auch in anderen europäischen Ländern zu meiner Überraschung großes Interesse aus: Nachdem die *Frankfurter Rundschau* Ende Juli die Meldung zuerst gebracht hatte, berichteten innerhalb weniger Tage nicht nur alle großen deutschsprachigen Zeitungen über den Vorfall. Auch *El País* (Spanien) und der *Corriere della Sera* (Italien) veröffentlichten, neben kleineren Medien in den Niederlanden, Belgien, England, Frankreich und Portugal, jeweils einen umfangreichen Bericht zu den Vorkommnissen.

Fast überall herrschte ungläubiges Staunen angesichts der Entscheidung. Genugtuung zeigten dagegen *kath.net* und *kreuz.net*, vereint mit der Piusbruderschaft, auf deren Internetseite zu lesen war: »David Berger hat seine Zukunft hinter sich. Möglicherweise wird er von der kirchenfeindlichen Presse noch eine Weile hochgejubelt, dann wird er wie viele niveaulose Kirchenkritiker in der Vergessenheit versinken.«[59] Und eines der registrierten Clubmitglieder von *kath.net* kommentierte: »RAUS MIT SO EINEM – je schneller umso besser. Dank an alle, die so vorbildlich reagiert haben. Wem das zu unchristlich klingt, der lese in der Heiligen Schrift nach, was über solche Unzüchtigen gesagt wird: sie haben sich bereits selbst um den Himmel gebracht! Und Gott ekelt sich vor solchem, das steht auch geschrieben – wenn auch mit anderen Worten!«[60] Es verwundert nicht, dass der *Corriere della Sera* klagte, die

---

[59] Zitiert nach: www.piusbruderschaft.de/component/content/article/717-aktuell/4433-trauriger-absturz-eines-hoffnungsvollen-theologen

[60] Zitiert nach: www.kath.net/detail.php?id=27534

durch meinen Ausschluss notwendig gewordene Debatte sei durch solche Internetseiten auf ein erbärmliches Niveau gesunken.

Der Hunger nach Rache war mit der vatikanischen Entscheidung bei einigen aber noch immer nicht befriedigt. In dem *kreuz.net*-Beitrag vom 27. Juli 2010 zu meinem Ausschluss aus der Akademie steht am Ende: »Es ist unverständlich, warum der neokonservative Erzbischof von Köln, Joachim Kardinal Meisner, Berger weiterhin als Religionslehrer duldet und den katholischen Schülern einen Homo-Religionsunterricht zumutet.« In einem anderen Forum wurde daraufhin zu einer Unterschriftenaktion aufgerufen, adressiert an Kardinal Meisner, mit der Aufforderung, mir die Lehrerlaubnis zu entziehen.

Das Pikante an der Sache – das von Holland über Frankreich bis nach Spanien und Italien auch keinem der Kommentatoren entging – ist, dass die Entlassung aufgrund meines Outings erfolgte, in dem nur stand, dass ich homosexuell veranlagt bin, es ging also nur um Veranlagung, nicht um Praxis. Die sowohl moraltheologisch wie kirchenrechtlich relevante Frage, ob ich diese Veranlagung auch auslebe, blieb stets offen. Bezüglich der homosexuellen Veranlagung bei Katholiken sagt der »Katechismus der Katholischen Kirche«: Diskriminierung ist zu vermeiden, Homosexuellen ist mit Respekt und Takt zu begegnen. Der Vatikan hat mit meiner Entlassung also gegen seine offiziellen Prinzipien verstoßen.

Professor Juan José Tamayo, Dekan der Fakultät für Theologie und Religionswissenschaft an der Universität Madrid, kommentierte den Vorgang einige Tage später in *El País* unter der Überschrift »Ominöses Schweigen, gnadenloses Verurteilen« folgendermaßen: »El cinismo vaticano no tiene límites« – »Der Zynismus des Vatikans kennt keine Grenzen.«

Ob Praxis oder nur Veranlagung, in Wirklichkeit interessierte das im Vatikan niemanden. Was tatsächlich relevant war, brachte am 3. August 2010 sehr schön ein besorgter Schreiber auf *kath.net* zum Ausdruck: »Herr Dr. Berger. Wenn Sie Ihre Gedanken für sich behalten hätten, würden Sie weiter in Rom unterrichten. Sie sind aber der heute relativ häufig bei Homosexuellen (auch außerhalb der Kirche) anzutreffenden Neigung gefolgt, öffentlich darüber zu reden und die Lehre der Kirche zum Thema Homosexualität zu kritisieren – dann aber bitte nicht über Konsequenzen wundern. Ich habe mich schon oft gefragt, warum outen sich die Homosexuellen so häufig? Es gibt Dinge, die sind privatim und nicht für die Öffentlichkeit bestimmt, bestenfalls für den Beichtvater – und der unterliegt dem Beichtgeheimnis.«

Hier wird wieder genau das zur urkatholischen Devise erhoben, was, wie wir gesehen haben, so viel Schaden anrichtet: Wer in der katholischen Kirche bestehen will, muss in der bigotten Welt des heiligen Scheins mitspielen. Tut er es nicht und bricht vielleicht sogar öffentlich das Schweigen, nimmt er den Hierarchen ein wichtiges Instrument ihrer Machtausübung und muss dafür bestraft werden. Darüber darf er sich dann nicht beschweren, schließlich hat er sich den Zorn der Institution, die sich als von Gott selbst bestellte Verwalterin aller göttlichen Gnaden versteht, zu Recht zugezogen.

Die katholische Kirche am Scheideweg

Ein Aspekt zieht sich unabhängig von meinem individuellen Fall wie ein roter Faden durch dieses Buch: die zentrale Bedeutung des heiligen Scheins für die katholische Kirche und ihre Protagonisten. Viele der Ereignisse, die in den letzten Jahren bei den Menschen nur noch verständnisloses Kopfschütteln ausgelöst haben, liegen in dem Bemühen begründet, diesen Schein um jeden Preis aufrechtzuerhalten.

Dabei sollten die positiven Aspekte, die ein einheitliches Erscheinungsbild haben kann, nicht außer Acht gelassen werden. In einer Welt der Bilder, der visuellen Reizflut, gewinnt die ritualisierte öffentliche Selbstdarstellung immer mehr an Bedeutung. Auch auf dem »Jahrmarkt der religiösen Angebote« stellt sie einen entscheidenden Wettbewerbsfaktor dar. Jeder Firmenchef weiß, dass das Corporate Design, das Erscheinungsbild seines Betriebs nach außen, eine wichtige Funktion hat. Es zeigt auf unverkennbare Weise: So wollen wir uns sehen und von euch gesehen werden, daran könnt ihr partizipieren! Das Corporate Design ist nicht nur ein bedeutender Werbefaktor, sondern fördert auch die Identifikation der Menschen mit ihrem Betrieb und bindet sie an ihn. Da der Wiedererkennungseffekt in diesem Zusammenhang unverzichtbar ist, ist das Corporate Design auf Beständigkeit, auf einen gewissen Konservativismus angewiesen.

So wie Adidas seine drei Streifen nicht von einem auf den anderen Tag aufgeben könnte, wäre die katholische Kirche schlecht beraten, wenn sie ihren heiligen Schein, wie er sich etwa in der Liturgie oder im öffentlichen Auftreten von Kirchenfürsten manifestiert, dauernder zeitgeistiger Kreativität überlassen würde. Dass man dies in der katholischen Kirche seit nahezu zweitausend Jahren weiß und sich danach richtet, spricht zunächst einmal für sie.

Auch der gegenwärtige Papst widmet der religiösen Außendarstellung seiner Institution große Aufmerksamkeit. Programmatisch sagt er dazu im Liturgie-Band seiner *Gesammelten Schriften*: »Im Umgang mit der Liturgie entscheidet sich das Geschick der Kirche.«[61] Auf unsere Thematik angewendet und in einen breiteren Kontext übertragen, könnte man ganz allgemein auch sagen: Im Umgang mit dem heiligen Schein entscheidet sich die Zukunft der Kirche. Denn in der Praxis zeigt sich, ob der äußere Schein der Realität entspricht oder ob er diese Entsprechung nur vortäuscht. Außenstehende bemerken mögliche Diskrepanzen nur punktuell, dafür aber häufig umso deutlicher. Insider erleben beides, Realität und Außendarstellung, permanent nebeneinander. Ein Abgleich findet dann nicht nur statt, wenn ein Geistlicher, in hohepriesterliche sonntägliche Gewänder gekleidet, ein lateinisches Hochamt zelebriert oder wenn der Papst den in alle Welt übertragenen Ostersegen »Urbi et Orbi« spendet, sondern in gewöhnlichen menschlichen Vollzügen. Entfernt das tatsächliche Sein sich dann zu weit vom heiligen Schein, verwandelt sich dieser in oberflächliche Scheinheiligkeit.

Mit diesem Phänomen des weiten Auseinanderklaffens von Sein und Schein hat die katholische Kirche nun seit

---

[61] Joseph Ratzinger: *Gesammelte Schriften*, Bd. 11: Theologie der Liturgie, Freiburg/Br. 2008, S. 33

geraumer Zeit zu kämpfen. Spätestens durch die Missbrauchsskandale ist die fromme Fassade, hinter der man sich jahrzehntelang zu verbergen suchte, endgültig brüchig geworden und damit die Glaubwürdigkeit der gesamten Institution Kirche schwer beschädigt. Matthias Drobinski bemerkte dazu in der *Süddeutschen Zeitung* vom 23. August 2010 treffend: »Diese Kirche steht nicht allein wegen der Missbrauchsfälle derart in der öffentlichen Kritik. Es werden nicht allein deswegen dieses Jahr 200 000, vielleicht sogar mehr als 300 000 Menschen aus der Kirche austreten. Die Leute treten nicht aus, weil Kirchenmitarbeiter Verbrechen begangen haben. Sie gehen, weil ihnen die gesamte Institution unglaubwürdig geworden ist und der Skandal den letzten Anstoß zum Austritt gegeben hat.«

Nun hat die Brüchigkeit der Fassade nicht zu einem Umdenken bei den verantwortlichen Kirchenmännern geführt, sondern sie versuchen im Gegenteil nur umso energischer, den Schein zu wahren. Dass man in dieser Situation reaktionären Gruppen innerhalb der katholischen Kirche, vom Opus Dei bis zur Piusbruderschaft, immer mehr Einfluss zugesteht, ja sich von ihnen eine Lösung der gegenwärtigen Krise erhofft, ist kein Zufall: Wir haben gesehen, dass die Strategie des Verschweigens und gnadenlosen Verurteilens dort in besonders ausgeprägter Form verfolgt wird.

Eine Kirche im Teufelskreis

Dem kirchlichen Umgang mit dem Phänomen der Homosexualität kommt im Hinblick auf die Diskrepanz zwischen Sein und Schein eine zentrale Bedeutung zu, denn hier werden die Mechanismen, die durch die unbedingte Scheinwahrung in Gang gesetzt werden, besonders deutlich.

Auf der einen Seite ist der Kirchenführung sehr wohl bekannt, dass ein verhältnismäßig großer Anteil katholischer Kleriker und Priesteramtsanwärter in Europa und den Vereinigten Staaten homosexuell veranlagt ist. Dieser Realität wird aber nicht dadurch begegnet, dass man offen über die Situation spricht.

Stattdessen macht man es zur offiziellen Regel, dass es homosexuell veranlagte Priester in der katholischen Kirche im Grunde genommen überhaupt nicht geben darf. Der Schein, der nach außen hin erzeugt werden soll: Unsere Kirche besteht aus »gesunden«, potentiell heterosexuellen Klerikern.

Auch unter den Laien innerhalb der katholischen Kirche gibt es selbstverständlich Homosexuelle, und das wissen die Kirchenoberen genau. Diese Laien leben in einer Welt, in der Homosexualität weitgehend akzeptiert ist; in etlichen Staaten werden gleichgeschlechtliche Partnerschaften in vieler Hinsicht sogar mit der Ehe gleichgestellt. Dieser Realität begegnet die Kirche, indem sie sich zwar formal zu Takt und Respekt gegenüber der homosexuellen Veranlagung verpflichtet, die homosexuelle Praxis gleichzeitig aber als schwere Sünde verteufelt. Da man, wie zuletzt mein Ausschluss aus der Päpstlichen Thomas-Akademie gezeigt hat, offenbar davon ausgeht, dass die Trennung von Veranlagung und Praxis ohnehin realitätsfremd ist, weil sich kaum ein katholischer Homosexueller daran hält, geht man zunehmend dazu über, Homosexualität als solche zu verdammen.

Diese Verurteilung nimmt neurotische Formen an, wenn ein gesellschaftliches Randphänomen wie die Homosexualität in den Mittelpunkt des Interesses gerückt und zur Wurzel allen Übels, zur Ursache der aktuellen Glaubens- und Kirchenkrise erklärt wird. Der gegenwärtige Papst geht hier mit seiner »panischen Angst vor

Schwulen«[62] – so der Theologe Christian Feldmann – als Negativvorbild voran.

Die diskriminierenden Richtlinien für Priester aus dem Jahr 2005 werden inzwischen zunehmend auch auf Laien angewendet. Eine nicht näher definierte »Nähe zum homosexuellen Milieu« genügt dann schon, um sie aus kirchlichen Ämtern zu entlassen. Dieses willkürlich einsetzbare Mittel soll das Bild einer in zölibatären Träumen entstandenen Scheinwelt konservieren helfen, einer Welt, die – neben der über alle Zweifel erhabenen Priesterkaste – aus Laien besteht, die in ebenso glücklichen wie unauflöslichen Ehen mit vielen Kindern leben, fernab von künstlicher Empfängnisverhütung und sexueller Untreue.

Die Folgen des Kreuzzugs für eine Kirche des heiligen Scheins sind im Laufe unserer Reise durch die katholisch-konservativen Milieus deutlich geworden: Nach außen hin kann der schöne Schein seine positive Wirkung nicht mehr entfalten, weil er als Scheinheiligkeit entlarvt ist und die Menschen sich enttäuscht von der Kirche abwenden. Und nach innen entsteht ein zerstörerisches Klima der Unehrlichkeit, der Heimlichtuerei und Vertuschung.

Im Zusammenhang mit der Verdammung der Homosexualität sind die primär Leidtragenden die schwulen Kleriker. Das Klima repressiver Scheinheiligkeit wirkt sich nicht selten geradezu fatal auf die Psyche der Betroffenen aus. Dabei sind drei Aspekte von Bedeutung: Bei sensibleren, frommen Priestern und Ordensleuten erzeugt die offiziell verordnete Homophobie oft schwere Skrupel, schließlich hat der Papst ihnen überdeutlich ins Stammbuch geschrieben: Ihr habt euch, zum Schaden der gesamten Kirche, das Allerheiligste angeeignet, obwohl es euch

---

[62] Christian Feldmann: *Papst Benedikt XVI. Eine kritische Biographie*, Hamburg 2006, S. 146

aufgrund eurer sündhaften Veranlagung nicht zusteht. Pastoralpsychologen haben aufgezeigt, dass solche Skrupel zu einer Fixierung auf das Thema Sexualität und zu einem Hass auf Mitmenschen führen können, die ihre Sexualität selbstbewusst und ohne Schuldkomplexe ausleben. Hinzu kommt, dass sich eine überproportionale Gewichtung der Sexualität hemmend auf den religiösen wie persönlichen Reifungsprozess eines Menschen auswirken kann. Vor diesem Hintergrund dürften die vielen Fälle sexuellen Missbrauchs durch Kleriker und auch die extreme Homophobie ultrakonservativer Kreise besser erklärbar werden.

Andere Geistliche ziehen sich in schwule Klerikerszenen zurück, wo Sexualität ausschließlich an anonymen Orten und mit wechselnden Geschlechtspartnern ausgelebt wird. Durch dieses flüchtig-anonyme Sexualleben sind die Betreffenden von Seiten ihres Bischofs weniger angreifbar als Geistliche, die versuchen, in einer langfristigen Beziehung mit einem anderen Mann zu leben, was sich auf Dauer kaum verstecken lässt. Im Grunde genommen sind die Regeln der heiligen Scheinwelt des Katholizismus auf diesem Gebiet ungewollt darauf angelegt, polygamen, anonymen (oft auch ungeschützten) Sex mit all seinen Risiken für die seelische und körperliche Gesundheit zu fördern und dauerhafte Beziehungen zu verhindern.

Dazu passt, dass eine amerikanische Zeitung im Januar 2000 die Ergebnisse umfangreicher eigener Recherchen veröffentlichte, denen zufolge Hunderte katholische Priester in den Jahren zuvor an Aids verstorben und mehrere Hundert weitere mit dem HI-Virus infiziert seien. Eine Situation, die man auf die europäischen Verhältnisse wird übertragen können, da Safer Sex hier noch weitaus lockerer gehandhabt wird als in den Vereinigten Staaten. Die Recherchen brachten auch ans Licht, dass man von Seiten der Kirche peinlich darum bemüht war, die wahre Todesursache jeweils zu vertuschen. Die *Rheinische Post* vom 30. Januar 2000 führte als besonders eklatantes Beispiel den Fall des New Yorker Bischofs Emerson Moore an: »Er verließ sein Amt 1995, um in einem Hospiz in Minnesota zu sterben. Auf seinem Totenschein sei er als Arbeiter bezeichnet worden, der an ›unbekannten natürlichen Ursachen‹ gestorben sei.«

Inzwischen müssen, dank des medizinischen Fortschritts, in der »Ersten Welt« kaum noch Menschen an Aids sterben, eine andere, mindestens ebenso schwerwiegende Folge des kirchlichen Umgangs mit Homosexualität ist damit allerdings nicht behoben: das Problem der Einsamkeit, an der viele Priester seelisch zugrunde gehen. Das gilt natürlich auch für homosexuelle katholische Laien, die dazu verdammt sind, allein zu bleiben. Peter Bürger hat in seinem Beitrag auf der Internetseite der »Initiative Kirche von unten« darauf hingewiesen, dass psychische Störungen bei homosexuellen Geistlichen, zum Beispiel Sexsucht oder schwere Depressionen aufgrund von ausschließlich anonymem Sex, nicht der homosexuellen Veranlagung an sich zuzuschreiben sind. Neueren Studien zufolge gehen sie, so Bürger, »vielmehr ausnahmslos zurück auf Schizophrenien und Repressionen, die den unerlösten kirchlichen Umgang mit der Homosexualität betreffen«.

Ein dritter Aspekt, der sich belastend auf die betroffenen Geistlichen auswirkt, ist die Tatsache, dass die Kirchenoberen das Wissen um deren Homosexualität häufig mehr oder weniger subtil zur Erhaltung der eigenen Macht einsetzen. Nichts eignet sich besser dazu, die Loyalität eines Mitarbeiters oder Untergebenen sicherzustellen, als eine mit möglichst schweren Vergehen gefüllte, geheime »schwarze Akte«.

Überhaupt wird man im Blick behalten müssen, dass das hartnäckige Festhalten am heiligen Schein viel mit Macht zu tun hat. Nicht nur, dass der Tanz um dieses goldene Kalb die klerikale Macht nach innen stabilisiert oder dort wiederherstellt, wo sie in Gefahr geraten ist. Der heilige Schein wird auch als Rechtfertigung eines Machtanspruchs nach außen gebraucht. Ein Papst, der zusammen mit seinen Kardinälen und Bischöfen in Anspruch nimmt, »Stimme der moralischen Vernunft der Menschheit«[63] zu sein, kann es sich nicht leisten, eine Institution zu leiten, in der Unmoral herrscht und gegen kircheneigene Regeln verstoßen wird. So ist es verständlich, dass es kaum ein größeres Vergehen gibt, als den heiligen Schein zu zerstören. Nicht der schwule Theologe oder Priester an sich bedeutet eine Gefahr für das System, sondern nur derjenige, der über seine Veranlagung offen spricht. Worüber man in meinem Fall folglich am meisten erschrak, war nicht meine Homosexualität – darüber war man sich ja nach eigenen Angaben schon seit vielen Jahren klar. Was zum Schock führte, war, dass ich daraus kein Geheimnis mehr machte und so zum Nestbeschmutzer wurde.

Diese generelle Aversion der Kirchenfürsten gegen Transparenz und Offenheit wurde auch bei den Missbrauchsskandalen sehr anschaulich: Als eigentliches Problem wurden nicht die missbrauchenden Priester oder die falschen Weichenstellungen in der kirchlichen Morallehre ausgemacht. Nein, die Schuldigen wurden ganz woanders gesucht: bei den Medien, die es sich erlaubt hatten, über die Taten zu berichten. Es seien deren »falsche und unbegründete Angriffe« auf die Kirche und deren Vertreter in der Öffentlichkeit, die den Skandal hochgekocht hätten – so Papst Benedikt XVI. im August 2010 in einem Schreiben

---

[63] »Mut zur Wahrheit: Aufruf Benedikts des XVI. an die Universität ›La Sapienza‹«, nachzulesen auf: www.zenit.org/article-14235?l=german

an die rechtskonservativen amerikanischen Kolumbusritter, wie *Radio Vatikan* am 4. August 2010 meldete.[64] Kardinal Sodano zufolge, der am Ostersonntag 2010 auf dem Petersplatz vor einem Millionenpublikum sprach, ist es das von den Medien verbreitete »Geschwätz des Augenblicks«, das der Kirche das Leben schwermacht. Und Bischof Gerhard Ludwig Müller von Regensburg warf – ganz romtreu – den Medien im März 2010 vor, mit ihren Berichten über die Missbrauchsfälle eine Kampagne gegen die Kirche zu führen, ähnlich jener, die die Nationalsozialisten einst gegen die Katholiken geführt hätten.[65]

Hier zeigt sich wieder, dass man bei der Suche nach den Ursachen der gegenwärtigen Krise nicht auf sich selbst schaut, sondern mit aggressiven Äußerungen von den Problemen im Inneren ablenkt und sich auf die Suche nach externen Sündenböcken macht. Eine solche Strategie ist natürlich zunächst ein Ausdruck eigener Hilflosigkeit und Schwäche; warum man sich dabei in den letzen Jahren – neben den Medien – auf die Homosexuellen als Feindbild eingeschossen hat, ist psychologisch auf der Basis des bisher Ausgeführten gut erklärbar. Doch eine Bewältigung der gegenwärtigen Krise ist auf dem Weg der Abschottung und Vertuschung ganz sicher nicht möglich. Im Gegenteil, es ist ein Teufelskreis, in dem die Probleme sich wechselseitig noch verstärken.

---

[64] Zitiert nach: www.thurgauerzeitung.ch/ausland/europa/Missbrauch-Papst-beklagt-unbegruendete-Kritik/story/19426342

[65] »Bischof Müllers Medienschelte löst Empörung aus«, 22. 3. 2010, nachzulesen auf: www.spiegel.de/panorama/gesellschaft/0,1518,685009,00.html

Wir schrumpfen uns zur Sekte

Wenn die katholische Kirche sich aus dieser schweren Krise befreien will, muss sie eine Entscheidung treffen, die ihr weiteres Schicksal bestimmen wird. Dabei stehen ihr im Moment zwei Wege offen: Entweder sie macht weiter wie bisher und riskiert, sich immer weiter von den Menschen zu entfernen, oder sie bringt den Mut auf, sich zu öffnen und den Herausforderungen unserer heutigen Zeit zu stellen.

Der erste Weg wäre der, aus Angst vor dem schädigenden Einfluss der »Welt« den heiligen Schein um jeden Preis zu kultivieren. Diese Option ist geprägt von einer Wagenburg- oder Bunkermentalität, die auf einem äußerst pessimistischen Menschenbild und der Vorstellung einer verdorbenen, gottlosen und unmoralischen Zivilgesellschaft gründet. Vor diesen düsteren Hintergrund stellt man als Kontrast das eigene lichte Selbstbild: die Kirche nicht als Teil dieser Welt, sondern als deren rettender Antipode. Dann wird das geflügelte Wort von Kirchenvater Cyprian von Karthago, einem der Lieblingstheologen Benedikts XVI., zum Schlachtruf: »Außerhalb der Kirche kein Heil!«[66] Inmitten der Dunkelheit der Sünde und der Verderbnis ist sie die »Gemeinschaft der Heiligen«, soll sie als makellose Braut Jesu hell aufscheinen.

In der Öffentlichkeit wird der Schwerpunkt der Selbstdarstellung auf ritualisierten Vorgängen bestehen, die sich eng an eindrucksvolle, traditionsreiche Bräuche anlehnen. Man wird sehr viel Zeit zum Beispiel damit verbringen, genau festzulegen, welcher Geistliche ab welchem Rang

---

[66] Zitiert nach: »Benedikt der XVI. über die Gestalt des Heiligen Cyprian von Karthago«, 6. 6. 2007, nachzulesen auf: www.zenit.org/article-12755?l=german

welche Kopfbedeckung tragen darf oder wie lang die Brüsseler Spitze und die ornamentreiche Stola bei welcher Weihestufe zu halten sind. Im Gottesdienst wird man nicht mehr die lebendige Sprache der Menschen und ihrer Zeit sprechen, sondern sich in eine unwandelbare, weil tote Sprache, das Lateinische, flüchten. Man wird sich mit großer Symbolkraft beim Gottesdienst nicht den Gläubigen und der »Welt« zuwenden, sondern mit dem Rücken zu ihnen stehen.

Die Angst vor der übermächtigen, sündigen Welt führt zu Hilflosigkeit und zu Aggression. Und dann erklärt die sich in den Bastionen des heiligen Scheins verschanzende Kirche mit ihrem exklusiven Wahrheitsanspruch es zu ihrer Aufgabe, einen Kampf gegen die »Diktatur des Relativismus« zu führen. Da man in der modernen Welt einen mächtigen Gegner hat, sucht man sich exotische Verbündete, denen es ähnlich geht: Es kommt zum Schulterschluss mit Evangelikalen, Bibelfundamentalisten und extrem reaktionären Kräften innerhalb des Katholizismus. Noch intensiver als bisher wird man auf Gruppen wie das Opus Dei, die Pius- und die Petrusbruderschaft, die »Diener Jesu und Mariens« oder die TFP zurückgreifen, weil man in ihnen gutvernetzte und skrupellose Stoßtruppen der Kirchlichkeit sieht.

Seine ökumenischen Bestrebungen richtet man nicht mehr auf die nächstgrößere christliche Gruppe, die Protestanten, denen man immer wieder zu verstehen gibt, dass sie in Wirklichkeit nur eine Art große Sekte seien. Stattdessen orientiert man sich verstärkt in Richtung der orthodoxen Kirche, in deren Teilkirchen man Bundesgenossen für seinen Kampf gegen die Moderne zu finden glaubt.

Liberale Theologen müssen in einer stark römisch zentralisierten Kirche streng diszipliniert werden, denn sie rütteln am Grunddogma der Aufrechterhaltung des heiligen Scheins. Die durch Denunziationen und disziplinarische

Maßnahmen verbreitete Angst auf der einen Seite und das Karrierestreben der aus dem Klerus rekrutierten Nachwuchswissenschaftler auf der anderen Seite führen dazu, dass eine weltoffene Theologie im Geist des Zweiten Vatikanischen Konzils zunehmend verschwindet. Im Bereich der Theologie achtet man darauf, dass die Wissenschaftler sich vor allem auf die Kirchenväter der Antike und des Mittelalters stützen, was dem Antijudaismus und der Frauenfeindlichkeit im Katholizismus einen neuen Aufschwung verleiht. Eine historisch-kritische und daher relativierende Interpretation ihrer Schriften ist, wie bei der Bibel, nicht vorgesehen. Das aktuelle Lehramt des Papstes, mit Unfehlbarkeit ausgestattet, ist der einzig zugelassene Interpretationsschlüssel.

Sowohl für das kirchliche Lehramt wie für die Theologen findet ein konstruktiver Dialog mit den Hauptströmen der modernen Wissenschaft nicht mehr statt. Vielmehr stützt man sich auf exotische Randerscheinungen des Wissenschaftsbetriebes, die zum Beispiel die Evolutionstheorie durch das Buch Genesis ersetzen möchten oder nachzuweisen versuchen, dass es die Shoah nie gegeben hat und Aids erst durch den Gebrauch von Kondomen verursacht wird.

Besonders viel Mühe wird man darauf verwenden, das Priester- und Laienbild wieder in den Zustand des 19. Jahrhunderts zurückzuversetzen. Da sich aufgrund des insgesamt verklemmten Klimas nichts an der überproportionalen Gewichtung der Geschlechtlichkeit ändert, wird man peinlichst darauf achten, dass das Priesteramt weiterhin nur Männern zugänglich ist. Jede Diskussion über eine Lockerung des Zölibats wird im Kern erstickt, denn man huldigt der paradoxen Ansicht, der Zwangszölibat sei, wie Benedikt XVI. bei einer Messe anlässlich des Weltpriestertreffens am 10. Juni 2010 in Rom sagte, das »beste Gegenmittel gegen andere Skandale, die durch unsere menschlichen

Unzulänglichkeiten verursacht werden«.[67] Das permanente Misstrauen und die Bespitzelung wegen eventueller homosexueller Neigungen werden in der Priesterausbildung weiterhin für ein Klima sorgen, das nicht nur psychisch besonders labile, unreife Menschen anzieht, sondern diese Eigenschaften noch zusätzlich verstärkt. Dieser charakterlich schwache und schwach gehaltene Nachwuchs fügt sich hervorragend in das starre hierarchische System ein, das durch absoluten Gehorsam nach dem Vorbild der Regeln des Opus Dei zusammengehalten wird.

Da ein solches Klima nicht nur charakterlich labile Menschen anzieht, sondern geradezu eine Brutstätte auch für sexuelle Neurosen darstellt, wird die Zahl der Sexualdelikte unter katholischen Klerikern weiter ansteigen. Der renommierte Pastoralpsychologe Wunibald Müller hat dazu am 14. Mai 2010 in der *Süddeutschen Zeitung* treffend festgestellt: »Wir müssen davon ausgehen, dass der Anteil der sexuell Unreifen unter den schwulen Priestern besonders hoch ist, und diese anfällig dafür sind, sexuellen Missbrauch zu begehen.«

Wie gehabt wird man unter allen Umständen versuchen, den heiligen Schein zu wahren, indem man die Situation intern regelt und das geheime Wissen als wichtigen Stützpfeiler zum Erhalt von Machtstrukturen nutzt. Dringt etwas nach außen, greift man auf die erprobte Sündenbockstrategie zurück.

Auch bei den von Zölibatären erstellten Vorschriften für Laien, die in der kirchlichen Hierarchie deutlich unter den Geistlichen rangieren, steht die Sexualität im Mittelpunkt. Hauptaufgabe der Laien ist es demzufolge, eine christliche Ehe zu führen, in der möglichst viele Kinder gezeugt und

---

[67] Zitiert nach: www.spiegel.de/panorama/gesellschaft/
0,1518,700106,00.html

katholisch erzogen werden. Allein dieses hehre, von der Kirche mit dem Ehesakrament abgesegnete Ziel berechtigt sie, so etwas Furchterregendes wie die Sexualität überhaupt zu praktizieren. Jede künstliche Empfängnisverhütung ist vor diesem Hintergrund streng verboten, sie wird als eine schwere Sünde angesehen. Der moralische Rigorismus geht so weit, dass man hier keinerlei Ausnahmen zulassen kann, das heißt, auch Ehepaare, bei denen einer der beiden Partner eine ansteckende Krankheit wie zum Beispiel eine HIV-Infektion hat, dürfen sich nicht durch den Gebrauch von Kondomen schützen. Eine Scheidung der Ehe ist nicht möglich. Sollte dennoch eine Trennung unausweichlich sein, dürfen sich die Getrennten nie wieder in eine neue Partnerschaft oder Ehe begeben.

Anfangs wird man noch versuchen, die Politik in seinem Sinne zu beeinflussen, um die katholische Wahrheit auch Menschen zuteilwerden zu lassen, die sich ihr bisher verweigert haben. Grundrechte wie die Religions- und Meinungsfreiheit wird man für all jene, die der Kirche kritisch gegenüberstehen, immer mehr einzuschränken versuchen, während man sie für sich selbst natürlich weiterhin in Anspruch nimmt. Man geht gegen die Anti-Aids-Kampagnen in Afrika vor, kämpft gegen die Gleichberechtigung von Homosexuellen und Frauen, gegen Sexualaufklärung in den Schulen, gegen »blasphemische« und »unsittliche« Kunstwerke in Museen, gegen die Legalisierung von Sterbehilfe und Abtreibung. Zugleich plädiert man zum Schutze des Gemeinwohls für eine Wiedereinführung der Todesstrafe oder für Umerziehungskliniken für Homosexuelle. Dadurch entstehen aufschlussreiche Allianzen, zum Beispiel versteht der Vatikan dann weltweit geächtete Regierungen wie die des Iran als seine wichtigsten Verbündeten im Kampf gegen die »Diktatur des Relativismus«.

Sieht man von der Unterstützung solcher Staaten und

einigen punktuellen Erfolgen ab, die der katholischen Kirche kaum eine nennenswerte Anzahl neuer Mitglieder zuführen werden, manövriert sich die Kirche auf ihrem Weg der Angst zunehmend ins Abseits, besonders in Europa, das dem gegenwärtigen Papst so viel bedeutet. Die Zusammenarbeit zwischen Staat und Kirche wird auch in Deutschland spürbar eingeschränkt: Das zwischen Hitlerdeutschland und dem Vatikan einst geschlossene Konkordat wird unter solchen Umständen kaum aufrechtzuerhalten sein. In der Folge werden die Privilegien für katholische Kleriker, die Kirchensteuer, der Religionsunterricht an staatlichen Schulen, die theologischen Fakultäten an staatlichen Universitäten und dergleichen abgeschafft. Dadurch verschwindet die katholische Kirche auch optisch zunehmend aus der Gesellschaft; am deutlichsten zeigt sich das schon heute am Notverkauf von Gotteshäusern, die zu Konzerthallen, Büros oder Banken umgebaut werden. Die praktizierenden Katholiken werden zu einer überschaubaren Gruppe zusammenschrumpfen, was von den Verantwortlichen entweder als »Gesundschrumpfen« schöngeredet oder über die Viktimisierungsstrategie erklärt werden wird. Wir sind die letzten Treugebliebenen, wird es dann heißen, alle anderen sind Opfer des kirchenfeindlichen Klimas geworden und haben sich der »bösen Welt« angepasst. Beide Erklärungsmuster leisten einer weiteren Radikalisierung und damit einer verschärften Isolation Vorschub, die wiederum die Bunkermentalität verstärkt.

Am Ende führt dieser Teufelskreis dazu, dass sich nicht die zurzeit vielumworbenen traditionalistischen Gruppen wieder in die Kirche integriert haben, sondern umgekehrt die Kirche zu einer traditionalistischen Sekte nach dem Vorbild der Piusbruderschaft geworden ist.

Der Weg der mutigen Offenheit

Trotz der vielen Signale, die in den letzten Jahren von Rom und einigen Diözesen ausgegangen sind und die den Eindruck erwecken, als habe sich die katholische Kirche bereits heillos in dem skizzierten Teufelskreis verfangen, gibt es durchaus noch die Option eines Auswegs. Als Alternative bietet sich vor allem mehr Offenheit an, außerdem sollte man sich endlich von den fatalen Mechanismen des heiligen Scheins verabschieden.

Um diese Richtung einzuschlagen, muss man sich zunächst von der seit der Französischen Revolution in der katholischen Kirche üblichen Entgegensetzung von guter Kirche und böser Welt loslösen. Diese Einsicht ist nicht revolutionär, nur leider bei den meisten Kirchenfürsten in Vergessenheit geraten. Dabei war es einer der bedeutendsten Päpste des 20. Jahrhunderts, Papst Johannes XXIII., der der Kirche in seiner Rede zur Eröffnung des Zweiten Vatikanischen Konzils im Jahr 1962 diese Einsicht ins Stammbuch schrieb. Vermutlich kommen uns die Worte des Papstes heute noch aktueller vor als den damaligen Zuhörern:

»In der täglichen Ausübung Unseres apostolischen Hirtenamtes geschieht es oft, dass bisweilen Stimmen solcher Personen unser Ohr betrüben, die zwar von religiösem Eifer brennen, aber nicht genügend Sinn für die rechte Beurteilung der Dinge noch ein kluges Urteil walten lassen. Sie meinen nämlich, in den heutigen Verhältnissen der menschlichen Gesellschaft nur Untergang und Unheil zu erkennen. Sie reden unablässig davon, dass unsere Zeit im Vergleich zur Vergangenheit dauernd zum Schlechteren abgeglitten sei. Sie benehmen sich so, als hätten sie nichts aus der Geschichte gelernt, die eine Lehrmeisterin des Lebens ist, und als sei in den Zeiten früherer Konzilien, was die christliche

Lehre, die Sitten und die Freiheit der Kirche betrifft, alles sauber und recht zugegangen.«

Religiöse Eiferer, denen es an einem klugen Urteil fehlt, hohe Prälaten, die in der Entwicklung der heutigen Gesellschaft nur Unheil und Niedergang sehen ... wie prophetisch klingen diese Worte angesichts der neueren Entwicklung in der katholischen Kirche!

Johannes XXIII. fährt fort: »Wir aber sind völlig anderer Meinung als diese Unglückspropheten, die immer das Unheil voraussagen, als ob die Welt vor dem Untergang stünde. In der gegenwärtigen Entwicklung der menschlichen Ereignisse, durch welche die Menschheit in eine neue Ordnung einzutreten scheint, muss man viel eher einen verborgenen Plan der göttlichen Vorsehung anerkennen. Dieser verfolgt mit dem Ablauf der Zeiten, durch die Werke der Menschen und meist über ihre Erwartungen hinaus sein eigenes Ziel, und alles, auch die entgegengesetzten menschlichen Interessen, lenkt er weise zum Heil der Kirche.«

Der den Erzkonservativen eigene Pessimismus im Hinblick auf die Gesellschaft und den Menschen an sich ist hier gewendet in ein von der Freude des Evangeliums geprägtes Bild der Gegenwart, das einen optimistischen Blick in die Zukunft erlaubt. Selbst Papst Benedikt musste im Oktober 2008 in seiner Ansprache anlässlich des fünfzigsten Jahrestages der Papstwahl Johannes' XXIII. einräumen, dass es Johannes mit dieser Einstellung gelang, »unerwartete Horizonte der Brüderlichkeit unter den Christen und des Dialogs mit allen Menschen zu öffnen«.[68]

Auf der Basis einer echten Hochschätzung der Men-

---

[68] »Ansprache von Benedikt XVI. am Schluss der hl. Messe anlässlich des 50. Jahrestages der Wahl des sel. Johannes XXIII. zum Papst«, gehalten im Petersdom am 28. 10. 2008, nachzulesen auf der Website des Vatikans (www.vatican.va)

schen und ihrer Welt wird die Kirche begreifen, dass sie Teil dieser konkreten Gesellschaft ist, und sich nicht länger als oberlehrerhafter Antipode ihrer Zeit verstehen. Weil sie von den Menschen gehört werden will und weiß, dass sie eine wichtige Botschaft für sie hat, wird sie zuvor auf deren Nöte, Probleme und Sorgen hören. Sie wird sich ehrlich dafür interessieren, was für diese Menschen erfülltes Leben, was Glück für sie bedeutet. Auch wenn reaktionäre Kräfte darin einen Verrat am Glauben sehen, wird die Kirche damit nichts anderes tun, als sich treu zu bleiben, indem sie die Regeln befolgt, die sie sich selbst im Zweiten Vatikanischen Konzil gegeben hat. In einem der wichtigsten Texte des Konzils mit dem Titel »Gaudium et spes« (Freude und Hoffnung) heißt es programmatisch, die Kirche wisse sich mit der Menschheit und ihrer Geschichte aufs Engste verbunden: »Freude und Hoffnung, Trauer und Angst der Menschen von heute, besonders der Armen und Bedrängten aller Art, sind auch Freude und Hoffnung, Trauer und Angst der Jünger Christi. Und es gibt nichts wahrhaft Menschliches, das nicht in ihren Herzen Widerhall fände.«[69]

Den Weg der mutigen Offenheit zu gehen heißt natürlich nicht, dass die Kirche sich dieser Welt und dieser Gesellschaft einfach kritiklos angleichen soll. Damit würde sie sich ebenso überflüssig machen wie mit den Strategien des ersten Weges. Es geht vielmehr um einen grundlegenden Perspektivenwechsel.

Maßstab des kirchlichen Handelns wird zuallererst das Evangelium sein, wobei die Bibel nicht allein für sich steht, sondern durch die Tradition als Interpretin ergänzt

---

[69] »Pastorale Konstitution Gaudium et spes über die Kirche in der Welt von heute«, nachzulesen auf der Website des Vatikans (www.vatican.va)

wird. Entscheidend ist dabei die Erkenntnis, dass Tradition keineswegs mit Traditionalismus gleichzusetzen ist. Wir haben gesehen, dass die Traditionalisten mit ihrem Traditionsbegriff im 19. Jahrhundert stehengeblieben sind: Hier wird eine aus Angst konservierte, tiefgefrorene und damit um ihr Wesentlichstes gebrachte, in der Liturgie ästhetisch aufgemöbelte Karikatur von Tradition kultiviert.

Tradition ist ein sehr lebendiger Vorgang, der bereits die Bibelentstehung prägte. Die historisch-kritische Auslegung der Heiligen Schrift hat uns gezeigt, dass vieles, was darin zu finden ist, schlicht die gesellschaftliche Wirklichkeit der damaligen Zeit widerspiegelt. Das sieht man sehr deutlich an den fünf Büchern Mose, in denen Regeln aufgestellt werden, die heute kaum mehr jemand als unverzichtbar bezeichnen wird: So ist es nach Levitikus 15,19 eine schwere Sünde, mit einer Frau Kontakt aufzunehmen, wenn sie sich im Zustand »menstrualer Unreinheit« befindet; einige Verse weiter wird die Sklaverei erlaubt, während das Essen von Schalentieren als schwere Sünde dargestellt wird; wer am Sabbat arbeitet, muss nach Exodus 35,2 mit dem Tod bestraft werden. Im selben Kontext finden sich auch die strengsten Verbote homosexueller Handlungen.

Will man nicht die Bibel nach dem Vorbild fundamentalistischer Sekten wörtlich nehmen, kommt man also nicht umhin, das Zeitbedingte, durch damalige gesellschaftliche Konvention in die Bibel Geratene von den Grundbotschaften zu unterscheiden. Aufgabe der Kirche und des Lehramtes wird es dann sein, das zeitlos Gültige neu in Erinnerung zu bringen, es aber vom Ballast längst überholter Traditionalismen zu befreien.

Im Grunde genommen hat die Kirche dies, wenn auch teilweise sehr zögerlich, immer getan. Ein gutes Beispiel dafür ist das Zinsnahmeverbot in der Alten Kirche und in der des Mittelalters, von dem man sich unter dem Druck der modernen Gesellschaft verabschiedet hat. Heute sind sowohl der Vatikan als auch die Ortskirchen im Bankengeschäft, das auf Zinsnahme basiert, äußerst aktiv. Wie der italienische Journalist Curzio Maltese in seinem jüngsten Buch über die Finanzgeschäfte des Vatikans mit dem Titel *Scheinheilige Geschäfte* nachweist, ist man auch hier bemüht, die intransparenten, häufig am Rande der Legalität angesiedelten Transaktionen durch den frommen Schein der Wohltätigkeit zu kaschieren. Auch das Zinsnahmeverbot hat seine Wurzeln in einem der fünf Bücher Mose. In Levitikus 25,36–37 heißt es: »Du sollst nicht Zins von ihm [deinem Bruder] nehmen und sollst dich fürchten vor deinem Gott, damit dein Bruder neben dir lebt. Dein Geld sollst du ihm nicht gegen Zins geben, und deine Nahrungsmittel sollst du nicht gegen Aufschlag geben.« Spätestens seit dem 12. Jahrhundert galt es deshalb in der katholischen Kirche als unabänderliches, von einer Vielzahl (unfehlbarer!) Päpste und von Theologen immer wieder bestätigtes Gebot, dass Christen das Zinsnehmen streng verboten ist. Wer diesem Gebot zuwiderhandelte, beging eine schwere Sünde. Aber die Welt änderte sich: Ab dem 15. Jahrhundert wurde das Verbot von den weltlichen Herrschern zunehmend umgangen, teilweise sogar aufgehoben. Mehrere Jahrhunderte später war dann auch die katholische Kirche so weit, dass sie das Verbot 1830 ohne großes Aufsehen aufhob. Nur interessierte das zu dem Zeitpunkt niemanden mehr. Über die Jahrhunderte hatten sich nämlich – zum Beispiel bei geistlichen Ritterorden – Verfahren herausgebildet, mit denen man das Verbot geschickt umgehen konnte, ohne es offiziell zu missachten. Auch hier schadete das Festhalten am heiligen Schein der Autorität der Kirchenfürsten auf längere Sicht ganz erheblich. Ähnliches ließe sich im Zusammenhang mit dem Fall Galilei sagen.

Ein mutiger, historisch-kritischer Zugang zu ihren heiligen Schriften könnte der Kirche helfen, heute schneller Einsicht zu zeigen. Sie müsste dann in einem ersten Schritt zum Beispiel fragen: Wo liegen die historischen Gründe dafür, dass die Bibel an einigen Stellen Homosexualität oder Frauen in sakralen Ämtern verbietet? Mit Hilfe der modernen Wissenschaft würde man dann sehr schnell entdecken, dass diese beiden biblischen Verbote auf der Abgrenzung von den »Ungläubigen« beruhen. Zunächst wollte man sich von kanaanäischen religiösen Bräuchen, die männliche Tempelprostitution einschlossen, und den weiblichen Priesterinnen bei den »Heiden« distanzieren, später – bei Paulus – ging es dann um die schroffe Abgrenzung von der hellenistischen Kultur und ihrem Kaiserkult.

Man muss kein Wissenschaftler sein, um zu erkennen, dass unsere heutige Lebenswirklichkeit sich deutlich von der der Antike unterscheidet, die Christen sich also nicht mehr von den Baals-Priesterinnen aus Babylon oder vom altrömischen Umgang mit Homosexualität distanzieren müssen. So wie katholische Gläubige spätestens seit Erfindung des Kühlschranks bedenkenlos Schweinefleisch und Schalentiere essen können, so könnte sich die Kirche durch einen wissenschaftlichen Umgang mit ihren Glaubensquellen problemlos von der Last vieler ihrer grundlos gewordenen Gebote befreien. Eine Kirche, die den Weg der Offenheit geht, müsste das auch tun, denn durch das starre Festhalten an längst hinfällig gewordenen Regeln wird in den Augen der Gläubigen nicht nur die Kirche, sondern auch die christliche Botschaft in Misskredit gebracht.

Wenn die katholische Kirche sich nicht mehr über obsolet gewordene moralische Vorstellungen, sondern über die Grundlagen der Botschaft Jesu definieren würde, könnte sie ein ganz neues Selbstbild entwickeln, das sich vor allem auf die großen Grundgedanken des Evangeliums stützen würde. Aus dem Mund Jesu finden wir keine einzige Aussage zum Thema Homosexualität oder Zölibat. Würde die Kirche sich an die Botschaft ihres Gründers halten, könnte sie auch Homosexuelle offiziell zu Priestern weihen und müsste nicht mehr, wie Wunibald Müller beim Ökumenischen Kirchentag 2010 in München sagte, »auf wunderbare homosexuelle Priester verzichten«.[70] Ähnliches ließe sich auch über die Weihe verheirateter Männer und Frauen sagen.

Eine solche weltoffene Kirche würde dann auch in einen echten Dialog mit den Humanwissenschaften treten und begreifen, dass Homosexualität mit Pädophilie so viel, oder besser gesagt, so wenig zu tun hat wie Heterosexualität mit Vergewaltigung. Dann könnten Priesteramtsanwärter, Geistliche und Laien in der katholischen Kirche offen und ohne Angst über ihre hetero- oder homosexuelle Veranlagung sprechen. Das hätte den Vorteil, dass die Kirche in einem solchen Klima Wegbegleiterin der Menschen sein und ihnen bei der Entwicklung konstruktiver Ansätze zur Bewältigung ihrer Probleme, aber auch zur Fruchtbarmachung der mit ihrer Veranlagung verbundenen Begabungen helfen könnte. Der Papst verstünde sich dann nicht mehr als die unfehlbare, unkritisierbare »moralische Stimme der Menschheit«, sondern als wichtiger Dialogpartner seiner Zeit. Er würde einen Pluralismus innerhalb der Theologie seiner Kirche zulassen, weil er wüsste, dass die »obligation to dissent«, die Pflicht zum sachlichen Widerspruch, für jede Institution von überlebenswichtiger Bedeutung ist.

Der Abschied vom heute herrschenden Klima der Vertuschung und Heimlichtuerei würde nicht nur das Denun-

---

[70] Zitiert nach: »Priesteramt auch für Frauen und Schwule«, *Zeit Online*, nachzulesen auf: www.zeit.de/studium/2010-05/kirchentag-missbrauchsdebatte

ziantentum entbehrlich machen und die damit verbundenen lähmenden Ängste bei den Betroffenen beseitigen. Eine offene und mutige Kirche würde zudem nicht mehr so viele psychisch labile, sexuell unreife Menschen, damit eben auch Pädophile anziehen. Ein solcher Strukturwandel wäre eine wichtige Voraussetzung, um dem Missbrauch in all seinen Schattierungen vorzubeugen. Dann könnte man den Kirchenfürsten wirklich glauben, was sie jetzt schon permanent verkünden, ohne dass sich freilich etwas Grundsätzliches geändert hätte, nämlich dass sie »alles tun wollen, um solchen Missbrauch nicht wieder vorkommen zu lassen«.[71] Erst dann dürften die Kleriker langsam auf das hoffen, was sie schon jetzt immer wieder für andere einfordern: die Vergebung durch die Opfer.

Ein solch lebendiger Traditionsbegriff, der sich nicht ängstlich in voraufklärerische Traditionen flüchtet, würde auch eine konstruktive Zusammenarbeit mit den demokratischen Rechtsstaaten möglich und die Kirche zur geachteten Kritikerin menschenverachtender Regime machen.

Für diesen Weg ist allerdings ein konsequenter Abschied vom heiligen Schein, wie er hier skizziert wurde, notwendig. Die Voraussetzung dafür, diesen Weg anzutreten und durchzuhalten, hat kein Geringerer als Papst Johannes Paul II. bei seinem Amtsantritt im Jahr 1978 klar benannt, als er den Menschen seiner Kirche zurief: »Habt keine Angst!«

---

[71] Benedikt XVI. beim Weltpriestertreffen am 10. Juni 2010 in Rom, zitiert nach: www.spiegel.de/panorama/gesellschaft/ 0,1518,700106,00.html

Literatur

Aquin, Thomas von: *Summa theologica*, Salzburg 1934

Beinert, Wolfgang (Hrsg.): *Vatikan und Piusbrüder. Anatomie einer Krise*, Freiburg/Br. 2009

Bergengruen, Werner: *Römisches Erinnerungsbuch*, Freiburg 1949

Berger, David: *Ich darf nicht länger schweigen*, in: »Frankfurter Rundschau«, 23. 4. 2010

Berger, David (Hrsg.): *Karl Rahner. Kritische Annäherungen*, Siegburg 2004

Berger, David: *»Man könnte meinen, man sei im Irrenhaus«* – *Herbert Vorgrimlers Lebenserinnerungen*, in: »Theologisches« 36 (2006), S. 353–360

Berger, David: *Natur und Gnade in systematischer Theologie und Religionspädagogik von der Mitte des 19. Jahrhunderts bis zur Gegenwart*, Regensburg 1998

Berger, David: *Thomas von Aquin begegnen*, Augsburg 2002

Berger, David: *Thomas von Aquin und die Liturgie*, Köln 2000

Bürger, Peter: *Rom will offiziell keine schwulen Priesteramtskandidaten* – *und übt sich beim Thema ›Homosexualität‹ in Unmäßigkeit*, nachzulesen auf der Internetseite der »Initiative Kirche von unten« (www.ikvu.de)

Correa de Oliveira, Plinio: *Der Adel und die vergleichbaren traditionellen Eliten*, Wien 2008

Correa de Oliveira, Plinio: *Revolution und Gegenrevolution*, Frankfurt/Main 1996

Dörner, Reinhard (Hrsg.): *Der Wahrheit die Ehre! Der Skandal von St. Pölten*, Norderstedt 2008

Feldmann, Christian: *Papst Benedikt XVI. Eine kritische Biographie*, Hamburg 2006

Fördergemeinschaft »Theologisches«: *Pressemitteilung zum Rücktritt von David Berger als Herausgeber der Zeitschrift »Theologisches«*, »Theologisches« 40 (2010), S. 133 f.

Franz, Albert (Hrsg.): *Lexikon philosophischer Grundbegriffe der Theologie*, Freiburg/Br. 2003

Fuchs, Josef: *Die Sexualethik des hl. Thomas von Aquin*, Köln 1949

Hauke, Manfred: *40 Jahre Theologisches*, in: »Theologisches« 40 (2010), S. 130–133

Hoeres, Walter: *Die Vitalität des Glaubens. Vierzig Jahre Theologisches*, in: »Theologisches« 40 (2010), S. 135–138

Katechismus der Katholischen Kirche, nachzulesen auf: www.vatican.va/archive/DEU0035/_INDEX.HTM

Kongregation für das Katholische Bildungswesen: *Instruktion über Kriterien zur Berufungsklärung von Personen mit homosexuellen Tendenzen im Hinblick auf ihre Zulassung für das Priesteramt und zu den heiligen Weihen*, 4. 11. 2005. www.vatican.va/roman_curia/congregations/ccatheduc/documents/rc_con_ccatheduc_doc_20051104_istruzione_ge.html

Kongregation für die Glaubenslehre: *Brief an die Bischöfe der ganzen katholischen Kirche und an andere Bischöfe und Hierarchen, die es angeht, über die der Glaubenskongregation vorbehaltenen schweren Straftaten*, 18.

Mai 2001. www.uni-tuebingen.de/uni/ukk/nomokanon/quellen/023.htm

Kongregation für die Glaubenslehre: *Schreiben an die Bischöfe der katholischen Kirche über die Zusammenarbeit von Mann und Frau in der Kirche und in der Welt*, 31. Mai 2004. www.vatican.va/roman_curia/congregations/cfaith/documents/rc_con_cfaith_doc_20040731_collaboration_ge.html

Kongregation für die Glaubenslehre: *Urteil der Kirche unverändert*, 16. 11. 1983. www.vatican.va/roman_curia/congregations/cfaith/documents/rc_con_cfaith_doc_19831126_declaration-masonic_ge.html

Maltese, Curzio: *Scheinheilige Geschäfte. Die Finanzen des Vatikans*, München 2009

Mann, Thomas: *Gesammelte Werke* in 13 Bänden, Berlin 1952–65

Mattei, Roberto de: *Plinio Correa de Oliveira – Der Kreuzritter des 20. Jahrhunderts*. Mit einem Vorwort von Kardinal Stickler, Frankfurt/Main 2004

Mertes, Klaus: *An die ehemaligen Schülerinnen und Schüler der potentiell betroffenen Jahrgänge in den 70er und 80er Jahren am Canisius-Kolleg*, Brief vom 20. 1. 2010, nachzulesen auf: www.canisius.dc/aktuelles/anhaenge/newsticker/anhaenge/missbrauch30.pdf

Mosebach, Martin: *Häresie der Formlosigkeit. Die römische Liturgie und ihr Feind*, Wien 2002

Müller, Wunibald: *Größer als alles aber ist die Liebe. Für einen ganzheitlichen Blick auf Homosexualität*, Mainz 2009

Müller, Wunibald: *Verschwiegene Wunden. Sexuellen Missbrauch in der katholischen Kirche erkennen und verhindern*, München 2010

Otten, Peter: *»Pass auf, wir wissen was über dich«*, in: »Publik-Forum«, 28. 5. 2010, S. 46 f.

Papst Benedikt XVI.: *Papst Johannes XXIII. – Mann und Hirte des Friedens*, auf: www.zenit.org, 15. 11. 2008

Papst Johannes XXIII.: *Rede zur Eröffnung des Zweiten Vatikanischen Konzils am 11. Oktober 1962*, in: »Herderkorrespondenz« 17 (1962/63), S. 84–88

Posener, Alan: *Benedikts Kreuzzug. Der Angriff des Vatikans auf die moderne Gesellschaft*, Berlin 2009

Ranke-Heinemann, Uta: *Der Vatikan – ein frauenloses Terrarium mit vielen Homosexuellen*. Interview auf: »Spiegel Online«, 24. 4. 2002

Ratzinger, Joseph: *Aus meinem Leben. Erinnerungen 1927–1977*, München 1998

Ratzinger, Joseph: *Einführung in das Christentum*, München 1968

Ratzinger, Joseph: *Gesammelte Schriften*, Bd. 11: *Theologie der Liturgie*, Freiburg/Br. 2008

Riexinger, Max: *Hans-Peter Raddatz. Islamkritiker und Geistesverwandter des Islamismus*, in: Thorsten Gerald Schneiders (Hrsg.): *Islamfeindlichkeit. Wenn die Grenzen der Kritik verschwimmen*, Wiesbaden 2009

Rinser, Luise: *Gratwanderung. Briefe der Freundschaft an Karl Rahner*, München 1994

Rodari, Paolo/Tornielli, Andrea: *Attacco a Ratzinger*, Mailand 2010

Ruster, Thomas: *Die verlorene Nützlichkeit der Religion*, Paderborn 1994

Sommer, Norbert (Hrsg.): *Rolle rückwärts mit Benedikt. Wie ein Papst die Zukunft der Kirche verbaut*, Oberursel 2009

Vorgrimler, Herbert: *Theologie ist Biographie. Erinnerungen und Notizen*, Münster 2006

Wilde, Oscar: *Das Bildnis des Dorian Gray*, Stuttgart 1992

Alan Posener

Der gefährliche Papst

Eine Streitschrift gegen Benedikt XVI.

ISBN 978-3-548-37369-0
www.ullstein-buchverlage.de

Als der Papst einen Holocaust-Leugner zurück in den Schoß der Kirche holte, war das Entsetzen groß. Doch dieser Schritt war nicht gedankenlos, wie viele meinen. Alan Posener weist eindrucksvoll nach, dass Benedikt XVI. schon seit langem einen Feldzug gegen die Errungenschaften der Moderne führt – und zwar mit aller Konsequenz.

»Vielleicht die scharfsinnigste Analyse, die bislang über den derzeitigen Papst erschienen ist.« *Deutschlandfunk*

ullstein

US350

Es gibt keine Schöpfung

Richard Dawkins

DIE SCHÖPFUNGSLÜGE

Warum Darwin recht hat

ISBN 978-3-548-37427-7
www.ullstein-buchverlage.de

Richard Dawkins' provozierendes Buch beseitigt
jeden Zweifel an Darwins Theorie. Mit Brillanz und
Präzision pariert Dawkins alle Angriffe gegen die
Evolutionstheorie. Streitbar, fundiert, mit Leidenschaft
und Humor belegt der Bestsellerautor, warum Darwin
recht hat.

»Richard Dawkins ist ein beeindruckender Denker.
Er widerlegt die Argumente seiner Gegner mit der
Präzision eines Staranwalts.« *The Times*

»Dawkins erzählt so bild- und detailfreudig, dass
man fast vergisst, dass es sich um eine Beweis-
schrift für die Triftigkeit der darwinschen Evolutionslehre handelt.« *Deutschlandradio Kultur*

US382